뮤대륙의 비밀이 풀리다

고대우리말 연구

조석현 저

빛의전사들

발간사

저는 오랫동안 '신화와 천손 민족 한국의 역사가 바로 세계사'라는 것을 알리려고 유튜브 강의와 책들을 써왔습니다. 그러다가 저의 유튜브를 통하여 조석현 님을 만나게 되었고 님의 해박한 언어에 대한 지식과 놀랍도록 열려 있는 사고와 독창적인 사고를 접하게 되었습니다.

먼저 님께서 원고를 한 부 보내주셨는데 그 원고는 우리나라의 삼신봉 바위에 새겨진 고대 글자였습니다. 조석현 님은 그 내용을 풀이하였는데 나는 마치 내가 고대의 어느 사람이 글을 쓰는 현장에 있는 거 같았습니다. 그 글은 감동을 넘어 전율을 느끼게 되었습니다.

물론 님에게는 요나라 초대 임금 야율아보기의 명령으로 펴낸 '고려문 사전' 즉 고려시대 한글에 대한 해석을 부탁하려고 먼저 연락을 했던 것입니다. '고려문 사전'에 대한 해석은 다음 나올 책이 되겠습니다.

그런데 이 아름다운 바위에 새겨진 고대문을 해석한 책이 다른 출판사에서 출판을 꺼리는 바람에 출판이 보류되었다는 말을 듣고 저의 책을 직접 발간하려고 출판사를 직접 할까? 하는 생각을 하던 차에 이참에 출판사를 차려서 조석현 님의 책을 발간하기로 결정했습니다.

이토록 훌륭한 책을 발간할 수 있도록 허락해 주신 조석현 님에게 감사드리며 이런 좋은 책을 '빛의 전사들' 출판사에서 처녀작으로 출판하게 된 것을 영광으로 생각합니다. 많은 분이 책을 읽으시어 신선한 감동을 함께 나누었으면 좋겠습니다.

도서출판 빛의전사들 발행인 채 희 석

추천사

　어려서부터 보성 차밭밑(다전하)에서 자란 조석현 선생은 차를 떠날 수 없었나 보다. 2018년에는 보성 차문화에 관한 단행본을 출간하였고, 보성 뇌원차에 대한 공저도 있다. 그런가 하면 증조부의 시문집을 홀로 번역하여 『담은 시집』이라는 이름으로 출간도 하였다. 담은(澹隱)은 증조부의 아호이니, 그 아호 그대로 출사하지 않고 은거하며 도가 수련까지 한 철인이다.

　이런 주위환경과 가정 분위기에서 성장한 저자 조석현 선생이 오늘 우리 앞에 또 하나의 저작물을 공개하기에 이르렀다. 이름하여 『고대 우리말 연구』이다. 옛 문자는 어려운 것인데, 거기다가 그 어원을 찾아냈다고 하니 저자의 숨은 공력을 알만하다. 옛 문자는 배우기도 어렵지만, 그 어원을 알아낸다는 것은 더 어려운 일이다.

　우선 원고를 일별하면 자모전, 여나문, 녹도문, 삼신봉 암각화, 훈민정음에 이르기까지 다양하고 그 폭이 넓다. 특히 세상에 알려지지 않은 고문자를 처음으로 해석을 시도한 것도 있다. 이런 시도 자체가 놀라운 일이다. 물론 옛 문자는 그 뜻이 다양할 수 있어서 딱히 이것이 정답이라고 단언할 수 없다. 지금 저자는 우리에게 고문자 해석의 정답을 일러주려는 것이 아니다. 다만 옛 문자에 들어있는 깊은 뜻은 아무도 알 수 없지만, 그래도 본인의 가슴 깊은 곳에서 나오는 어떤 진심의 울림을 해석으로 풀어낸 것이 이 책이라고 생각한다. 만약 이런 가슴 속 깊은 울림이 아닌 것을 해석이라고 내놓았다면 그 해석을 읽는 독자들은 대번 알아차리고 외면할 것이다. 다행히도 『고대 우리말 연구』는 한번 손에 잡으면 떼어놓을 수 없는 몰입감에 빠지는 것은 필자만의 생각은 아닐 것이다. 그다음 이야기가 궁금해지는 소설 이상으로 그의 문자 연구는 진지하고 역동적이다. 단지 정답을 찾고 아니 찾고는 독자의 몫이라고 본다.

필자가 주목한 것은 여나문 해석이다. 이 글 해석에서 눈에 띄는 것은 다양한 합용병서와 각자병서의 활용이다. 훈민정음에서도 어려운 부분인데, 저자는 자유롭게 새 언어를 구사하며 그 글자의 깊은 뜻을 최대한 드러내려고 노력한 흔적이 역력하다. 저자는 "뒤문(麻文)인 여나문(與那文)은 상형의 꼴을 그림처럼 유지하되 표음의 고대 한글 정음(正音)을 다 표시하여 소리 내도록 하였다. 고대 한국어를 사용하는 글자임이 분명하다."라고 단언하였다.

다음은 삼신봉 암각 글자이다. 필자도 이 글자를 익히 알고 있는데, 이 암각 글자를 대하는 저자의 태도부터 우리를 놀라게 한다. 52자를 하나하나 해독하고 해설을 붙여가는데, 저자는 "고대 한글 암각 글자가 표현하는 내밀한 상징이나 상형을 따라가면 매우 놀랍다. 마치 한 편의 비디오를 보는 듯 글자로 묘사되어 있다. 당시의 글자는 소리와 그림이 한데 녹아 있어 녹음뿐 아니라 녹화를 한 것이나 다름없다"라고 했다.

실제로 저자는 1연을 보고 '지금껏 사람의 애를 끊고나.'라고 말하면서 상형으로 이와 관련된 수많은 광경이 마치 영화처럼 등장한다고 분석했다. 이처럼 한 편의 영화처럼 삼신봉 암각판을 보았을 때 비로소 진정한 해석이 가능할 것이라는데 필자도 동의한다.

끝으로 볼 것은 신지 녹도문이다. 이 녹도문자는 16자 녹도문, 11자 녹도문 등 다양한데 필자가 1994년 한배달 천부경학술대회 때 처음으로 11자 녹도문과 28자 녹도문을 공개한 바 있다. 28자 녹도문에 검은 칠을 한 것이 흐린 글자가 잘 보이도록 필자가 개칠한 것인데, 이 책에까지 그 도판이 인용되고 있다.

신지 녹도문에 대해서는 그동안 몇몇 분들이 새로운 해석을 시도한 바 있다. 그분들의 노고에도 경의를 표한다. 저자는 구길수 씨의 해석을 참고했지만, 참고에 그치지 않고 1~10에 대해 숫자풀이하면서 현재의 한글로 재현하였다는 데 의의가 크다고 본다.

예를 들어 "하나에서 ㄱ, ㄲ, ㄴ이 나오고, 둘에서 ㄷ, ㄹ이 나온다. 셋에서는 ㅅ이 넷에서는 ㄴ 다섯에서는 ㄸ, ㅆ, 여섯은 ㄱㅈ, ㄲ, ㅉ 일곱은 ·, ㅆ ㄲ이 나온다."라고 본 것은 대단한 착상이라 아니할 수 없다.

이상과 같이 주마간산식으로 몇 가지만 골라 독자에게 선보였다. 그 밖에도 이 책 속에는 주옥같은 해석들이 녹아 있다. 우리 옛 문화, 옛 역사를 사랑하는 독자들에게 『고대 우리말 연구』가 우리의 고대 문화 내지는 옛 원형의 역사를 이해하는데 좋은 길잡이가 되길 진심으로 바라 마지않는다.

끝으로 저자의 말 중에 "우리말 어원을 찾아 우리 언어 역사 문화 역사 원류를 조금 찾아보았다. 우리 정음(正音) 정자(正字)로 세계의 정치 경제 사회 문화 모든 분야에서 밝고 바른 기틀을 세울 수 있다고 믿는다."라는 그의 고백이 성취되길 독자와 함께 기대하며 이만 추천의 말에 갈음하고자 한다.

2023(4356). 11. 11.

철학박사 이 찬 구 識

격려사

현재 우리나라는 많은 분야에서 발전적인 걸음을 계속하고 있지만, 유독 새로운 학설을 고찰하지 않고 기존의 역사를 답습하는 풍토가 여전합니다. 그런 가운데에 또 언어와 문자 부분도 역시 마찬가지일 것입니다. 문자 부분에서 한글의 창제만 교과서적으로 답습하고 있지, 세종의 한글 이전에 어떤 문자가 있었고, 또 고대 선사 시대와 청동기 시대에는 어떤 문자가 있었는지 탐구가 부족한 실정입니다.

그런 풍토에서 제가 상형 한글의 원리를 가지고 기존의 연나라 문자라 정의된 '명도전(明刀錢)' 문자를 고조선 문자라 해석했고, 조석현 님은 '우리 말 우리 글'과 '자모전'에서 제 연구를 또 부가 설명하여 제 연구가 더욱 돋보이게 하고 있습니다.

또 언어와 문자는 불가분의 관계를 지니고 있어 서로 참조 대상이 되는데, 조석현 님은 여나문과 녹도문의 해석을 시도하여 문자학에 큰 업적을 쌓았다고 봅니다.

강호 제현의 연구 자료로서 큰 가치가 있다고 봅니다. 독자분들의 공부에 좋은 자료가 되기를 바랍니다.

2023. 11. 11

고조선 문자 저자 **허 대 동**

글쓴이가 하고픈 말

"장차 가려진 옛 문자가 다시 나오면 천하가 하나로 되리라 [將蒙 古文字 復生, 天下一統]" 신교총화(神教叢話)에 나오는 말이다.

필자는 '옛 문자가 다시 나오는 때'가 바로 이때라 직감한다. 때가 이르면 하늘이 사람이 내고 쓰이게 하나니, 알아야 할 비밀은 인연이 있는 사람들은 만나게 한다.

하늘은 때가 이르면 흩어졌던 하늘의 아들들을 반드시 부르니, 자디잔(子子) 아들들(子子)은 이에 응하리라. 환하게 빛나시는 환인 환웅 단군께서 하늘의 아들 한자(韓子)와 하늘의 자손인, 천손(天孫)을 찾으시고 원시반본(原始返本)의 빛나는 세계로 함께 할 것이다.

우리 한국은 1.2만 년 전 환국 이래 배달국 조선 고리(고려)에 이르기까지 현생 인류 문화를 일으키고 선도해 왔다. 현재는 분단된 한반도에 갇혀 있다. 비단 영토만 뺏긴 것이 아니다. 우리 찬란한 역사도 조상도 다 빼앗겼다. 내부 식민사관은 아예 갖다 바친 꼴이다. 우리가 만든 한자를 지나 족이 가져다 쓴 것을 우리가 빌려 쓴 것으로 잘못 안다.

우리가 현생 인류의 역사를 주도한 만큼 당연히 우리말과 우리글 우리 문화가 전 세계를 이끌어왔다. 필자는 다시 그런 시기가 왔음을 느낀다. 여기서 이 책은 먼저 우리 옛 문자와 말을 올바르게 되찾으려 한다.

우리는 우리 글(훈민정음)을 1,443년 세종이 처음 창제한 것으로 잘

못 알고 있다. 훈민정음해례에서도 분명히 밝힌바 '자방고전(字倣古篆, 글자는 〈옛 문자〉를 본떴다)'이라고 했다. 〈옛 문자〉는 단군조선 서기 전 2,181년 정음(正音) 가림토(加臨土)가 분명하다. 우리 옛 문자는 여기에 그치지 않는다.

훈민정음해례에서 정확하게 밝혔듯 '황제가 계신, 강남(江南) 듕귁(中國)'은 우리나라다. 현재 중공과 전혀 관계가 없다. 우리나라는 천하 중심의 나라인 중국(中國)이고 Core, 고리(高麗), 코리아(Korea)다. 옛 문자나 훈민정음 등 모든 우리 문자 우리 글은 이 세상의 글과 말의 뿌리요 기준이었다.

필자가 완역한 3~4천 년 전으로 보이는, 가림토 우리 정음(正音)으로 딸을 잃은 아비, '쏘아서 날면'의 슬픈 노래를 읊은, 지리산 삼신봉 암각 글자자 52자도 있다. 서기전 3,897년 배달국 '녹도문(鹿圖文)' 16자도 있다.

대만 섬 옆 여나국도(與那國島) 해저에서 발견된, 필자가 이름을 붙인 '여나문(與那文)' 81자는 놀랍다. 최소 1.2만 년 이전, 잃어버린 뒤 대륙 문자로 추정된다. 정음(正音)으로 필자가 최초로 해독하여 '우리말 우리글'임을 입증했다. 상형문자나 우리 정음의 자모(子母)가 '비밀'처럼 들어 있다. 그 비밀의 열쇠를 찾아 잠근 문을 열어 인연이 닿은 독자들에게 선보인다.

우리 글자의 한 갈래는 여나문, 녹도문의 상형을 발전시킨 갑골문(甲骨文) 금문(金文) 등 한자(韓字)로 이어진다. 필자는 한자(漢字)로 쓰지 않고 굳이 〈한자(韓字)〉라고 쓴다. 우리 조상이 우리말로 만든 한자어와 우리글이기 때문이다. 자모전(子母錢) '칼돈글'에는 '한자의 설계도'까지 있는데 우리가 몰랐을 뿐이다.

다른 한 갈래는 여나문, 녹도문, 가림토, 칼돈글, 훈민정음에 이어 한글(韓契)로 이어진다. 표음문자 정음 계열이다. 한자와 한글 모두 우리말로 만든 우리글이다. 한글도 과학적 체계적으로 정형화 부호화된 상형에 따른 뜻이 함축되어 있다.

한자를 배제하는 현재 교육은 크게 잘못됐다. 식민사관에 의해 우리 역사가 심히 왜곡되듯 일제의 교묘하고 간악한 어문정책으로 훈민정음이 퇴보했다. 당장 아래 아(ㆍ)는 부활시키고 사라진 훈민정음 표기를 살려야 한다. 정음(正音)을 회복하여 전 세계 말을 표시하기 쉽게 하여야 한다.

인류사의 역사를 이끌어 온 한국 민족의 언어는 뿌리 언어에 속한다. 우랄어, 알타이어, 인도유럽어, 햄셈어, 드라비다어 등이 한 뿌리의 언어였다는 노스트라티카(Nostratica, 우리말) 이론을 봐도 우리 고대 한국어가 인류공통어였다. 고대어는 사라지고 없지만 남아있는 문자와 언어로 추정한다. 여나문에서 보듯 초성 + 중성 + 종성을 완전히 갖추고 있다. 동사와 폐쇄음(閉鎖音) 위주로 우리말 원형 언어다.

바벨탑 이전엔 언어가 '하나'였다고 한다. 그 '하나'인 언어는 필시 천인(天人)이신 신(神)께서 쓰신 고대 우리말일 것이다. 우리말을 '하늘글'인 고대 '한글'로 썼다. 우리말 우리글이 인류 역사의 가장 밑바탕이다.

인류가 신시(神市)의 '(신과 함께)하나인 시민'으로 살아오다 민족으로 국가로 뿔뿔이 흩어졌다. 당연히 말도 분화되고 오염됐다. 현금(現今)은 다시 세계가 생활권이 되고 인터넷 AI 등으로 하나로 뭉치고 있다. 바야흐로 언어도 문화도 하나의 주류를 형성해 갈 것이다. 하나님의 말과 글인 우리말 우리글이 다시 가장 널리 쓰이는 '세계 공용어'가 될 것이다.

우리말 어원을 찾아 우리 언어 역사 문화 역사 원류를 조금 찾아보았다. 우리 정음(正音) 정자(正字)로 세계의 정치 경제 사회 문화 모든 분야에서 밝고 바른 기틀을 세울 수 있다고 믿는다. 우리 스스로 우리 것을 먼저 바르게 알고 되찾고 연구 발전시켜야 한다. 2~3년 이내에 1 체제 2 국가의 자유 체제 통일한국으로 자유 왕래가 될 것이다. 이후 더욱더 바르고 높은 문화로 전 세계를 선도할 것이다.

어제를 알면 내일을 안다. 먼 과거를 바르게 밝힘은 현재와 먼 미래를 열기 위함이다. 승자(勝者)만의 세상이 아닌 억강부약(抑强扶弱)의 세상을 열어 가자. 홍익인간(弘益人間)의 이념으로, 선공후사(先公後私)의 도(道)와 덕(德)으로, 열린[開] 부드러운[柔] 후천상생(後天相生) 대동세상(大同世上)을 만들어 나가자.

우리 글과 말을 바탕으로 한 한문화(韓文化) 한정신(韓精神)으로 세계일화(世界一花)를 꿈꾼다. 필자는 이 세계일화를 '전 세계에 핀 흰 매화(梅花)'로 상징하였다. 매화[梅花]는 생명을 창조하는[木] 마고신(麻姑神)을 상징하는 어머니[母] 나무에 피는 꽃이다. 이 흰 매화를 책 표지 앞에 그려 선천(先天) 상극(相克) 시대를 마감하고 앞으로 꽃피울 후천(後天) 상생(相生) 시대 도래를 염원했다. 흰 매화의 선과 노란 나비는 어둠에 빛을 주는 '빛의 사자(使者)'들이다. 바닷물 속에 있는 1.2만 년 이전 암각 글자 여나문(與那文)은 빛나는 지난 마고 문명을 상징하고 있다.

세종의 애민(愛民) 정신을 본받자. 6천 년 전 환웅의 3천 '젊은이'들이 세계로 파견되었다. 이제 우리 젊은이들이 전 세계로 나가기를 기대한다. 녹도문(鹿圖文) 마지막 [열 ✚]이다. 지금의 천지비(天地否 : ䷋ : 𐢄)의 막힘과 단절의 세상을 끊고 지천태(地天泰 : ䷊ : 𐢄)로 밝은 '할제' [未來]를 열어나가자.

그러기 위해서 우리는, 후학들은 먼저 우리말과 우리글을 더 공부해야 한다. 이에 같이 공부하자는 취지로 천학비재(淺學菲才)를 무릅쓰고 상재(上梓)에 이르렀다. 열린 마음과 자세로 활발한 연구와 토론의 토대가 되기를 기대한다. 이 작은 책이 다름을 인정하고 교류를 바탕으로 우리 주체성을 확립하는 데 도움이 되었으면 한다. 우리를 바르게 아는 작은 불쏘시개라도 된다면 하늘의 뜻을 조금이라도 전한 것으로 믿는다.

저의 연구 부족으로 본의 아닌 오류와 부족함이 있을 것이다. 기존의 학설이나 신념과 깨는 부분도 많을 것이다. 나와 다르고 틀린 것은 슬기로운 이의 좋은 공부 재료감이다. 묶인(無) 나를 풀어(解) 헤치면 햇빛을 가리는 운(雲)이 흩어지리라. 삼(三)라만상에 밝은 빛(丫)이 내리는 '빛나는' 양(羊), 빛이 될 것이다.

고대 한글 옛 문자 자모전 그림과 해석은 허대동 님의 연구와 자료를 인용하고 따랐다. 녹도문은 고 구길수 님 연구, 갑골음은 최춘태 님의 연구를 따랐다. 기타 필자가 주장을 뒷받침할 수 있는 선학(先學)들 연구의 골자나 일단을 소개하고 의견을 추가했다. 일일이 거명하지 못한 분들께도 깊은 감사를 드린다.

　　특히 바쁘신 가운데도 졸저를 추천해 주신, 문자와 역사를 연구하시고 있는 이찬구(李讚九) 박사님과 격려해 주신 『고조선 문자』 저자 허대동 님께 깊이 감사 드린다. 어려운 상황에서도 높은 뜻을 가지고 출판을 해 준 '빛의 전사들' 출판사 채희석 대표와 이 책이 나오기까지 도움을 주신 모든 분께 감사를 드린다. 책 표지 그림을 그리도록 해 준 동생 덕희, 심신 보양에 힘쓰고 지원해 준 사랑하는 아내, 사회에서 훌륭한 역할을 잘하고 있는, 딸 아들 며느리에게 고마움을 전한다.

환기 10960(2023)년 11월 11일

학인(學人) 한자해운(韓子解雲)　조 석 현 올림

목 차

우리 말 우리 글

1마디 : 우리 말 우리 글

1. 한국어의 기원

최근 연구인 '네이처'(2021.11)지에 따르면,[1] 서요하[소하서문화(小河西文化 : BC 7,000 ~ BC 6,500)] 주변에서 기장[黍] 농사(8천 년 전 세계 최초 재배종 기장 출토)를 짓는 농경민들로부터 한국어와 함께 투르크어, 몽골어, 일본어 등 트랜스유라시아 언어가 퍼졌다고 한다.

(1) 트랜스유라시아족(=알타이어족) 언어 기원지는 9000년 전 서요하(西遼河) 유역의 기장 농업 지역이며, (2) 신석기 시

---

1) 국제학술지《네이처(Nature)》인터넷판에 2021년 11월 10일 "세 학문의 교차 연구는 트랜스유라시아어족의 농경에 의한 확산을 지지한다(Triangulation supports agricultural spread of the Transeurasian languages)"라는 논문이 게재되었다. 논문은 한국어를 포함하여 98개 언어가 속해 있는 트랜스유라시아어족(Transeurasian languages) 언어 기원지가 '9000년 전 서요하(西遼河) 유역의 기장 농업 지역'임을 밝힌 것이다. 논문은 독일 막스플랑크 인류사과학연구소 마르티너 로베이츠(Martine Robbeets, 벨기에 출신 언어학자. 알타이어족의 역사를 연구한다) 박사 주도로 한국을 포함 뉴질랜드, 러시아, 중국, 일본, 영국, 미국, 체코슬로바키아, 네덜란드, 프랑스 10개국 35개 연구기관에서 언어학·고고학·유전학 전공자로 구성된 41명의 연구진이 동참한 대규모 공동연구의 결과이다. 한국에서는 한국외국어대학교 이성하 교수와 안규동 박사, 한서대학교 안덕임 교수, 동아대학교 김재현 교수, 서울대학교의 매튜 콘테 연구원이 함께하였다. 출처 : K스피릿(http://www.ikoreanspirit.com) 김윤숙 (사)국학원 연구위원

대 5,500년 전 원시 한국어-일본어가 분화되고, 5,000년 전 원시 몽골어-퉁구스어가 1차로 분화되었고, (3) 청동기 시대에는 원시 한국어, 원시 일본어, 원시 몽골어, 원시 퉁구스어, 원시 튀르크어로 2차 분화되었고 (4) 이후에 각 지역으로 다양하게 분화되었다고 한다.

트랜스유라시아어족의 특징은 문장이 ①주어-목적어-서술어 순서로 이루어진다. 예를 들어 '나는 글을 쓴다'가 있다. 또한 '예쁜 꽃'처럼 ②수식어가 명사 앞에 오고, '알록달록'과 '얼룩덜룩'처럼 ③모음조화도 가지고 있다. ④접속사나 관계대명사가 없소 ⑤두음법칙이 있고 ⑥문법적 성별 구분이 없는 특징이 있다.

한편 현대 중국어는 한국어 및 일본어와 다른 뿌리를 가지고 있다. 현대 중국어는 중국 티베트어족에 속한다. 중국 티베트어족에 속한 언어들은 대부분 SVO 구조(주어-동사-목적어 순서)를 가진다. 연구를 주도한 로비츠 교수에 따르면 동아시아 한국어 및 일본어는 랴오강 일대에서 수수(broomcorn millet)를 재배한 농경민에게서 유래했다. 중국어는 황허강 일대에서 조(foxtail millet)를 재배한 농경민에게서 유래했다.

로베이츠 박사는 요하 유역 트랜스유라시아어족의 조상과 황하 지역의 지나-티베트어족의 조상은 같은 시기에 서로 다른 종의 기장을 재배하였으며, 이로써 서로 다른 언어 확산 경로를 밟아가게 되었다고 언급함으로써, 중국 문명의 기원은 황하문명이며 요하 문명과는 언어와 문화가 완전히 다른 이질적이고 독자적인 문명권이었음을 확인해 주고 있다.[2]

트랜스유라시아어를 사용하는 현재 과거 언어 지도는 [별표1] [별표2]와 같다.

---

2) 출처 : K스피릿(http://www.ikoreanspirit.com)

a. 연구에 포함된 98개 다양한 트랜스유라시아 언어들의 지리적 분포. 현재 사용되는 언어들을 색깔별로 표시함.

[그림1] 현재 트랜스유라시아 언어들의 분포

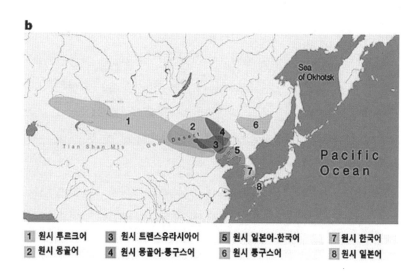

| 1 | 원시 투르크어 | 3 | 원시 트랜스유라시아어 | 5 | 원시 일본어-한국어 | 7 | 원시 한국어 |
| 2 | 원시 몽골어 | 4 | 원시 몽골어-퉁구스어 | 6 | 원시 퉁구스어 | 8 | 원시 일본어 |

b. 원시 트랜스유라시아 언어들의 위치 재구성- 신석기; 빨강, 청동기; 초록

[그림2] 원시 트랜스유라시아 언어들의 위치 재구성

이제 한국어는 유엔에서 7번째 공용어로 사용될 만큼 그 위상이 높아졌다. 한국 문화가 전 세계로 퍼지면서 한국어를 배우고 사용하는 이들이 점점 늘고 있다.

2. 비롯하는 인류 문자

(1) 고대 한국어 기원은 환인(桓因)의 환국(桓國) 시대이다. 환님[환인(桓因)] 하나님(환한님)께서 1만 2천 년 전에 지금의 녕하회족(寧夏回族) 자치구인 기상(起上)에 빙하기가 막 끝난 지구에 생명의 기운을 불어넣은 뒤 9천 년경부터 문명이 시작되었다.3) 당시 지상(地上)엔 그림문자가 있었다. 1만 2천 년 이전에도 뮈대륙 여나문(與那文) 같은 그림문자(우리말 옛글)가 있었다.

(2) 다시 3천 년 뒤인 6천 년 전에 이 지역에서 환웅(桓雄) 하느님께서 지금의 내몽고자치구 적봉시(赤峯市) 홍산(紅山) 태백산 [太白山 > 흔붉들 > 붉달 > 붉달 > 붉산(=紅山=赤峯)] 구릉 아래 신단수[神壇樹] 위에 신시(神市, ᄀᆞᄉᆞ들 > 아사달 > 셔볼 > 서울)를 열었다.

배달국(倍達國) 신지(神誌) 혁덕(赫德)이 환웅 천제 명(命)으로 녹도문(鹿圖文)이라는 녹서(鹿書)를 만들었다. 약 6천 년 전인 BC 3,897년이다. 문헌상 기록된 최초의 문자다. 가림토(加臨土), 한자(韓字), 한글(韓契)로 이어진다.

명문화된 최초의 글자인 서기전 3,897년의 신지(神誌) 혁덕

---

3) 김대선과 카르멘텔스, 동이족의 숨겨진 역사와 인류의 미래, 수선재, 2011

(赫德)의 녹도문(鹿圖文) [그림3]은 신전(神篆)이다. 한자와 한글 이전의 원형으로 여러 문자의 원조가 되었다.

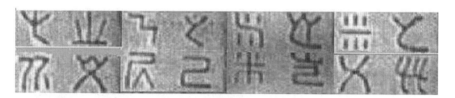

녹도문을 최초로 만든 뒤 그 음(音)이 자꾸 달라진다. 그래서 삼랑을(三郞乙) 보륵(普勒)이 상형 표음문자(象形表音文字)에서 자음과 모음을 가려 38자의 가림토(加臨土) [그림4]를 정립했다. 서기전 2,181년, 단군조선을 연 152년 뒤다.[4]

이 가림토는 [그림5]와 같은 훈민정음(訓民正音) 28자의 모태. 훈민정음 28자 중 모음 11자는 가림토와 완전히 같고 자음 17자는 그대로 하거나 정리 보완한 것을 알 수 있다. 주지하듯 현재 한글은 훈민정음에서도 네 글자(△, ·, ㆆ, ㆁ)가 사라져 자모 24자다.

---

4) 안경전, 환단고기, 상생출판, 2019, p.111(단군세기)

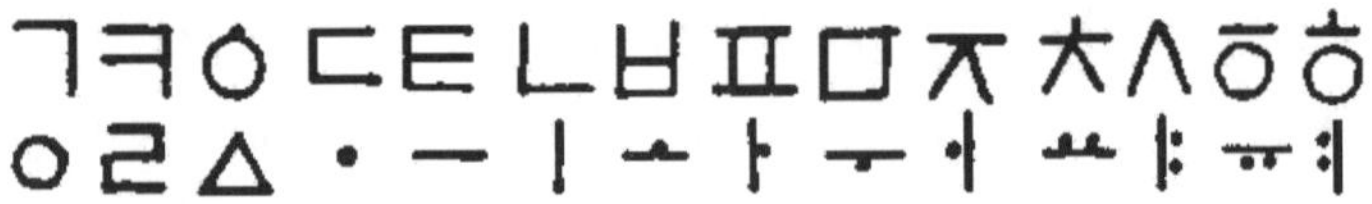

ㄱㅋㅇㄷㅌㄴㅂㅍㅁㅈㅊㅅㆆㅎ
ㅇㄹㅿ·ㅡㅣㅗㅏㅜㅓㅛㅑㅠㅕ

[그림5] 훈민정음(訓民正音) 28자

[그림6] 명사전(明四錢)

서기전 1426년에는 조개 입 모양의 청동 주조화폐 패엽전(貝葉錢)을 발행했다. 오늘날 엽전(葉錢) 명칭의 시초다. 서기전 642년은 네 모난 구멍을 가진 철전(鐵錢)으로 추정되는 방공전(方孔錢)을 주조했다.

[그림6~8]과 같이 방공전에 유물로 위의 명사전(明四錢)과 명월전(明月錢) 등이 있다. [明]과 비슷한 문양은 조선(朝鮮)의 [아사달] 문양이다. 모양은 한자 '명(明)' 자 같지만, 사실은 한글 '해'다 (ㅎ̥→ㅎ̣→ᄒ̣→ᄒ̣, ᄒ 히 해) 허대동은 명사(明四)의 빗금 4개(////)는 일(日) 위아래 붙은 햇살(++)이니 조선의 [조(朝)] 자로 보고 있다.[5] 또 일화전(一化錢)이라 부르는 방공전도 명사전의 글을 간략화한 것으로 보고 있다. 일(/)은 사(////)를, 화

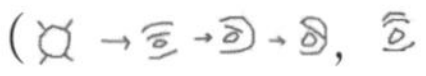

[그림7] 명사전

[그림8] 명월전

---

5) 허대동, https://m.blog.daum.net/daesabu

(化)자 형은 사실은 월(月)이고 명(明, ◖)의 축약으로 본다. 월(月, ◗)을 나타내는 *e* 꼴은 더 간략화하면 C다. [그림9] [그림10]6)

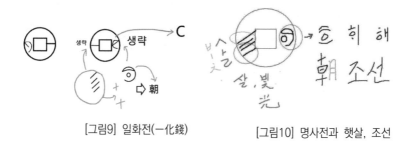

[그림9] 일화전(一化錢)

[그림10] 명사전과 햇살, 조선

3. 단군조선을 표시하는 자모전(子母錢)

최초의 동(銅)으로 주조된 화폐인 원공패전(圓孔貝錢)은 유물이 없어 문자가 있는지는 알 수 없다. 칼돈[도전(刀錢)] 인 자모전(子母錢)에는 알기 힘든 글씨가 씌어 있다. 한자 '칼 도(刀)'는 도포(刀布), 도폐(刀幣)와 같이 [돈(㲼)]의 뜻도 있다. 크기는 길이 13cm, 너비 1.7cm, 무게 15g 내외다.

(1) 자모전 중 초기의 첨수도(尖首刀)

[그림11] 사진은 '아사달' 문양이 그려진 첨수도(尖首刀) 앞면[원절식(圓切式)]이다. 明 형태의 '해(日)와 산(달, 月) 그림

---

6) [그림9] [그림10] 출처 : 허대동

이 한자의 밝을 명(明)과 꼴
이 비슷해 명도전(明刀錢)이
라 부르나 실제는 '아사달' 문
양이다. 이 칼돈을 만들고 유
통한 나라 이름이다. 곧 조선
(朝鮮)이다. 뒷면에는 우리말
로 자모(子母)로 이루어진 가
림토의 글들이 주조되어 있

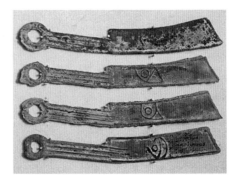

[그림11] 첨수도

다. 허대동 선생은 이 '고조선 문자'를 최초로 해석하여 다량 출
토된 칼돈(자모전)이 우리 고조선 유물임을 밝혔다. 이하 자모
전 상형 표음문자(가림토)의 해석은 허대동 선생의 해석을 주축
으로 하되 필자의 해석과 의견을 덧붙인다.

위와 같은 첨수도 앞 문양은 해(○)와 산 모양(△)을 그렸다.
제일 하단의 칼돈과 같이 확실히 단순한 산이 아니라 달(月) 모
양이다. 상고음(上古音)을 [ㅇㅅ돌]로 상정한다. 조선의 수도
[아사달(阿斯達)]이다. ㅇㅅ는 처음 뜨는 해(ㅇ)의 살(ㅅ)이고,
돌은 달(月)로 아사달은 "아침 햇살과 초승달[朝]"이다. 태양족
국가 환국(桓國)과 배달국(倍達國)에 조선(朝鮮)의 정체성인
'달(達, 月)'이 추가되었다. 달(達)은 지구에 높은 땅(따, 地)이
다. 모이고 쌓인 뫼 산(山)이다. 지구에서 떨어져 나가 하늘에
걸린 하늘의 달[月]이다.

이 조선 수도의 이름인 '아사달'은 아래 조선(朝鮮) 국명의
[조(朝)]가 되기도 한다. 조(朝) 자를 파자하면 '햇(日) 살
(++)과 달(月)의 나라'이니 곧 '아사달'이다. 선(鮮)은 '(생선

의) 생생한 빛'과 같은 햇살이다. 물고기(魚)와 산양(羊) 토템 나라의 뜻을 내포한다.

(2) 자모전 중 후기의 명도전

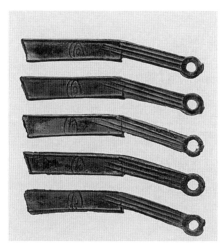
[그림12] 명도전

[그림12] 사진은 자모전 중 명도전 '흐' 칼돈 [방절식(方切式)]이다. 칼끝은 무뎌졌으며 초기의 등이 둥근 [원절식(圓切式)] 칼돈의 등이 모나게 꺾였다. [방절식(方切式)] 앞면에는 한 글자로 표시한 아사달이 우리말 [흐] 형태다. [흐]는 현재의 말 [해(히)]로 보아도 된다. 따라서 처음 명도전으로 불렀으나 '흐돈, 고조선 칼돈'이 맞다. 뒷면에 가림토 자모(子母)가 새겨졌으므로 가장 정확한 정명(正名)은 **자모전(子母錢)**일 것이다.

칼돈에 새겨진 글자에서 [그림13][7] 같이 상형문자에서 표음문자로 변천을 볼 수 있다. 자모전 전기 첨수도(尖首刀)의 [명(明)] 꼴의 상형위주(象形爲主) 문자가 자모전 후기는 상형을 포함한 표음 위주(表音爲主) [흐(해)]로 됐다. (ㅂ → ㅎ → ㅎ → ㅎ, ㅎ 히 해)

---

7) [그림13] ~ [그림15] 출처 : 허대동

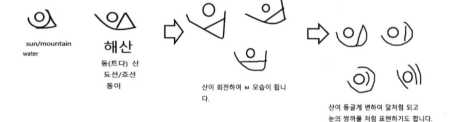

[그림13] 고조선 상징 문자 변천

사실 순수 표음문자에도 기본적으로는 상형이 들어있다. 예를 들어 [흐]는 ㅇ은 해, 위의 二는 둘로 달, 맨 아래 ㅡ은 땅이다. 모든 문자는 표시해야 하니 꼴을 가지고 있어 기본적으로 상형(象形)이다. 다만 상형이 점점 추상으로 부호화되어 일정한 음가를 일관되게 표시하는 표음(表音)으로 정착될 뿐이다.

4. 자모전 자모의 상형과 해석의 예

자모전의 앞면은 국명이며 뒷면은 가림토 문자와 상형과 표음을 결합한 문자들이 많이 적혀 있다. 화폐이지만 금액 얼마라든가 하는 숫자는 없고 온갖 문자만 기록되어 있다. 자모전(子母錢)을 발행하여 호피(虎皮)를 비롯한 모피 거래와 일반 시장에서 칼돈 화폐를 유통뿐 아니라 가림토(加臨土)를 달아 언어 통일을 통한 원활한 통치 목적도 있었던 것 같다. 특히 [그림14] '해 일(日)', '달 월(月)', '별 성(星)'에서 보듯이 한자(韓字)의 뜻과 소리를 적어 한자생성조어(韓字生成造語) 과정을 보여 주

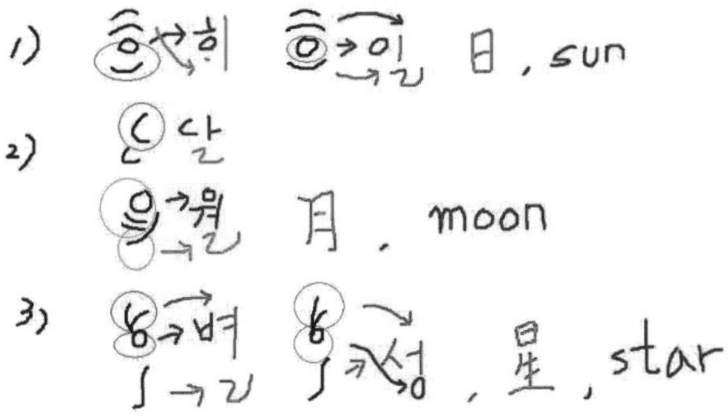

[그림14] 자모전 해석 예

는 귀한 자료다. 허대동은 이 자모전에 있는 500여 종의 단군조선 문자를 해독하여 '고조선 문자' 1, 2, 3권으로 책을 냈다. 상형 한글인 가림토와 훈민정음 한글인 우리글과 우리말로 풀어 명도전은 고조선의 자모가 새겨진 고조선 화폐 자모전임을 증명하고 있다. 자모전의 출토 지역도 비파형 동검이 출토되는 고조선 영역과 잘 일치되고 있어 고조선 화폐가 주로 쓰인 지역이다.

[그림15]는 중국 학자들은 자모전이 가림토의 표음문자임을 모르고 모두 길(吉)이라는 한자로 견강부회하여 엉터리로 해석한 글자들이다. 다 한자 길(吉)처럼 비슷하지만 엄밀하게 달라 다른 뜻을 그린 다른 글자이다.

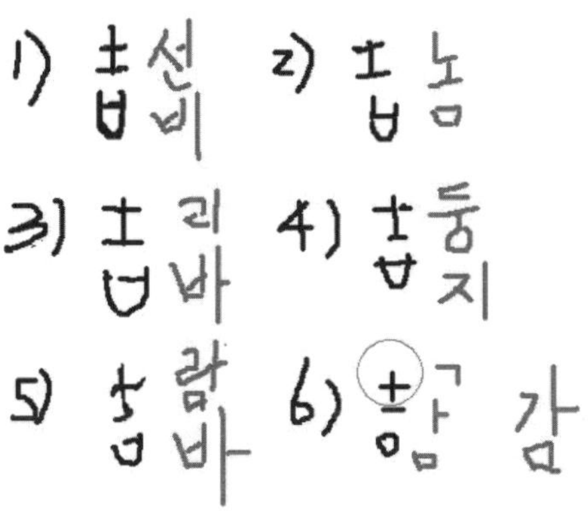

[그림15] 길(吉)자 류 해석

1)의 土 맨 위 ㅣ은 '[서] 있는 것'이고 工의 음가는 [ㄴ]으로 [선]이

다. ㅂ은 [비]로 <선비>다. 모자(冠)를 단정히 쓴 전형적인 선비다.

　2)의 ㅗ은 [ㄴ], ㅣ은 모음으로는 [ㅗ]로 [노], 여기서 ㅂ은 ㅁ이니 [놈]으로 삐딱하게 모자를 쓰고 있는 되먹지 않는 선비 <놈>을 잘 그렸다.

　3)에서 ㅣ은 [ㄹ]이고 두 二는 [ㅣ:]이니 합하여, [리:]다. 아래 ㅂ은 바리때에 밥이 담긴 모습을 기묘하게 그렸다. 1) 2) 3)에서 보면 모음이 없는 같은 ㅂ이 현재의 한글과 같이 일정하지 않다. 모양을 조금씩 달리하여, [비, ㅁ, 바]이다.

　4)의 土는 날아가는 새 모습이고 ∪와 건너질러 관통한 막대(ㅡ)는 나뭇가지로 얽어진 새집(둥지)이다.

　5)는 바람에 돌아가며 움직이는 팔랑개비(卍)가 그려져 있다. ㅂ은 호롱불의 기름을 담는 보시기(등잔) 형이다. 土 형상 같은데 자세히 보면 卍형으로 휘날리는 모습은 심지의 불이 바람에 날리는 형상이다.

　6)의 十은 [ㄱ] 음가이며 감쪽지다. ㅡ은 [아] 이며 감이 달린 모습이다. 둥근 부분 ㅇ은 감 열매 형상이며 소릿값은 ㅁ이다. 감이 달린 형상 상형과 [감]이라는 표음을 애써 조화시킨 작품이다.

5. 말의 어원

(1) 말의 자음(字音)과 어원

　명사 '말'은 동사 '말하다'에서 왔다. '말하다'의 원형은 [말흟하다]로 본다. [말흟]은 '말씀'이 되고 [말흐다] (많다)는 '말하다'가 된다. [말ㅎ다]의 한글 상형으로 보자. ㅁ은 말하는 입 모양이다. ㄹ은 흘러나오는 말소리다. ㅎ은 흩어지고 ㄷ은 닿는다.

【ㄱ】

'말하다'의 기본형은 [귿다]로 [ㄱㄷ]이다. 한글 상형으로 보면 ㄱ은 말할 때 혀를 구부리는 모습이다. ㄷ은 혀가 [닫]는 것이고 입을 벌리는 모습(ㄷ, ㄴ)으로 볼 수 있다. '말하다'의 제주어는 [말갇다, 갇다]이다. '말하다'의 옛말 [귿다]가 살아 있다. 예스럽게 [가로다, 가로되] <왈(曰)>이 있고 높임말로 [가라사대](말씀하시되)가 있다. [귿다](가르치다), [가바리티](러시아어), [갈](喝) 등이 있다. 황해도 사투리로 [고다]가 있다. 원래 신께 고(告)했던 고할 [고](告)가 있다.

[가로다]의 ㄱ이 ㅋ으로 ㄷ은 ㅌ으로 변한 [케르토아](kertoa 핀란드)가 있다. 제주어 [갈]의 ㄱ이 ㅋ으로 변한 [키에리](kieli 핀란드)가 있다. 인도어로 [까하나](kahana)도 우리 말 [귿하다]에서 비롯되었다고 본다.

【ㄴ】

[ㄴ, ㄹ/ㅂ]을 한글 상형으로 보면 ㄴ은 혀를 대는 모습이고 ㄹ은 소리가 흘러 나가는 모습이다. ㅂ으로 '밖'으로 '뻗'거나 '불'어 나가기도 한다. [니르다], [니르다], (말을) [내뱉다], [나불대다], [녑](nyelv 헝가리어) 등이 있다. '니르다'는 [이르다]로 ㄴ은 쉽게 ㅇ으로 변한다. 아래 사투리[8]에서도 보여주고 있다.

---

8) 본 고에서 사투리 인용은 대한민국 언어의 모든 사투리(방언) 135,389개, 사투리 검색, 사투리 사전.http://naver.me/xKJpRcBZ에서 하였다.

•**평안도**: 니리다　　•**경상북도**: 이리다　　•**함경남도**: 외구다　　•**함경북도**: 닭다

【ㄷ】

시끄럽게 크게 말하는, [떠들다]가 있다. 소리가 떠서 들썩인다. [담](談)이 있다. 아래 사투리를 보면 여러 형태의 말들이 있다. 따닥이다(전남). 시끄럽게 따질 때는 따따부따. 라틴어로 [디코](dico), ㄷ이 ㅌ으로 변한 [토그](talk)가 있다.

•**전라남도**: 떠딜다

•**평안북도**: 떠고다

•**함경남도**: 작산치다　부내키다　부내피우다

•**함경북도**: 헤벤치다

•**강원도**: 떠들발거리다

•**제주도**: 와작거리다　와작걸다　와객이다　왕왕하다

•**평안도**: 과타다

•**황해도**: 고다

【ㅁ】

[말하다], [말씀] 등이 있다. '말하다'는 말을 하고 흩어진다. '말씀'은 쓸모가 큰 말로 '말을 써서 맘에 새기는 말'이다. 말의 권위가 선(슨 > 쓴 > 씀) 말이고 쓸(쓸 > 씀)모 있는 말이다. '말'은 [몰](스웨덴어) 이 된다. '말(ㅎ)다'에서 ㄷ은 ㅁ ㅂ ㅍ으로 변형을 일으키기도 하여 [메미니] (라틴어), [멜덴] (독어), [마프](티벳어), [마바](티벳어, 뭃 > 뭏 > 마하 > 마바), [몬드](헝가리어), [멜파칸](인니어) 등으로 변했다. '말씀'에서 [맨션](mention)이 나온다.

【ㅂ】

ㅂ은 입(ㅁ)과 혀(一)의 모습이다. '말하다'의 ㅁ이 ㅂ으로 변한다. (말을)[뱉다], [변](辯), [변](辨)이 있다. 부내키다, 부내피우다. (함남 사투리). [바트](힌디어), [볼](힌디어)은 '말(ㅁㄹ)'의 변음이다. '말하다'의 ㅁㅎㄷ이 ㅂㅌㄴ으로 변해 [바타나](힌디어)다. ㅂㄹㄷ으로 변한 [베라더](덴마크어)가 있다. ㅂㄹㅌ으로 변한 [보르트](wort 독어), ㅂㅇㅁ으로 변한 [부율막](터키어)도 있다.

【ㅅ】

ㅅ은 '혀'의 경북 사투리가 [시]다. [시부리다]는 '혀를 부려(놀려) 말하다'이다. [시버리다]의 영어는 [스픽](speak)이다. 독어는 [쉬프레헨](sprechen)이다. '시부리다'의 다양한 사투리가 있다. 제주어(씨벙거리다), 경남(씨불다, 시부리다), 경북(씨부랑거리다), 전남(시부랑거리다, 시붕거리다, 시분거리다), 평북(시버리다), 함남(시벌거리다) 함북(시시버리다) 등이다.

높임말로 [사뢰다]도 있다. 제주어는 [살루다], [술루다]이다. ㄷ이 ㅁ으로 바뀐 터키어 [쉴레멕]이 있다. 영어로는 ㄹ이 ㅇ으로 변하고 ㄷ이 탈락한 [세이](say)다. 핀란드어는 [사노아](sanoa)다. 스와힐리어는 [세마](sema)이다. 한자어 ㅅ 계통은 [사(詞), 사(辭), 설(說)] 등이다.

【ㅇ】

ㄴ, ㅁ은 ㅇ으로 변한다. [이야기/얘기], [이르다]가 있다. [이우](일어), [욱](몽골어, 뭃 > 묽 > 묵 > 욱), [얀] (言)(북경

어), [오드](ord 스웨덴어), [워드](word 말 > 볼 > 보르트 > 워드), [우라리야](타밀어)가 있고 [언](言), [어](語), [왈](曰), [음](音) 등이 있다. 어원상 언(言)은 곧바로 입에서 나온 소리이고, 어(語)는 여럿이서 서로 교차(交叉 : 五, 乂)되어 대화하는 사회적인 말이다.

【ㅈ】

ㅅ은 ㅈ으로 변한다. [지껄이다]가 있다. 비속어로 주로 쓰이고 사투리가 많다.

- **강원도** : 쥐끼다 지걸이다 지거리하다 지그리하다
- **경기도** : 지꿀이다
- **경상도** : 지끼다 주끼다
- **전라도** : 지불지불하다
- **제주도** : 재작거리다 찌껄이다
- **경상남도** : 지키다 지저구리다 지조다 지주다 지절구다 지질다
- **함경남도** : 지걸이다

- **경상북도** : 주께다 지께다 처주께다 주지께다
- **전라남도** : 따닥거리다 따닥이다 따덱이다 자지개하다 자지다 지저구다 지저구리다 지저꺼리다 지지구리다 지진부리다 따댁이다 자불자불허다
- **전라북도** : 지깔이다 지뀌다
- **충청남도** : 지깔이다
- **평안북도** : 절거리다 지기리다

【ㅍ】

영어권에서 ㅁ ㅂ이 주로 ㅍ으로 변한다. [포르](for 라틴어), [포르무단](페르시아어), [파미네티](리투아니아어), [푸헤](핀란드어, 묽 > 풀 > 푸헤), [프라타](prata 말하다 > 프라타) 등이 있다.

【ㅎ】

'말하다'가 [하스타](haastaa)로 '하'는 [화](話)로 변한다.

위에서 살핀 대로 '말하다'의 음운변화는 위와 같이 매우 다양하다. 고대 한국어가 전 세계 언어의 뿌리이듯 우리 '말'이 전 세계로 퍼져나갔음을 충분히 알 수 있다.

(2) 언(言)의 자형(字形)과 어원

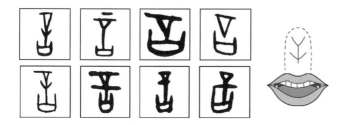

[그림16] 언(言) 갑문

[그림16] 말(言) 언(言)의【갑문(甲文)】은 신(辛)과 구(ㅂ)의 결합 꼴이다. '입구(口)'는 ㅂ 형태로 감(凵)은 입 모양이고 가운데 ─ 은 말하는 혀 모습이다. 역삼각형(▽) 모습은 소리가 모습이다. 신(辛)은 노예의 몸에 새기는 침으로 보아 함부로 혀를 놀리지 말고 신중하게 말하라는 뜻이라는 견해도 있다.

【금문(金文)】의 자형과 갑문(甲文)과 차이가 거의 없다. '소리음(音)'의 금문과도 비슷한 꼴이다.

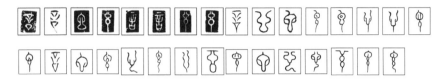

[그림17] 언(言) 전서

　[그림17] 【전서(篆書)】는 위와 같이 매우 다양한 상형 꼴이다. '말한다'를 나타내기 위해 발성기관인 혀 목구멍 목젖 모양을 그린다. 또 소리가 퍼지는 모습이나 말이 '실타래처럼' 줄줄 나오는 모습[糸]을 그리기도 한다.

6. 글의 어원

　'글'을 쓰고 '글'이라고 하는 것은 한국어밖에 없다. 한자 말에도 '글'이 그대로 있다. '글 글(契)'이다. 원래는 '큰 대(大)'가 없는 글(㓞)이다. 한글이라는 말에도 놀랍게도 한자어가 있다. '한글(韓契)'인 것이다.

　계(㓞), 계(契), 계(挈), 계(栔)는 동자(同字)다. 계(契)는 계(栔)의 오자(誤字)가 굳어졌다고 보기도 한다. 큰 거래에 써서 큰 대(大)로 바뀌었다고도 말한다.

　큰 대(大)가 없는 계(㓞)의 갑문(甲文)은 계(刿)다. 따라서 시원(始原)은 계(㓞)로 본다. 칼(刀)로 사람(大)에게 새겼다(丰)는 설이 있다. [계(契)] 나무(木)에 칼(刀)로 그어 교묘하게 새김(丰)으로 본다. [계(栔)]

이 새김을 보면 숫자를 셀 때 새기는 형상(丰)이다. 얼마까지도 외상을 달 때 벽이나 외상 장부에 긋는 관습이 있었다. 근세에도 선술집 목로(木壚 bar)주점의 벽이나 푸줏간에서 '엄대'를 그어 외상을 달았다. 봉(丰)의 형상을 책(冊)처럼 칼로 긁은 목간(木簡)이나 죽간(竹簡)을 묶는 모습으로 보기도 한다.

진태하 교수는 현 갑골문(甲骨文) 계(㓞)가 당시 이름이 글(契)이라고 주장한다. [그림18]과 같이 약속과 거래를 위해 칼로 [긁]어 숫자를 새긴 [글](㓞)이다. 나무에 새겨 나무 목(木)을 덧붙였고[契] 큰 거래였으므로 큰 대(大)로 바뀌었다.

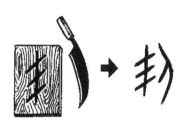

[그림18] 글(㓞)

문자를 "글"이라 소리 내는 이는 우리 한민족밖에 없다. 우리가 사용하는 말이 한자의 어원이 되었음을 입증한다.

우리말 '긋다' '그리다' '긁다'는 모두 '글'과 같은 어원이다. 글을 '쓰다'는 붓이 나온 뒤이다. 그 이전엔 칼로 그을 수밖에 없었다. 글을 새긴 칼도 옛날에는 글(鍥)로 발음했다. 경음화 되어 새기는 "끌"이 되었다. [주(註) : 옛 발음 글(鍥)의 현재 발음은 계, 결이고, "끌"의 한자는 구(銶)로 쓰고 있다.]

봉(丰, ♥)은 물고기 모양 나무판에 새겨 서로 쌍방이 맞춰 본다. 오늘날 '어음'의 원형 어험(魚驗)이다. 실제 물고기를 말려 화폐로 쓰니 어화(魚貨)다. 글(㓞)을 새긴 칼도 화폐로 쓰니 고조선 화폐인 명도전(明刀錢)이다. 이 명도전에 새긴 글이 조선고어(朝鮮古語)다. 화폐가 칼 '도(刀)'에서 나왔으니 '돈'이 되었다.

【계(契)】 의 뜻은 약속, 계약, 정의, 연분, 맞을, 끊을, 새길, 없을, 성(姓), 계(禊) 등이다. 음은 '약속을 맺을게, 글 새기게' 등 게의 계 음을 볼 수 있다.

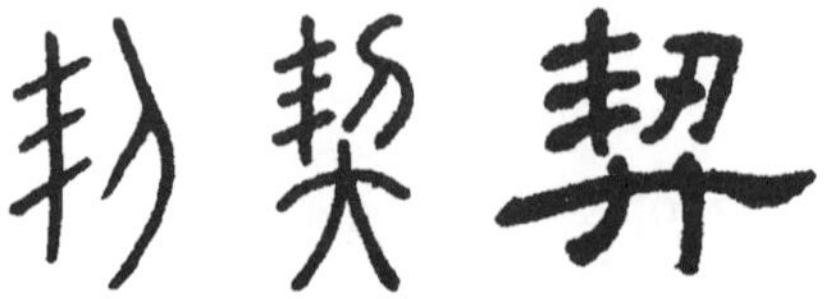

[그림19] 㓞, 契

【결(契)】 의 뜻은 힘들게 일함, 성기어 멂, 끊을, 새길 등이 있다. '애쓸 걸, 새길 걸' 등에서 결 음이 나옴을 알 수 있다.

【글(契)】 의 뜻은 글안[契丹, '거란'은 우리 '고리(高麗)'다], 글(文) 등이다. '그릴'에서 '글'이 나온다.

【설(契)】 의 뜻은 은 시조 이름. 고어는 설(卨)이니 '새길'에서 '설'이 나온다.

계(契)의 어원을 살펴본다. 우리말 어원은 '교묘히 새길 갈(㓞)'의 [ᄀᆞᆯ]로 초음(初音)은 【ᄀᆞᄅᆞ】 로 본다. 계(契)의 여러 음은 다음과 같이 변천됐다고 생각된다.

ᄀᆞᄅᆞ > ᄀᆞᆯ > 걸 > 겨이 > 계
ᄀᆞᄅᆞ > ᄀᆞᆯ > 걸 > 결
ᄀᆞᄅᆞ > ᄀᆞᆯ > 글
('긁다, 긋다, 그리다'도 [ᄀᆞᄅᆞ]에서 파생)

'설' 발음만은 음운상 비슷한 뜻인 '새기다'에서 파생된다. [새기다 > 새길 > 설] 이외에도 글과 관련 있는 '말한다'의 '가로' 왈(曰) 도 초음은 [ᄀᆞᄅᆞ]로 일 것이다. [ᄀᆞᄅᆞ > ᄀᆞᆯ > ᄀᆞᆯᄋᆞ

> 글ㅇ듸(가로대), 글ㅇ샤듸(가라사대)] 이를 보면 [ᄀᄅ]는 말과 글의 분화 이전의 상태를 보인다. [ᄀᄅ]가 원래 해와 같은 빛나는 구체이며 나라의 뜻인데 '나라말과 글'의 공통 어원이 된다.

글을 새긴 칼도 그 어원은 [글]이다.
글 > 갈다, 갈 > 칼 (刀)

갈아서 나온 가루, 가리도 어원은 같다.
글 > ᄀᄅ > 가루, 가리

서계(書契)는 갑문(甲文) 이전에 결승(結繩)이나 글(契)로 사물을 나타내는 부호 글자이다. 거북 등에 불을 구어 점을 치는 것은 계귀(契龜)로 '글'의 뜻이 있다. '글'의 발음을 음차(音借)한 '글안(契丹)'이 있다. '글안(契丹, 거란)'은 글자 그대로 붉은 색을 숭상하고 고대 한글을 썼다. 거란(ᄀᄅ)은 실제 고리(ᄀᄅ, 高麗)다.

【한자(韓字)】는 상형 무늬로 출발한 문(文)이라면 글로는 훈민정음(訓民正音)의 '한글'이 있다. 정음 한글로 발음되는 한자(韓字)는 한 자 한 자 단음절의 【한글(韓契)】로 적을 수 있다. 지나(支那)는 제 글이 아니라 단음절이 아니다.

칼로 나무에 새긴 한패의 부(符)를 계(契)라 한다. 교묘하게 글이 새겨진 패를 둘로 나눈다. 내가 갖는 왼쪽 패인 좌계(左契)와 상대편 오른쪽 패인 우계(右契)를 맞추니 계합(契合)이다. 부합(符合)이다. 좌계(左契) 우계(右契) 각 한 짝으로 무엇을 하겠는가? 각각 하나에서 나왔으니, 하나로 합해 보아야 맞아서 완성되고 완결될 것이다. 한글(韓契)와 한자(韓字)도 마치 좌계(左契)와 우계(右契)와 같다.

우리 한국(韓國)은 한자(韓字) 이외에 정음(正音) 글자(契字)인 한글(韓契)을 가지고 있다. 이 둘은 표리(表裏)와 음양(陰陽)이 되니 다 함께 잘 어울려 써야 한다. 우리 역사와 문화는 한글과 한자 양 날개를 얻을 때 더욱더 발전하리라고 믿는다.

7. '그려봐 묻는' '글월 문(文)'

사실 한자(漢字)는 한(漢)나라 문자로 알고 있으나 우리 동이족(東夷族)의 선조들이 만든 글자이다. 그래서 필자는 【한자(韓字)】로 부른다. 당연히 음이 우리말에서 비롯됐다. 우리말로 '한자어'를 만들었다. 한자의 어원은 당연히 우리말이다. 이를 가장 잘 나타내는 글자가 또 문(文)자다. '글월 문(文)'이니 '그려 묻는'이다. '그려'는 '글월'에 대응한다. '묻는'을 한 자로 축약해 '문'이다.

전라도 사람들이 늘 여기저기 잘 쓰는 "(그렇게) 해부러"가 있다. 이 '해부러'가 'have'가 되었다면? 글(契, 㓞)은 칼로 "긁어" 새겨 "그린" 것을 '글(契)'이라 한다. '그려부러(전라도)' '그려삐(경상도)'가 'graph'의 어원이 된다면? 견강부회일까? 아니다. 우리말 특히 사투리는 전 세계 언어의 뿌리가 된다. 영어도 예외가 아니다. 그 예는 찾으면 참 많다. 왜 문(文)을 "【글월】 문"이라 하는가? 신(神)에게 물을 때 '그려볼' 수 있다.

그려볼 > 글발, 글발 > 글왈 > 글월

'그려보는' 초음(初音)은 [ㄱᄅ ㅂᄅ]로 상정할 수 있다. 전 세계 말의 어원이 전라도 사투리에 많이 남아 있다. 모음변화를 배제한 원형인 [ㄱᄅ ㅂᄅ]에서 [ㆍ]의 모음변화가 여러 가지로 일어난다. 전라도 사투리 [그려부러]에서 완전한 원형을 살필 수 있다.

그려부러 > 그려버 > grave
글발 > 글말 > 그라마르 > grammar
글브 > 글므 > 그램 > gram
그려삐 > graph

한자(韓字) 【문(文, 攵)】은 '문(問)'으로 '묻다'이다. 문(文)의 상고음(上古音)은 [믄, 면, 미웬]이다. 중고음(中高音)은 [면(myon)]이다. 모음변화를 배제하여 초음을 [믄]으로 보자. '시신에 글발(글월)을 새겨 신에게 부활의 뜻을 <묻는> 의식'에서 뜻을 '묻는' 것이 중요하였다고 생각된다. 통상 당해 한자의 뜻과 관련된 행위를 나타내는 우리말 동사의 명사형이 한자의 음이 된다.

믄(問) > 믄 > 면 > 문(文)

지나(支那)는 죽었다 깨어나도 글월 문(文)의 진정한 어원이나 발음 이유를 알 수 없다. 한자(韓字)를 자기 말로 만들지 않았기 때문이다. 문(文) 발음은 현재 [웬(wen)] 이라 하고 중고음이 [면(myon)]이고 상고음이 [믄(mwn)]이라 한다. 갑문(甲文)과 금문(金文)으로 가슴팍에 새긴 '무늬'로 출발 되었다고만 안다. 그들이 어찌 '그려부러, 글발, 글월'로 묻는 데서 글 문(文)이 탄생했음을 짐작이나 할까?

문(文)의 자형(字形)을 살펴본다. [그림20] 【갑문】 문(⽂)은 다리를 꼬고 하늘을 보고 누워있는 사람의 형상이다. 가슴은 표시되지 않거나 x 자 등 약간의 무늬가 있다.

[그림20] 문(文) 갑문 문(⽂)

[그림21] 문(文)의 금문(金文)

[그림21] 【금문】 을 보면 다리를 교차시켜 누워있는 시신의 모습이고 (양발과 양다리를 벌리고 서 있는 모습 大와 대비) 대부분 가슴에 문신(文身)하고 있다. 고대에는 문신 풍속이 있었다. 문(文)을 생전(生前) 가슴에 새겨 부족 등을 표시하기도 하였다. 지금도 아프리카 원주민 등이 문신을 하는 경우가 많다. 당연히 우리 조상들도 문신을 많이 했다. 지나의 진시황 이후 문신(文身) 풍속을 없애고 나쁘게 받아들이기 시작했다 한다.
문(文)은 정신과 깊은 관련이 있다. 문심(文心)이라고 한다.

실제 금문에 보면 심장[心]을 그린 것들도 다수 있다. 문(文)의 어원은 시신에 칼집을 내거나 그림을 그려 영혼과 분리해 새로운 생명을 부여하고자 신(神)에게 "묻는" 것으로 출발했다. 문(文)은 영혼이 출입하는 문(門)을 넘어 마음을 표했으니 문심(文心)이다. 그 문(文)은 단순히 무늬(紋), 글(契)과 문자(文字)를 넘어 문명(文明)이 나오고 문화(文化)가 만들어지니 모두 문(文)으로 쓴다.

심장에 점을 찍은 다음 문(♥)자는 단순한 심(心)이 아니라 본 태양의 중심(·) 마음, 본심(本心) 본태양(本太陽)이다. 심령(心靈)이 머물러 있음을 나타낸다. 무늬(紋)와 같이 상형을 주체(主體)인 사람에게 "그린(글월)" 것이 문(文)이고, 소리와 뜻을 넣은 자(字)와 어울려 문자(文字)라 부른다. 사람 이외에 나무 뼈 거북 바위 등 객체(客體)에 새기면 글(契)이 된다.

8. '붙(붓)' 들고 글 써[서(書)] 뜻을 펼, 붓 필(筆)

칼로 나무에 긁거나 정으로 바위를 쪼아 글을 새기다가 드디어 종이를 발명하고 붓을 발명하게 된다. 긁거나 새기던 글이 붓으로 쓰는 시대로 이행한다. 붓을 똑바로 '붙(붓)'들고 쓰니 '붓'이다. 글을 쓰니 글을 '써'서 '서(書)'다.

【붓】 율(聿)의 중고음은 얏(jyt), 상고음은 룻(rjut), 블룻(blud, 붙들)이다. 율의 발음은 붓들다의 [붙들]에서 도구인 '붙(붓)'은 사라지고 동사 '들다'의 '들'이 명사형 룻(rjut), 율(聿)로 변한 것으로 본다. (한자어의 발음은 관련되는 어원의 우리말

동사의 명사형이 대부분이다.)

붙듥다 > 붙듥 > 듥 > 륷 > 륫, 률 > 얏, 율(聿)

붓은 15c 훈민정음해례본에서는 '붇(붇)'이다. 12c 계림유사
에선 '피로(皮盧)'이다. 피로(皮盧)의 상고음을 보면 '비아로'나
'발로'에 가깝다.

한편 붓 【필(筆)】 의 중고음은 핏(pit), 상고음은 프룻(prud),
피웻(piwet) 등으로 '필'과 가깝다. 붓 【율(聿)】 이 붓을 '들'어
에서 나왔다면, 붓 '필'은 붓으로 글을 써 뜻을 펴니 '(뜻을) 필
필(筆)'인 것이다. 진나라 소전(小篆)이 나올 때쯤 붓 율(聿)은
붓 필(筆)로 변했다. 발음이 격음화가 일어나 부드러운 ㅂ은 ㅍ
으로 변한다. [블룻]은 [프룻(prud)]으로 변해 오늘날 필(筆)이
된 것으로 볼 수 있다.

붓이 나오기 전엔 글은 '(칼로) 긋다, 긁다, 그리다, 새기다'의
글(契)이었다. 칼로 긁다가 붓이 나오니 '붓(으로) 쓰다'가 된다.
'산스크리트'의 '산'을 상(常)으로 보지 않고 '쓴'으로 보면 어원
이 '쓰고 그린' 서글(書契)'이 된다.

【쓰다】 의 중고음은 '스다, 쓰다(브스다)'이니 [붓]에서 나
온 말이다. '스다'는 '세우는 것'으로 붓을 세워 글을 쓰니 '붓쓰
다(붓스다)'이다. 여기서 ㅂ이 탈락해 오늘날 '쓰다'가 되었다고
본다.

브쓰다 > 부스다 > 쓰다 > 스다 > 쓰다

붓 필(筆)은 갑문(甲文)에선 [그림22]와 같이 붓 【율(𦥑)】

이다. 금문(金文)도 붓(ㅣ)을 세우고 손(手)으로 쥐는 모습이
역력하다. 금문까지는 율(聿) 자가 필(筆)자였다. 진나라 소전

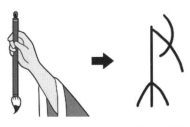

[그림22] 율(聿)

(小篆)에 와서 대 죽(竹)을 더한, 필(筆)이 붓 율(聿)을 대신했다.

붓은 영어로 brush이니 붓의 상고음 블룻(blud, 붙들)에서 파생됨이 분명하다. (blud > brud > brush) 붓의 중고음은 [붇, 붙]이다. 붓을 발명하여 사라지는 말을 붓을 들고 글로 써서 붙잡았으니 그 도구를 [붙들다]에서 한 자의 명사형으로 줄여 [붓]으로 한 것으로 본다.

붙들(다) > 붙 > 붇 > 붓

글 【서(書, 𦘧)】는 붓 쓰는 율(聿, 聿)에 '입 구(口)' 모습을 상형한다. [註 : 입 구(口)는 해서에 와서 왈(曰)로 변했다] 혹자는 벼루라고도 하나 '말을 붓으로 써 글을 만든다'로 봄이 옳

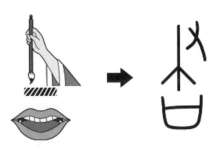

[그림23] 서(𦘧)

겠다. 칼 도(刀)로 쓴 글(契)을 나중에 붓이 발명되어 붓 율(聿)로 쓴 서(𦘧)가 생겼다고 본다. 붓은 서기전 1689년경 이전부터 있었다.

붓을 써서 '붓스다'에서 사용 도구인 붓은 배제되고 쓰는 동사만 남아 [스]가 된다. 오늘날 [서(書)]로 발음된다. 서(書)의 상고음 중에 [스탸(stja)]가 있으니 '붓쓰다'의 '붓[스탸]'로 볼 수 있다. 보통 [글 서(書)]라 하나 붓을 쓸 때는 엄밀하게는 붓 '쓰'므로 ['쓸' 서(書)]가 정확하겠다.

위와 같이 중요한 말과 글과 문(文)과 서(書) 등의 어원이 온통 우리말이다. 우리말로 우리 한자어를 만들어 썼기 때문이다. 지나(支那)는 자신의 글이 없었기에 우리가 만들고 가르쳐 준 한자로 지나의 말들을 지금까지 써 왔다. 지금의 한자를 모두 만들었다가 아니라 적어도 갑골문과 금문에 나오는 기본적인 한자는 우리 동이족이 만들어 썼다고 볼 수 있다.

9. 부처는 우리말 사투리로 말했다.

산스크리트어 팔리어도 지금 우리가 쓰는 사투리다. 샤카족 석가모니 부처의 조상은 단군이다. 적어도 삼천여 년 전 인도의 그곳에는 우리 종족이 우리 말을 하고 같이 부대끼고 살았다. 한 유튜브 [문승석(文承錫), 부자요술램프]의 내용을 중심으로 소개한다. 산스크리트어 팔리어가 우리말임을 불교의 경전과 부처의 어원으로 잘 설명한다.

'문'은 산스크리트는 상글(上契) 또는 훈민정음해례에도 나왔던 단어 상담(常談)으로 번역하고 있다. 산스크리트(sanskrit) 단어 자체를 संस्कृतम् (saṃskṛtam, 잘 정돈된)이라 하나 사실은 우리말로 보인다. 범어(梵語)로 번역될 때는 브라만 계급이 쓰는 글이다. san을 상(常)의 뜻이라고 할 때, 현재 상민(常民)은 '상(常)놈'으로 낮은 계급이다. san이 산(山)에서 온 말이라면 우리 민족이 히말라야 고산(高山)에 있을 때 쓰는 글이다.

필자가 보기에는 원음에 충실하면 담(談)보다는 글(契)이 더 적합해 보인다. 상글(常契)이다. 스크리트(skrit)는 '그리다'(그리다 > 그리드 > 크리트 > 스크리트, script) 변음이다. 그릴 때는 붓을 '쓸'어야 하니 '쓸다'를 풀면 스그리다 > 스크리트다. 쓸(ㅅㄹ)어 '긁(ㄹㄱ)어 쓰(ㅅ)니' '글'은 원래 '긇'이다. 어원(語源)은 '긇출' 이다.

석가(釋迦)는 틀림없이 우리말 사투리로 설법(說法)했다. 법을 펼친 말(사투리)을 나중에 결집해 산스크리트나 팔리어로 적었으니 소승(小乘) 경전이다. 아함경(阿含經)이다. 다음에 살피 듯 경전의 이름부터 우리말이다. 제목이 우리말인데 안의 내용 다른 말이겠는가? 석가는 분명 우리말 사투리로 설법을 했을 것이다.[9]

아함(阿含)은 Agama(아 가마)이니 '아~가마'가 우리말이다. 가마는 타는 가마, 도자기 가마 등 타거나 담아 넣은 것이다. '아(전통을)이어 가마'와 같은 전승(傳承)이다. 번역된 한자 아함(阿含)은 Agama(아 가마)의 소리와 '넣어 머금다'라는 '함(含)'의 뜻을 절묘하게 잘 살렸다. 아함은 니까야(nikaya, 部)로 나눈다. '니까야(nikaya)'는 우리말 '넣거야(너꺼야)'다. pali어 ni-도 '너'이고 Sk.의 nih는 '너ㅎ'이니 우리말 '넣'과 정확히 일치한

---

[9] 문승석, 부자요술램프 유튜브, 단군의 후손 붓다 석가는 우리 사투리로 설법했다.

다. 번역된 한자 '부(部)'는 영역(口)을 같이 해서(立) 나눈(剖) 쪽(阝)으로 분류해 '넣은' 것이다.

1. 디가 니까야(Digha Nikaya, 長部)는 우리말 '더 가(加) 넣 (녕/년) 거야'다. Digha(디가)는 '디게' 길다이고 (길게)드러가 야디(d ra gha ya ti)다. veda에서는 dirgha(더가) 이니 '더(할) 가(加)'이다.

2. 맛지마 니까야(Majjima Nikaya, 中部)는 우리말 '마치 맞 게 넌 거야'다. Madhya(마따 > 맞다) Nidus(너 뒀어) Ni-zdos(너 줬어) 등 다 우리말이다.

3. 상윳다 니까야(Samyutta Nikaya, 相應部)는 '삼아 였다 넌 거야'다. sam은 sama(삼아), samati(삼았디)다. yutta 발음은 '윳다'가 아니라 '였다' 발음이다. 전라도 사투리 '였다(넣다)'이 다. 주제에 따라 삼아 였다(엮었다)이니 상응(相應)이다.

4. 앙굿따라 니까야(Anguttara Nikaya, 增支部)는 '안 것 따라 (더) 넌 거야'다. Angut tara는 앙굿따라가 아니라 '안 것 따라' 다. anga(안가? 아는가?) angutha(안 것 다) angustha(안 것이 다) 등 온통 우리말이다.

5. 굳다까 니까야(Khuddaka Nikaya, 小部)는 '걸어다가 넌 거 야'다. Khuddaka는 '굳다까'가 아니라 '거더가'(걸어 가)이다. khudda(거더다, 걸어다) Khu d daka(거드다가 > 거더다가 > 걸어다가)이다. 자잘한 것을 걸어다가 엮으니 소부(小部)다. 역 사와 문화를 담고 있는 우리말 사투리는 소중하다. 쩨쩨하고 째 깐한 것이 아니라 당당하고 크다. 사투리를 즐겨 쓰는 자부심을 가져도 좋다.

불교는 깨달음의 종교다. '붓다(Buddha)'는 (깨달아) '부따(붓다)'이다. 깨달은 사람은 부처 불(佛)이다. 이 또한 우리말이 아닐 수 없다. 같은 음인 불(火)과 통한다. 불(佛)은 인(人)+불(弗)이다. 아닐 불(弗)로 새기니 직접적으로 '사람이 아닌?'은 잘 통하지 않는다. 불(弗)은 궁(弓)+곤(丨)+별(丿)은 삐침(丿)이 강조된 '어그러진다.'의 뜻이 있다. 불(佛)은 일어날 발(弗, 發)의 뜻도 있다. 발화(發火)이다. 불 인디라 (환인, 제석천)께서 불을 붙이니 불화(佛火)다.

'문'에 의하면, 궁(弓, 굽음 > 궁)은 활(휠 > 활)이 아니고 불을 피우는 도구이다. 불을 피우면서 언제 불이 일어날까? 붙을까? 하니 '궁'은 '궁'금하다와 같이 '모른다'의 뜻으로 해석하고 있다. 갈고리 궐(亅)로 걸어 곤(丨)으로 뚫어 불을 피운다의 뜻이다. '불이 안 일어날까?' 걱정하니 '안 일(> 아닐)' 불이다.

필자는 우리말이 그대로 한자어가 되는 큰 원칙에 따라 해석한다. 곧 '궁'이 '궁'금하다에서 왔다기보다 [궁](弓) 음은 '[굽](굽 > 궁)을'에서 왔다고 본다. 굽을 궁이다. '활처럼 굽었다'라는 관용 표현을 봐도 알 수 있다. 또 [활]도 마찬가지로 휘다의 [휠] 에서 왔음이 틀림없다. (휠 > 활) '활처럼 휘었다'도 널리 쓰는 표현이다. '활 궁'은 결국 '휘고 굽은' 것이다.

불(佛)을 한자 그대로 풀면 머리가 불타는 번뇌(煩惱) 고통이 안 일어나는(弗) 사람(人)이 부처다. 불타(佛陀), 부처 모두 불이 타(불타), 불을 붙여(부쳐) 등 우리말로 해야 해석할 수 있다. 불 인디라(Indra, 태양인들, 환인) 후손 족속 [샤카(Sakya)족 = 색족(塞族) = Scytai] 성인 석가모니가 깨달아서 부처다. 진리 탐구에 불타, 불이 붙어 불이 일어나면 환해진다. 깨어나

드러나니 깨달아 '부따'(佛陀)이다. '문'이 말한 '부따'의 우리말 사투리 유언을 정리해 본다.10)

㉠	㉡	㉢
① atta dipa	아따 디빠	아따 더 봐.
② viharati atta sarana	비 하라띠 아따 사라나	비벼 하랐지. 아따 살아나.
③ an anna sarana	안 안나 사라나	안 아냐? 살아나.
④ dharma dipa	다르마 디빠	달라마 더 봐.
⑤ dharma sarana	다르마 사라나	달라마 살아나.
⑥ an anna sarana	안 안나 사라나	안 아냐? 살아나.

㉠은 상글을 알파벳으로 ㉡은 한글로 적은 것이다. ㉢은 현재 우리말 사투리다. 반복해서 우리 사투리로 말씀하시는 붓다의 육성을 듣는 듯하다. 사투리를 알면 한국 사람들은 다 알아듣는 말이다.

① '아따(atta)'는 참 많이 쓰는 전라도 사투리다. 상대가 말을 잘 안 들을 때, 부탁할 때나 강조할 때 자주 쓴다. "아따 좀 해 줘" "아따 참말로 죽것네 이~잉" "아따 시방 이것이 뭣이당가 이~잉?" 등. "(3천 년 전 오신 부처님이시었지만) 아따, 아따를 쓰께 아따 시방 고향 사람 만난 맹크롬 반갑구만 이~잉" 이렇듯 '아따'는 말하는 곳곳에 쓰인 전라도 사투리로 정이 듬뿍 담긴 말이다. '아따'는 스스로 자신이 해야 하니 '스스로 자(自)'로 번역되었다. dipa는 우리 말 '더 봐(파)'로 음역으로 본다. '(자신을) 더 (살펴) 봐, 더 파(깊이 연구) 봐' 등의 뜻이다.

---

10) 문승석, 전계 유튜브, 아따로 시작해 살아나로 끝나는 부처 유언

② viharati(비하라띠)는 '비벼 (다양하게) 하라고 했지?' sarana(사라나)는 우리말 '살아나'다. '(죽었던 것이) 살아난다. 잘 일어난다. 일이 잘된다.'의 뜻이다.

③ an anna는 안 아냐? 아닌 것 아니냐? 의 이중 부정으로 긍정이다. an anna sarana(안 아냐? 살아나) 살아난 것 아니냐? 로 해서 강조한다. '아따 잘 살아난다. 잘 살아가는 것'이니 명(明)으로 번역됐다. 스스로 깊이 잘 살펴 보고 넓게 하여 잘 살아간다는 말이다. ①②③은 자등명(自燈明)으로 상징해 번역됐다. 우리말 뜻으로 파악된 뜻 일부만 살아 있는 부분적인 의역(意譯)이 아닐 수 없다.

④ dharma(다르마)는 '달마(達摩), 담마(曇摩)'라고도 음역(音譯)하는 '법(法)'이다. 우리말 '다르마'이다. '달르마 > 달라마 > 달라(지는) 마(것) > 다르마'이다. 달라지는 것이 법이다. 법(法)이 물(氵)이 흘러가(去) 달라진다고 파자(破字) 풀이할 때 우리말 '다르마'와 비슷한 뜻이다. dharma dipa(다르마 디빠)는 달라지는 세상의 법을 잘 살펴 파 보라고 한다. 이를 등(燈)을 켜는 것으로 비유됐다.

⑤ dharma sarana(다르마 사라나)는 달라지는 법이 살아나 알게 된다. 한역(漢譯)은 '등을 켜서 밝아진다'라는 '명(明)'으로 번역됐다.

⑥은 ③과 같다. 법이 안 살아나지 않느냐? 법을 (밝게) 알게 된다. 부처님의 생생한 유언의 말씀을 직접 듣는 것 같다. 우리 말 사투리로 하셨으니 우리 선조 님 맞으시다.

내친김에 필자가 부처님 유언으로 알아 왔고 '상글말'로 외어 왔던 글도 같은 방식으로 해석해 본다. '바야 담마 상카라 아파

마디아 상파데라' 다. '모든 게 덧없다. 끊임없이 정진하라'의 뜻
으로 알아 왔다. 맞는 말일까? 우리말 사투리로 말하신 것으로
보고 뜻을 알아보자.

　'바야'는 봐야(見), '담마'는 다르마, 달라지는 법이다. 상카라
(Sangkara)이니 '상(常)가라'이다. '가라'는 말 그대로 가라(go)
니 행(行)이다. '아파 마디아'는 '(내가 죽는다고)아파 말지라'이
다. '상파데라'는 '상(常) 파대라'다. '~판다'는 궁구(窮究)하다
이고 '~대다'는 자주 반복해 하는 것이다. '늘 파대고 파대라'(끊
임없이 정진하라)의 뜻이다.

　필자가 우리말로 해석해 보면 '달라지는 법을 제대로 보고 항
상 행하여 가라. 내가 죽는다고 아파 말지라. 늘 파대고 파대거
라'의 뜻이다.

　지금껏 우리는 우리말인 상글말과 팔리어를 한자로 번역한 것
을 다시 번역해 원뜻과 상당히 멀어진 불경으로 배워 왔다. 여기
예에서 보듯 직접적인 우리말이니 현재 우리가 알아들을 수 있
는 우리말로 잘 정리하면 생생하게 알 수 있으리라. 무슨 뜻인지
모른다는 천수경의 다라니경의 다라니도 우리말일 것이다. 많
은, 말로 만든 만트라(만들라)도 당연히 우리말로 만들어진 짧
은 경구다.

　제일 많이 암송되는 '옴 마니 반메 훔'은 우리말로 무슨 뜻일
까? 필자에게는 '옴마니 밥메 훋'으로 들린다. 옴마니는 오마니,
어머니다. 반(飯) = 밥이다. 밥메는 우리가 먹은 밥이고 메는 제
사에 올리는 마지다. 훔은 홋, 홑, 훑, 후다닥, 후딱이니 '빨리'다.
'옴마니 후딱(빨리) 밥(줘)'의 뜻이다. 사실 오마니(어머니)의
어원엔 밥을 주는 사람이라는 뜻이 있다. '옴 마니 반메 훔'에 큰

의미를 두고 주문을 외고 수행하는 이들이나 불교인 들이 '죽자 사자' 달려들 수도 있겠다. 내 견해일 뿐이니 너무 목숨 걸지 말자. 먹어야 사니 세상에 밥 먹는 것보다 더 중한 것도 없다. 영적으로는 모신(母神, 옴마니, 마고신)에게 진리를 갈구한다는 뜻으로 승화해도 좋다.

하나 더해 본다. 정구업진언(淨口業眞言) '수리 수리 마하수리 수수리 사바하'다. 주문(呪文)으로 보는 등 여러 해석이 있다. 필자의 해석은 불가에서 인용되기 전, 환인 환웅 시대의 상황으로 보는 해석이다. 수리는 수릿날과 예와 같이 크고 둥근 '해'다. 수는 수(首)이니 머리이고 높다(高). 해 족인 우리 선조들이 해를 찬양하며 새벽 해맞이 염원을 담은 '참말'(眞言) 같다. '햇님 햇님 크신 햇님 높은 햇님 새벽해'

내친김에 조금 더 나가본다. 반야심경 마지막 구절 주문이다. 한자로 음역하여 '아제 아제 바라아제 바라승아제 보리 사바하(揭諦 揭諦 婆羅揭諦 婆羅僧揭諦 菩提娑婆訶)'다. 좀 더 가까운 소리는 gate gate paragate parasamgate bodhi svaha(가떼 가떼 파라가떼 파라삼가떼 보디 스바하)다. 일반적인 번역은 '가니 가니 피안 가니 피안 모두 가니 깨달음이 있더라, 진실로'이다. 영어 번역은 'gone, gone, everyone gone to the other shore, awakening, svaha(건너갔다 건너갔다 모두가 저 언덕으로 건너갔다. 깨달음이여, 사바하)'이다.

필자가 조금 새롭게 해석해 본다. 대체로 para(파라)는 이상 세계인 저 언덕 피안(彼岸)으로 번역한다. sam은 모두, bodhi는 깨달음으로 번역하고 있다. '상글말'이 우리 사투리 말이라는 전제로 한자어나 영어 등을 거치지 않고 직접 검토해 보자.

gate에 t는 ㅌ이 아니고 ㄸ 음에 가깝다. '가떼'다. 현재 맞춤법으로 바꾸면 '갔데'다. para는 사바세계 이 언덕 차안(此岸)을 벗어나 건너간 이상 세계, 피안(彼岸)으로 알려졌다. para는 '파라'로 오늘날 '파란'(靑)에서 ㄴ이 탈락한 말로 본다. sam(삼)이 문제다. 삼(三)으로 번역되기도 하여 '많다, 모두'로도 해석한다. 동무 '삼아' 간다는, '함께'의 뜻이다. 뜻으로 볼 때 san(산)의 n이 m으로 변한 것 같다. san(산)은 산(山)이고 흙이 쌓인 언덕(丘) 같은 것이다. 따라서 parasan은 '파란 산' 곧 청구(靑丘)다. 중앙아시아 인도나 중국 땅에서도 이상향은 청구(산동 반도와 한반도)였다. 신선이 사는 곳이고 신들이 사는 땅이기 때문이다.

bodhi(보디) 의 o는 ㅗ, dh는 ㄷ > ㅈ으로 '봤디, 봤지'다. '깨달음'으로 해석해 왔다. 기존의 잘못을 '깨'고 바른 것에 '닿음(달음)'이다. 깨달음은 '제대로 본 것'이니 '봤디'다. svaha는 실제 원뜻을 잃어버리고 '진실로, 찬양, 기원 (~하소서)'등으로 읽힌다. 원뜻은 이들 모든 말이 파생될 수 있는 '새벽해'일 것으로 본다. '진실로' 푸른 산 청구(靑丘)의 '새벽해'를 보고자, '기원'하고 해를 '찬양'하고 '기도'했다고 본다. 해맞이 풍속은 지금까지 내려온다. 서울에도 아차산(峨嵯山)이라 부르는, '아침 해를 맞이하는' 아단산(阿旦山)이 있다.

이제 우리말 사투리로 옮겨 보자. '갔데 갔데. 파란 갔데. 파란 산 갔데. 봤디 새벽해' 이렇게 보면 svaha(스바하)는 단순히 말끝을 장식하는 덧붙이는 말이 아니라 이 문장의 중심이 된다.

이 주문이 있는 반야심경은 '마하반야바라밀다심경'이다. 반야(般若)는 **प्रज्ञा** prajña[프라즈나, 팔리어 paññā(빤냐)]로 통상 지혜(智慧)로 번역된다. 팔리어가 우리말 음에 가깝다. 슬기롭게 다 알면 '빤'하니 '빤+야(호격 접미사)'로 '빤냐'다. 도피안 (到彼岸) 곧 피안에 이르는 것이 바라밀(波羅蜜)이다. 파라미따 (पारमिता pāramitā)의 음역이다. 파라미따는 '파라밑닿'이니 피안 이라는 '파란 (산) 밑에 닿은' 것이다.

Dhanu raja [단군(檀君), 딴꾼]은 석가모니 붓다의 선대조(先 代祖)라고 1899년에 편집된 옥스퍼드 산스크리트어 영어 사전 에 수록되어 있다. 인도의 역사가 우리와 무관하지 않다. 그들이 쓴 산스크리트어나 팔리어가 고대 우리말에서 파생되었으니 우 리 조상 우리 역사의 일부였음을 말해준다.

우리 천손족(天孫族)은 인도 카스트에서 브라만[ब्राह्मण 브라 흐마나, 바라문(婆羅門)] 계급 제사장급이다. Brahman은 우리 말 생명의 숨결 '브람믄'(風民)과 관련이 있다. (브람믄 > 브라 민 > 브라만) 신인(神人) '브람믄'은 불을 일으키고 구름을 불러 비를 오게 하고 만물을 자라게 하는, '브라믄'(브라민 > 바라면, 말)이다. 복희씨(伏羲氏)가 풍성(風姓)이다.

석가는 왕족 무사 계급인 크샤트리아 [Ksatriya 찰제리(刹帝 利)] 계급이다. 강상원 박사는 '크 + 샤트리 + 아'로 '사투리'를 쓰는 계급으로 보았다. 가장 오래된 베다에서는 '권력'을 뜻하는 '크샤트'의 소유자라고 한다. 범어는 ksi-ta[끄시짜 = 크시다 = 권위(權偉) = 다스리다]이다. 권(權)은 '쥣는' 힘이다. 우리말 사투리는 한자로 사투리(辭套俚) 정도 쓰는데 어원을 잘 모른다 고 한다. 그러나 우리말이 녹아 있는 범어로 살피면 '크샤트리아' 는 '크신 타리(~다리, 사람)' 정도 된다. 지금은 사투리를 쓴 사 람들이 가장 힘없는 서민이나 옛적엔 가장 힘 있는 '크신 다리 (크신 사람)'가 쓰는 말이다. 왕과 무사 계급 등 지배계급이 쓰

는 말이 우리 현재 사투리다. 사투리를 쓰는 사람들은 자부심을
가질 만하다.

평민(平民)이라 하는 바이샤(vaiśya, वैश्य)는 베다(veda)에서
'씨족, 부족'을 뜻하는 '비슈(viś)'에서 유래한다. 예상한 대로 우
리말 '백성(百姓, 빅셩)'에서 온 것을 말해주는 veda 어원이다.
'베다'(veda)도 (몸에) '배다'에서 비롯한 말이기도 하다. 백(百,
百)의 중국 발음이 현재로 바이(bai)다. 빅셩에서 종성 받침이
다 빠지면 '비셔'다. 비가 '바이'로 연음되면 '바이샤(< 바이셔)'
다. (빅셩 > 비셔 > 바이셔 > 바이샤)

수드라[sūdra]는 육체노동자 농노 등 천민(賤民)이다. 우리
도 종은 양반의 수발을 들었으니 '수'발 '드'는 계층('라')이 '수
드라'다. 카스트에도 못 드는 챤달라(Chandala) 계층도 있다.
불가촉천민(不可觸賤民) Chandala['챤(천) 달라']의 뜻을 우리
말로 풀이해 보면 '천(賤)(것들) 닿을라'이다. 한자 뜻 그대로
우리말이다.

카스트는 포르투갈어 카스타[Casta, 혈통, 순수성 보존을 위
한 사회적 설법(說法)]라고 하나 뿌리 말은 우리말 '갓티다'에서
온 듯하다. 계급, 계층에 '갇히(갓티)'게 하니 '갓티'가 음이 변해
'카스트'(갓티 > 가스티 > 카스트) 가 된 것 같다. 피부색 바르
나(Varna, 색깔)로 차별하니 키가 크고 피부가 흰, 이란인에 가
까운 아리아인이 높다. '바르나'도 우리말 (색을) '브르나'(塗)에
서 왔을 것이다. 바이샤는 드라비다인, 수드라는 문다인처럼 비
교적 키가 작고 검거나 갈색 피부가 낮은 계급이다.

카스트 제도는 바루어 바로 잡아야 할 제도다. 실제는 각 가문
의 전통적인 직업인 '자티(Jati)'에 따라 가문 대대로 족보와 비

숫한 카스트에 저마다 속해 있다. 그러면 '자티'도 우리말에서 왔을까? 필자 생각은 '그렇다'이다. (자리 > 자디 > 자티) 우리가 곧잘 쓰는 사회적 위치나 직업을 뜻하는 '자리'다. '한자리한다.'라고 하고 '자리에 오른다'라고 하니 벼슬이고 신분이고 직업이다.

산스크리트어나 팔리어 등이 우리말임을 불교와 불교 경전 카스트 제도 용어 등으로 살폈다. 인도의 말들이 사실상 어원이 우리말임을 주의 깊게 따져 보면 금방 알 수 있다. 우리 한국 사람들은 우리말 '맜춘(어원)'을 쉽게 찾을 수 있을 것이다. 방대한 산스크리트어나 팔리어 모두가 필자가 찾는 방식으로 하나하나 찾으면 다 찾을 수 있을 것이다. 그런 범어 한글 사전이 나오길 기대한다.

10. 지금 머혀? 다 우리말이라고요

산스크리트어를 연구하는 사람들은 말한다. 80~90%가 우리말이라고. 그것도 옛 우리말이 아니라 지금 쓰고 있는 우리말이다. 물론 주로 남도 사투리다. 1899년 산스크리트어 사전을 확립하고 인도 유럽어의 어원이라 정의했다. 사실은 우리말 어원이라 보아야 한다. 산스크리트[상글(常契)]는 한국어 어원이 잘 녹아 있다. 사전편집자가 어떤 목적을 가지고 우리말을 채집해 편찬한 것이다. 따라서 발음이 비슷하면 뜻이 달라도 같이 모아 놓고 있다.

이어 '문'이 든 예를 들어 좀 더 요약해 살펴본다. 다급하고 놀라 지르는 순우리말 '앗'은 '상글' 사전을 보면 at(앋 = 앗)이다. 놀라움을 뜻하는 접두사다. 아마도 ati(아띠 = 어찌)의 축약형으로 '특별한' 의미다. 쓰인 예로 '앗 빨리 가자, 앗 뛰어' 등을 들고 있다. 정확하게 우리말 '앗'과 같다.

신중할 때 쓰는 '엇'은 ut(얻 = 엇)이다. uta(어따)와 같다. '어따 그래? 어따 조심해!' '이것도, 이것까지도, 이것저것 다'의 뜻이다. 따다 뜻의 uta도 수록하고 있다.(어따 머리따다, 어따 바늘도 따)

우리말 '가'는 'ga'다. (1) ~을 타고 간다(Yana-ga, 야 나가) (2) Sigra-ga(시끄라 가) 시끄러워 빨리 가버려라. 가깝다고 와서 많이 참견하여 듣기 싫으면 시끄러워! 가! (시끄러 가)하고 많이 썼는데 그대로 사전에 올라 있다. 아주 생생한 우리말 그대로다. (3) '성관계를 맺는다'라면서 예문도 들어 났다. Antari ksa-ga(안따리 끄사 가, 안 따라오면 끌고 가) Anayas tri-ga(안아서 들어가) (4) Kantha ga(간다 가) (5) ga(가) = 가(歌) = 노래 (6) ga(가) = 가(家) = 신분이니 음악가 예술가 등이다. 이 정도면 산스크리트어가 우리말이 아니고 무엇이란 말인가?

감은 gam(감)으로 (1) 가다 (2) 죽다, 눈 감다 (3) 이해한다. 감(가암)이 온다. (3) 감(感), 감이 어때? 생각, 이해이다. 가마는 gama(가마)로 (1) 그 길로 가마 (2) (가마) 타고 가마 (3) 행진해 가마(4) 여자와 손잡고 가마 (5) 주사위 놀이 끝내고 가마의 예를 들고 있다.

gata(갔다)는 (1) 떠나갔다 (2) 죽다 (3) (같다) (태도가) 같다. 우리말 '갔다, 같다'는 서로 다른 말이다. 우리말을 채집하는 사전 편찬자 귀에서는 다 gata로 들릴 수밖에 없었으니 같이 '묶'어 놓은 건 이해한다. gati(가띠)는 (1) 움직여 갔지 (2) 기원, 이유가 같지 (3) 방법 상태 수당 존재 방식이 같지.

ak는 '뱀처럼 꾸불꾸불 움직인다'로 풀이하고 있다. 뱀을 보고 '악!' 놀라 지르는 소리다. 뭐혀는 Muhur(무후르가 아닌 머혀) (1) 갈피를 잡지 못하는 태도. 갑자기 머혀?, 지금 머혀? 그동안 머혀? (2) 못마땅해서 계속. 머혀? 머혀? 계속해서 머혀? 또 머혀? – 지금 머혀? 어따 산스크리트어(상글말)가 우리말이라고요.

11. 영어도 우리말? – 영어로 푼 윷놀이 참뜻

우리말이 인도 유럽어의 모태라는 산스크리트어의 뿌리라면 영어도 우리말과 관련이 있을까? '영어는 우리말이다'라는 책을 내어 선언한 홍인섭이라는 사람이 있다.[11] 여기서 요약 소개하고 필자의 의견들을 덧붙인다. 영어에서 우리말 어원을 많이 찾을 수 있을 것이다.

영국은 스코틀랜드와 아일랜드의 선주민 켈트족, 본 섬에 게르만 계통의 유트족 앵글족 색슨족이 자리 잡았다. 주류인 앵글로·색슨족을 기준으로 우리말이 로마자로 쓰는 시점이 1,500여 년 전이다. 게르만(German)은 스펠대로 읽어 '걸만'이니 갈문왕의 '갈문'과 어원이 같다. '색슨(Saxon)'은 고조선 동이족의 후예 '숙신(肅愼)'과 같은 말이다. 고대 게르만족의 활동 무대 '작센'

---

11) 홍인섭, 영어는 우리말이다. 밥북, 2018

도 동원어(同源語)다. 색슨(Saxon)은 '색손(色孫)'으로 고구려의 후예이다. 켈트족이 정착한 스코틀랜드와 아일랜드에서는 이름 앞에 맥(Mac-, son of~)을 붙여 스스로 맥족(부여의 후손)임을 드러낸다. 잉글랜드 어원이 되는 앵글족의 '앵글'은 우리말 '인걸(人傑)'이다. 영어 angel과 어원을 같이 한다.

옛 갈리아(Gaiiia) 지역이 영어로 Gaul(골)이다. 스펠대로 읽으면 '가울'이다. 가울 + 이 > '가우리'이니 고대 중국에서 '고구리'를 부르는 이름과 같다. 갈리아 지방은 우리 고조선, 고구리 유민이 이동해 세운 제2의 고구리 아닐까? '갈리아'는 'ㄱᆞㄹ'에 접미사 '아'가 붙은 꼴로 읽힌다. 유럽으로 건너간 ㄱᆞㄹ족이 살던 지명이다.

영어 속에 우리말이 깃들인 것의 예를 들면 한이 없다. 우리 한민족 대표적인 세시풍속은 윷놀이다. 이 윷놀이의 정확한 어원을 못 찾고 있다. 이제 홍인섭의 연구하여 밝힌 것 따라12) 영어와 우리말을 동원하여 윷놀이 어원을 필자가 요약하고 덧붙여 설명해 밝힌다. 영어가 우리 윷놀이 어원을 알게 한다면 영어가 영락없이 우리말, 우리 문화에서 비롯된 것을 부인하기 어려울 것이다.

먼저 '도개걸윷모'가 '돼지개소양말'이라 한다. 짐승의 빠르기 순이라고 한다. 과연 그러한가? 부여의 5가 저가(猪加) 구가(狗加) 우가(牛加) 등을 각각 부족을 상징하는 짐승으로 해석하는 것 자체가 난센스다. 옛 지명 인명 등에 나타나는 한자는 단순 음차 한자표기다. 이를 뜻으로 푸는 것 자체가 오류다. 돼지 개 소가 아니다. [적] [국] [욱] 등 신성을 나타내는 말에 호격 접

---

12) 홍인섭, 전게서 8장 윷놀이의 어원

미사 '~아'를 붙인 것이다. 적아 [> 저가(猪加)] 국아 [> 구가 (狗加)] 욱아 [> 우가(牛加)]로 표시한 것 뿐이다.

'도개걸윷모'를 순우리말로 풀면 도 = 어린애, 개 = 소년, 걸 = 소녀, 윷 = 사내, 모 = 여자이다. 윷은 우리 옛말로 '사내'다. 윷놀이는 '사내 놀이, 사내 씨 놀이'이다. '도개걸윷모'를 지방에 따라서는 '돗개걸숫모'라 한다. 북한에서는 '똘개컬쓩모'라고도 한다.

도 1	또(경상 충남) 뙤(강원 경상) 띠(경남) 떼(경남 전남) 때(경남) 뙈(경북) 퇴(강원 전라) / 똘(평북) 또끼(함북) 똘코(함북) 떼깨비(함남) 돌(북한)

개 2	기(전남) 괴(전남) 깨(경남) 캐(경남) 캐(제주) 컬(북한)

걸 3	궐(전라 경기) 껄(제주) 게우(충북) / 컬(함경) 커리(함북)

윷 4	윳(전라 충청 경기 강원 제주) 율(경상) 융(강원/함남) 윱(경남) 슛(전남 제주) 슟(전라 경상) 슌(경남) 슐(경남) 소(충북) 사룩(충남) 사륙(충청 강원) 사룩(경남) 사룻(경남) 사륫(경남) / 육(함남) 누끼(함북) 누꾸(한북) 눛끼(길림성) 눛(요령성) 뉴끼(함북) 쓩(함북) 중(함북) 흉(북한)

모 5	뫼(전라 충청) 묘(전북) 모이(강원) 오륙(충남) / 몽(함북)

위와같이 사투리[13]가 다양하다. 윷은 더욱 그러하다. 사투리

---

13) http://naver.me/xKJpRcBZ : 윷[사투리 검색]

는 많고 우리말도 많지만 '도개걸윷모'가 각기 무엇을 말하는지 알아차리기 힘들다. 그런데 영어로 보면 좀 더 명확해진다. 1도 = dot(꼬마) tot(어린애), 2개 = guy(녀석, 소년), 3걸 = girl(소녀), 4윷 = yoot(불량소년), 5모 = mot(여자)이다. 짐승과는 관계없고 사람을 낳고 성장하여 씨를 퍼뜨리는 이야기다.

'개나 소나 차를 끌고 다닌다.'라고 말한다. 여기서 '개나 소'는 dog, 소(牛)가 아니다. '어린애나 어른이나'이다. 우리말 개는 '사내'를 가리킨다. '개새끼'는 욕이 아니라 '사내새끼'를 이야기한다. 개=사내다. 술주정이 심하면 '술 처먹은 개(=사내)'라 한다. 자기 남편을 시부모 앞에서 '개'라고 한다. 설마 개(dog)는 아닐 터. 영어로는 guy(가이)다.

'소'도 사내다. 소 = 수 = 사내다. 어감상 '소'는 작은 사내, '수'는 어린 사내를 뜻하기도 한다. '소'는 원래 '솟'이다. 수컷의 '수'도 '숫'이다. 위와 같이 윷을 전남 제주에서 '숫'이라 하고 충북에서는 '소'라고도 한다. 소는 한자 젊을 소(少)가 된다. '솟'에 '이'를 붙이면 '소시(少時)'다. 소싯적이라 말한다. '솟'을 영어로 그대로 적은 것이 sod(솟, 솟)이다. sod = guy = kid이다.

'개나 도나'[개나 되나(전북), 개나 뛰나(강원), 개나 대나(경남/충남)]라는 말도 있다. 위에서 도 = 되 = 뛰 =대이다. '도쩐개쩐/도긴개긴/도진개진'이라는 말도 있다. '긴'은 '길'에서 왔을 것이다. 윷놀이에서 한 칸에 해당하는 윷길이다.

도 = 돌(북한) = 똘(평북) 이다. 똘, 똘이는 어린애를 가리키는 말이다. 똘똘이 똘이 장군 등으로 야무지고 똑똑하고 똘똘한 꼬마다. 도와 똘이 붙은 말이 [도똘]이다. 호격 [이]가 붙으면 [도똘이/도토리]가 된다. 어린애란 뜻이다. 도토리 키재기는 산에 도토리가 아니다. 고만고만한 꼬마들이다. 결론적으로 보면 이런 관용 표현에서 보면 [개]는 사내다. [소][도]는 어린애를 가리킨다.

'개나 걸이나'라는 말도 있다. 개는 남자, 걸은 여자이다. 남녀를 가리지 않고 모두의 뜻이다. 영어 단어 'girl(걸)'은 실은 우리 말이다. 매춘부를 '걸'래라 한다. 영어는 girlie(걸리)다. girly = girlie = 걸리 = 걸래다. '~래(네, 녀)'도 여자에 붙이는 접미사다. 같은 뜻 갈보도 마찬가지다. '~보'도 겁보 꾀보와 같이 사람에게 붙이는 접미사다. 갈 = gal = girl = 걸이다. 여자 친구를 비속어로 깔치라 한다. 깔치 = 갈치 = 갈 = 걸(girl)이다. '~치'도 양아치 갖바치 등 사람을 나타내는 접미사다.

윷은 여러 말(사투리)이 있다. 대표적인 윷이란 말은 영어에는 yoot(율, 불량 소년)이다. '엿'같은 놈이다. 윷+우 = 유수/스 = youth(청년)이다. '윷, 윳(전라 충청 경기 강원 제주) 율(경남) 윤'은 발음으로는 다 윳으로 들린다. 윤+아=유다, 윤+우= 유두 등도 다 윷에서 파생된 말이다. 또 ㅅ 음으로는 '소와 숫 숯 숟 숱' 등이 사투리로 있다. 사실 윷은 숯의 ㅅ이 ㅇ으로 변한 말 같다. ㅇ이 ㅈ으로도 변해 '중'(함북)이다. '쑹'(함북)으로 불리기도 한다. 더 나아가 '흉'이라는 북한말도 있다. 흉/형으로 흉노(匈奴) 형아 흉아 등 형(兄)은 사내(남자)다. 쑹 = 흉은 흉 본다를 전라도 사투리로 숭 본다로 말하는 것과 같다.

사륙 계열의 사투리 [사륙(충청 강원) 사룩(충남) 사룩(경남) 사룻(경남) 사룿(경남)]는 윷 4개가 벌려진 모습을 말하는 것 같다. 누끼 계열 [누끼(함북) 누꾸(한북) 눚끼(길림성) 눚(요령성) 뉴끼(함북)]은 윷이 다 누워서 생긴 명칭 같다.

'모'의 영어는 'mot'(여자, 여자 성기)이다. 못(mot) + 아(er) = mother[모(母), 엄마]이다. mither = mother이다. 모 사투리는 다음 여러 음운 변화가 나타난다. [뫼(전라 충청) 묘(전북) 모이(강원) 몽(함북)]. 오류(충남)은 윷이 5이기 때문이다. 여자를 나타내는 '모'와 비슷한 음운으로 '말'도 여자다.

윷은 개, 돼지 같은 짐승을 가지고 노는 게 아니다. 말(여자)이 윷(남자)을 만나 다산(多産)과 번식(繁殖)이라는 고대사회 공동체 목적을 상징화한 놀이 문화다. 애를 낳고 (도), 소년 소녀로 자란다. (개, 걸) 생산할 수 있는 어른 사내와 계집이 되어 (윷 모) 또 애를 낳아 돌고 돈다. 그리고 (지구에서) 임무를 마치고 '참'을 먹고 먼저 나면 이긴다. 먼저 고향 하늘로 돌아가니 이기는 것이다. 참은 '참(眞)'이고 먹거리 '참'이다. 먹을 때의 '참'이다. '참'으로 매력적('참' charm)인 말이다.

말판이라고도 하는 윷판에 윷가락을 던져 윷패에 따라 말판 위 길을 돈다. 여러 개의 말이 먼저 빠져나오는 자가 승자다. 영혼이 물질 체험을 위해 지상에 태어난다. 윤회(輪回)를 모두 마치고 '차원 상승하라'는 하늘의 뜻을 담은 놀이라고 볼 수 있다. 윷판에서 말이 움직이는 것은 지상의 체험이다. 윷놀이 같은 세상은 신이 만든 가상공간 매트릭스에 영혼이 몸을 빌려 나온 물질세계 체험 놀이터가 된다.

윷을 놓는 이는 이 세상에 온 '영혼'과 같다. '말'은 그 영혼의 아바타와 비슷하다. 말은 말(馬)이 아니라 여자로 대표되는 육체를 가진 '사람'이다. '말 만한 딸년'이라는 표현에서 '말'은 시집가서 애를 낳을 수 있는 계집이다.

영어로는 moll(여자)이다. 대문자로 쓴 Moll(말/몰)은 여자의 이름이고 Mary의 애칭이다. 여자를 나타내는 말이 '말'이었기에 호격 접미사 '이'를 붙이면 '말 + 이 = 마리'(Mary, Marie)다. 여기에 호격 '아'를 또 붙이면 '마리 + 아 = 마리아'다. 익히 듣던 이름, 예수의 어머니 성모 '마리아'다. 요한의 어머니도 마리아요 막달라 마리아도 마리아다. 마리아가 어원적으로 보면 우리말이다. 서양 어느 곳에서 쓰는 말의 뿌리 말은 우리말임을 보여주는 사례다.

말이 한 바퀴 돌고 빠져나오면 '한 동 났다'라고 한다. '동/둥'은 동(童)으로 어린애다. 쌍둥이 늦둥이의 예다. 개똥이 소똥의 '똥이'도 동의 '된말'이다. 개나 소가 사내이고 '똥이'도 어린애이니 사내아이를 가리키는 말이다. 또 똥이 뚱이는 우리 피붙이 동이(東夷)와 통하는 말이기도 하다.

한 동 났다는 '(애를) 낳았다'나 '(말판을) 나왔다'의 뜻이다. 윷놀이는 윷을 놓아 노는 놀이라는 말이고 윷(사내)이 중심인 듯하다. 그러나 움직이는 것은 '말'이고 애를 낳은 것도 '말'(여자)이다. 사내를 상징하는 4개 말이 누은 윷(누끼)이 4이고 4개의 말이 엎어진(△) 오류이 5인 점도 여성 우위다. 윷놀이는 환인께서 연 부계사회가 아니고 1.2만 년 이전인 마고지나(麻姑支那) 모계사회 유습인 듯하다.

말판 한 중앙은 '방'이라 한다. 사투리는 천막(전남) 바녀(경북)다. '방혀'라고 부르는 지방도 있다. '방을 해라'를 '방혀'라 하니 방은 성교다. 우선 방은 방(房)이 생각나고 방아도 방이다. 성교를 속말로 방아 찧는다는 표현도 있다. 가장 빠른 말길은 이 방으로 들어가 방을 하는 것이다. 방에서 방수기 안찌를 거쳐 참먹이를 지나면 한 동 난다. 방수기는 '방수겨(경북)'라고도 하고

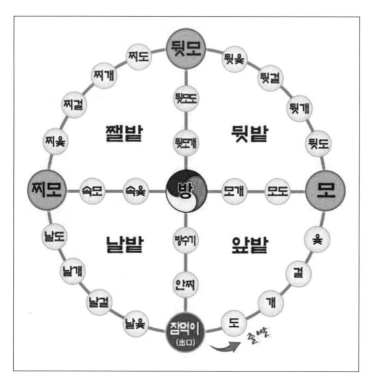

[그림24] 윷판 명칭

참 먹이는 '미겨(경북)'라고도 한다.

참먹이는 참멕이 참먹쿼(충청) 참메기고(충청) 이라고 하는데 어쨌든 참(밥)을 미긴다(먹인다)의 뜻이다. 새참 밤참에서 보듯 참은 밥이다. 애를 막 날 산모에게 '수고했다 힘써 애를 낳아라.'라고 '참'을 먹이는 것이다. '참'과 비슷한 영어는 '첨'[chum(낚시 밑밥)]이다. 대상이 사람에서 물고기로 달라졌다. '애를 잘 낳아 달라'는 밑밥이 물고기를 낚기 위한 것으로 바뀌었을 뿐 기본 개념은 비슷하다.

윷이 20~30cm에 이르는 장윷은 가락윷, 장작윷이라고도 부

르고 자지 윷이라고까지 한다. '장'이 '자지'를 뜻하니 놀랍게 영
어도 그대로 쓰니 '장'[jang(음경)]이다. 5~7cm의 윷은 밤윷이
라 한다. 밤은 밤(栗)이 아니라 한 뼘 정도 되는 윷이다. 뼘의 옛
말은 봄(뵘)이다. 뵘 (봄 = 밤, 뵘 > 봄 > 밤 > 뺨 > 뼘)으로
볼 수 있다. 장윷과 달리 한 뼘에 들어오는 윷가락이다. 영어는
palm(뺨)이다. 또 '밤'은 여자를 가리키는 말이다. 영어에서 엿
볼 수 있으니, 불어에서 건너온 펨(femme)이다. 여성주의자 페
미니스트(feminist)의 페미(femi)다. 아내를 '여편네' '여펜'이라
부르기도 한다. 고려 서경별곡에 나오는 '여펨'이 나오니 펨이
펨(femme)의 어원이다. (뵘 > 빔 > 팸 > 편)

   윷가락이 윷판을 벗어나면 '낙'이라 한다. 판을 벗어나 떨어졌
으니 '낙(落)'이라 해도 좋다. 영어를 찾자면 '눅'(nook, 구석)이
다. '밥'을 'boob(붑, 바보)'으로 하듯 우리말 ㅏ를 영어로 옮길
때 ㅜ(-oo-)로 하는 경우다. 밥+오=밥오=바보다.

   윷판은 눈이 29개인데 가운데 '방'이 중심이니 북극성(北極
星)과 같다. 나머지 28은 28수(宿)로 보아 별자리를 그린 것으
로도 본다. 온 우주 별자리를 다 도는 영혼(靈魂)으로 상징되는
것이다.

   '도개걸윷'은 '동남서북'이나 해가 도는 방향이다. 이 동서남북
과 오행은 다음과 같이 배정된다.

   도(ㅗ) : 동(ㅗ東) 목(木)(ㅗ)성
   개(ㅏ) : 남(ㅏ南) 화(火)(ㅏ)성
   걸(ㅓ) : 서(ㅓ西) 금(金)(ㅓ)성
   윷(ㅜ) : 북(ㅜ北) 수(水)(ㅜ)성

달력은 달의 역사이고 한 달은 28일이다. (삭 초승달 상현달 보름달 하현달 그믐달) 1사(祀=年) 13기(期=月)의 마고력(麻姑曆)과 관계된다. 13×28 = 364일이고 매사의 시작에 대사(大祀)의 단(旦)이 있으니 365일이다.

윷놀이 시작이 지금이 아닌 마고(麻姑) 시대로 거슬러 올라갈 수 있는 단초(端初)를 제공한다. '도개걸윷모'의 말 움직임 등 전체적으로 모계사회 중심이 게임 속에 녹아 있다. 말(사람)을 운행하는 주체는 사람(신)이라도 '말'은 '여성'이다.

마고의 전통을 이어받아 윷판은 천부의 원리로 만들고 달력의 원리가 있다고 기록되어 있다. '신지 혁덕이 남긴 기록에 의하면 천부 원리로 만든 윷판으로 달력의 원리를 강의하였다.'14)

또 이렇게 기록되어 있으니 오늘날 요일 순서(일 월 <u>화</u> 수 목 금 토)와 매우 비슷하다. 태백일사의 제사 지낸 날이 (일 월 <u>수 화</u> 목 금 토)로 현재 요일은 (<u>수 화</u>)가 뒤바꾸었다. '첫날에는 천신에게, 2회의 날에는 월신에게, 3회 날에는 수신에게, 4회 날에는 화신에게, 5회 날에는 목신에게, 6회 날에는 금신에게, 7회 날에는 토신에게 제사 지냈다.' 15)

윷놀이에서 '도개걸윷모'를 '돝개양소말'로 보는 시각은 타당성이 없다. 부여 관직에 동물 이름도 수긍하기 어렵고 어원적으로도 견강부회가 있다. 우선, 도를 돝(돼지) 개(개) 윷은 숫, 소가 있으니 (소)로 대응할 수는 있다. 그러나 말 마(馬)도 모와 연결 지음도 다소 무리가 따른다. 믈 > 몰 > 모로 보는 것인데 믈 > 말 > 마(馬)로 가기 때문이다. 또 '걸'을 '양'으로 보기는

---

14) 안경전, 환단고기, <마한세기> 상생출판사, 2012
15) 안경전, 환단고기, <태백일사, 신시본기> 상생출판사, 2012

힘들다. '걸'과 비슷한 음 '갈(羯, 불깐 흑양)'로 보거나 억지로 비슷한 음의 '결(羢, 양의 질병)'을 찾기까지 한다. 형성자로 양(羊)만 들어갔을 뿐 전혀 맞지 않는다. 부정적 뜻으로 부적합한 용어다.

[그림25] 임실 상가 윷판 유적

인생을 살아가는 사람들의 일생이나 하늘의 별들의 운행을 그린 것으로 해석하는 것이 맞을 것이다. 어원으로나 여러 상황으로 볼 때 그렇다. 암각화에도 별자리와 함께 자주 그려지니 윷판은 별이 모인 28수의 세계. 사람들의 영혼이 이 우주의 별에서 지구에 태어나 살아가는 이야기 게임이다. 바위에 새긴 성혈(性穴)이라는 구멍은 별자리다.

[그림24] 별자리와 함께 그려진 28수 별자리 윷판 암각화의 예다. 윷판 암각화 유적 정밀조사보고서 <한국의 윷판 암각화(2021)>16)에는 전국 85개 유적을 수록했다.

---

16) 울산대학교 반구암각화유적보존연구소, 울산대학교 출판부, 2021.8.1.

윷놀이 유래는 조선 선조 때의 학자 김문표(金文豹, 1568~
1608)가 주장한 사도설(柶圖說)이 유명하다.17) 사도설에서 '윷
판의 바깥이 둥근 것은 하늘을 본뜬 것이고, 안이 네모난 것은
땅을 본뜬 것이다. 하늘이 땅을 둥글게 둘러싼 것이다. 제일 가
운데 있는 둥근 점은 북극성을 모방한 것이고, 그 주변에 있는
28개의 둥근 점은 28수를 본뜬 것이니, 북극성이 가운데 자리를
잡음에 28수가 절을 하며 둘러싼 형상이다'라고 설명한다. 수저
사(柶)는 나무를 네 개로 쪼개 만든 윷이다.

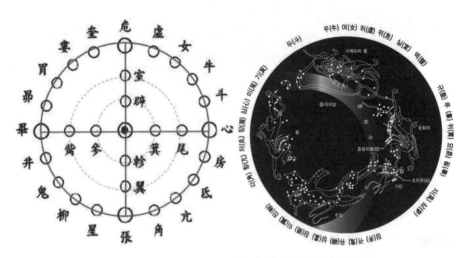

[그림26] 윷판과 28수   [그림27] 하늘의 28수 위치도

윷판의 '방'은 추(樞)로 북극성 자리다. 북극성을 빼면 28수의
별자리다. 동서남북으로 7사(舍)이니 28수(宿)다. 세종대왕께

17) 김육(金堉, 1580~1658)의 송도지(松都志)에 송도 읍지를 찬술하면서 송도 출신
   김문표를 소개하면서 그의 사도설(柶圖說)을 실었다. 수학에 통달하여 사설(柶
   說)을 지어 상학(象學)과 수학의 이치를 가지고 풀었는데 그 설이 심히 뛰어났
   다고 평했다.

서 반포한 훈민정음도 28자다. 우연이 아닐 것이다. 동방은 청룡(靑龍), 북방은 현무(玄武), 서방은 백호(白虎), 남방은 주작(朱雀)이 각 7수를 거느린다. 달은 공전 주기 27.33일이다. 매일 달이 옮겨가는 위치에 있는 성좌를 표시한 것이 28 성수다. 이를 사(舍)라 한다. 운행 순서는 동 북서 남이다. 이 4궁에 각 7수가 배치되어 이름과 동물을 부쳤다. 아래 표와 같다.

구 분	목(木)	금(金)	토(土)	일(日)	월(月)	화(火)	수(水)
동방 청룡 (앞밭)	각(角) 교(蛟)	항(亢) 용(龍)	저(氐) 학(貉)	방(房) 토(兔)	심(心) 호(狐)	미(尾) 호(虎)	기(箕) 표(豹)
북방 현무 (뒷밭)	두(斗) 해(獬)	우(牛) 우(牛)	여(女) 복(蝠)	허(虛) 서(鼠)	위(危) 연(燕)	실(室) 저(猪)	벽(壁) 유(貐)
서방 백호 (쩰밭)	규(奎) 랑(狼)	루(婁) 구(狗)	위(胃) 치(雉)	묘(昴) 계(鷄)	필(畢) 오(烏)	자(觜) 후(猴)	삼(參) 원(猿)
남방 주작 (날밭)	정(井) 안(犴)	귀(鬼) 양(羊)	류(柳) 장(獐)	성(星) 마(馬)	장(張) 록(鹿)	익(翼) 사(蛇)	진(軫) 인(蚓)

하늘의 성좌와 운행 이법(理法)을 담은 윷판을 천부도(天符圖)라 할 수 있다. 수치로 보면 밭은 28수다. 방을 포함하면 29수다. 윷이 4개이니 땅의 수다. 놀이 수는 5이니 하늘의 수다. 윷 단면에서 ⌒의 위는 천원(天圓 ○)이요, ⌒의 아래 평면은 지방(地方 □)이다. 4개에 8면이 나오니 8괘 상징이다. 윷판의 방은 중심 추(樞)요 천원(天元)이니 북극성(北極星)이고 우주(세상)의 주재자다.

말코를 써 도는 데 '모' '방'을 지나 '앞밭'만 돌면 동지다. '모'

에서 돌아 '방'을 지나 '찌모'를 거쳐 앞밭 날밭을 돌면 춘분이다. '모' '뒷모' '방'을 지나 '앞밭' '뒷밭'을 돌면 추분이다. 하지는 원을 한 바퀴 다 돈다.

[그림28] 사계절 북두칠성이 도는 모습으로 된 윷판과 상징 만(卍)자

[그림28]과 같이 별자리 윷놀이를 28수가 아닌 4계절 북두칠성이 북극성을 도는 모양으로 보는 경우도 있다. 북두칠성은 인간의 생명과 죽음을 관장하는 별로 간주해 왔다. 북두칠성 정기로 태어나고 갈 때는 고향으로 가야 하니 칠성판을 짊어지게 된다. 한민족은 북두칠성의 자손이고 돌아갈 별로 고향을 잊지 말자는 뜻을 포함한다. 우리 민족의 상징으로 만(卍)자가 나오는 배경도 된다. 회전 날개를 떼면 열 십(十)자다. 윷판 가운데 가로세로 일곱 개의 별이 교차하여 십(十)자를 그린다.

윷놀이는 29수 별자리를 돌며 쫓고 쫓기며 윤회전생을 하니 '별들의 전쟁'이다. 우리 윷과 발음도 비슷한 범어의 유드(Yudh) 뜻이 '별들의 전쟁(star wars)'이다. 하늘에서는 신들이 벌이는 별들의 전쟁이지만 땅에서는 사람들이 살아가는 전쟁이다. 이 세상살이가 이기고 지고 웃고 울고 한바탕 윷놀이다.

어쩌면 실제 우리가 사는 세상은 시뮬레이션 가상 현실일 수도 있다. 어느 시인은 삶을 소풍(消風)이라 했고 장자는 유희(遊

戲)라 했는데 요즘 식으로 보면 게임(game)일 수 있다. 현실 세계를 '놀이공원'에 비유하기도 한다. 무엇을 탈 것인지는 스스로 결정하지만 한번 타면 끝까지 가야 한다.

(신에 의해) 정밀하게 설계된 가상 현실 윷판에서 영혼이 아바타인 '말'(몸)을 몰고 다닌다. 울 웃고 체험하다 '참'을 먹고 (참먹이) '몸(말)'은 죽는 것이다. 말은 더 이상 움직이지 않고 윷판 밖으로 나온다. 그래야 '한 동'이 나는 것이니 빨리 끝내 졸업하는 것이 이기는 것이다. 부활(復活)이니 다른 '말'이 윷밭 (세상) 에 나오게 된다. 윷놀이는 우리 영혼의 비밀스러운 윤회와 진보의 목적 등을 간직하고 암시하고 교육하고 있다.

뮤 대륙 문자 여나문(與那文) 해독

2마디 : 뮤 대륙 문자 여나문(與那文) 해독

1. 사라진 뮤 대륙

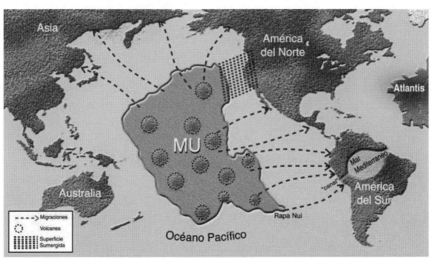

MAPA DE MU

[그림1] 사라져 버린 뮤(Mu) 대륙

인도 주둔군에 배속된 영국군인 제임스 처치워드가 1868년 힌두교의 사원에서 발견한 낡은 점토판의 글자를 발견했다. 안내한 고승은 이를 '나칼(거룩한 형제)'로 불렀다. 고승은 '나칼'은 '본국'으로부터 각 식민지 포교를 위해 파견한 선교사들이 쓰는 특수한 말이고 '본국'은 사라진 대륙 [뮤(Mu)]이다고 했다.[1]

이 점토판들을 연구한 내용은 뮈 대륙은 하와이 북부에서 남쪽 피이 제도(諸島) 아이스터 섬 근방까지다. 처치워드에 의하면 동서 8천km 남북 5천km로 10개 인종에 6천 4백만 명이 살고 있었고 각 처에 식민지가 있었다. 1만 2천 년 전 대지진과 함몰로 사라졌다. 당시 뮈 대륙과 아틀란티스가 핵무기 전쟁으로 인한 천재지변으로 두 대륙이 모두 가라앉았다는 이야기도 있다. 이 뮈 대륙의 역사는 식민지 인도, 이집트, 시나이 반도로 전해졌다. '시나이 사원에서 모세가 베끼고 8백 년 뒤 에스라가 고쳐 썼으니 그것이 성경이다'라고 한다.

뮈 대륙은 부도지에서 나온 마고(麻姑) 문명과 관련된다. 마는 무로 삼 마(麻)로 표현된 마고 삼신(三神)이다. 마(麻)는 '삼'이기도 하고 모(母)도 나왔다. 백제의 지명 [고마](固麻)는 [마고]의 말을 뒤집은 것이다. 고(固)는 고(姑)에서 고(古)를 취한 나라 국(□) 성(城)이 있는 도읍지이다. '고마'의 어원은 마고(麻姑)가 되고 축약하면 '곰'이다. '고마(神) 같다'에서 '고맙다'라는 말이 나왔다고 한다.

2. 여나국도(與那國島) 수중 유적

1987년 잠수부 아라타케 키하치로(新嵩喜八郎)는 일본 오키나와현 야에야마 제도의 여나국도(與那國島, 요나구니, Yonaguni) 섬에서 수중 유적을 발견했다. 대만 섬 바로 옆에 있다. 현 일본

---

1) 제임스 처치워드 저, 박혜수 역, 뮤 대륙의 비밀, 문화사랑, 1997의 내용을 요약했다.

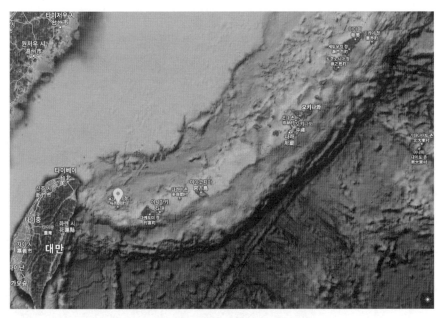

[그림2] 요나구니섬[여나국도(與那國島)] 위치도

영토일 뿐 자연 지형은 일본 열도와 무관하다. (대륙붕은 우리나라로부터 연결된다) 그런데도 요나구니를 근거로 자신들의 역사가 고조선보다 오래됐다 날조하기도 하니 기본 사실조차 틀렸다. 특히 필자가 여기서 나온 상형문자를 처음 모두 해독한 바에 따르면 우리 민족, 우리 땅, 우리 역사, 우리 문화였음을 명확히 증명하고 있다. 민족이 쓰는 말과 글은 조작할 수 없는 가장 확실한 움직일 수 없는, 객관적 사료(史料)가 아닐 수 없다.

요나구니 섬 수중 유적은 [그림3]과 같이 고대 신전 같은 곳으로 동서 200m, 남북 150m, 높이 90m의 거대 암석에 모퉁이, 통로, 계단, 아치형 부속 건축물을 갖춘 거대한 사각형 모양의 건축물이다. 5~25m 수면 아래에 있다. 지질학자들은 최소 1만

년 전이라 추정했다. 2만 5천 년 동안이나 침수되었다는 지질조사 결과가 나오기도 했다. 뮈 대륙의 침몰(침수)을 1.2만 년 전으로 보기도 한다. 이 설을 채택해 최소 1.2만 년 전으로 본다. 1990년 시후나 섬 서쪽에서 [그림4]와 같이 폭 183m 높이 27.43m에 이르는 수중 피라미드가 발견

[그림3] 요나구니섬 수중 유적 모양

[그림4] 요나구니섬 수중(水中) 피라미드

됐다. 1만 2천 년 전에 해수면이 100m나 낮은 육지로 거대한 평원에 고대 문명 피라미드 벨트가 있었을 것이다.

3. 여나국도(與那國島) 수중 상형문자와 나칼문자

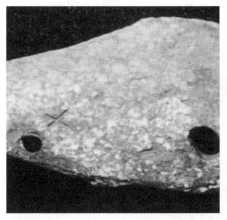
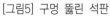

[그림5] 구멍 뚫린 석판

[그림6] + 자가 새겨진 석판

1998년 12월에는 요나구니 바다 수심 25m에서 [그림5]와 같이 2개의 구멍과 [그림6]과 같은 +글자가 새겨진 석판이 추가로 발견됐다. 인위적으로 구멍을 뚫고 +자를 새긴 것이 확실해 제단 바위의 자연 형성설에 쐐기를 박는 계기가 됐다. 이 인위적인 유적을 부정하고 싶은 사람들이 이런 확실한 증거도 애써 외면하고 우기고 있는 셈이다.

더 추가로 탐사한 결과 [그림7]과 같이 상형문자가 새겨진 다른 석판들이 발견됐다. 상형문자들은 ○ ∧ ㅊ 기와집 모습 등이 있다. [그림8]과 같은 이집트 상형문자를 닮았다. 우리 한글 ㄱ ○ ㅁ(囚) ㅅ과 夫 모양 등이 보인다. 신전(神殿)으로 보이는 기와집 모습은 이후에 단군조선의 자모전(子母錢)의 글자 뎔[兪] 사(寺)로 간략화된다. 요즘 불교의 절이 아닌 삼신(三神)을 모시는 사당(社堂)이다.

다음 81자 그림문자(여나문)가 실제로는 고대 한글 형태로 전부 우리말로 해석되는 것에서 알 수 있듯 이곳은 우리 조상들이 말하고 살아왔던 터전이다. 우리 고대 한글일 가능성이 크고 옛 우리말을 기록한 것으로 보인다.

[그림7] 요나구니섬 문자 석판 1

[그림8] 이집트 상형문자와 석판

[그림8]의 이집트 상형문자판에도 ㄱ ∨(ㄴ) ∧(ㅅ) 등 고대 한글과 ×(五) +(十) 등이 보인다.

[그림9] 문자 석판에서도 [ㄷ ㅁ △ ㅇ ∧ ㄹ ㅍ ㄱ ㄴ(h) 댜 ㄱ 소] 등 한글 상형과 집(∧) 아래 받들 봉(奉)으로 신전(神殿)의 모습, 피라미드(계단)와 안테나 모습(본부, 여기엔 오리가 그려져 있다 않다. 대신 오른쪽 위에는 ⅩⅤ(15)가 새

[그림9] 요나구니섬 문자 석판 2

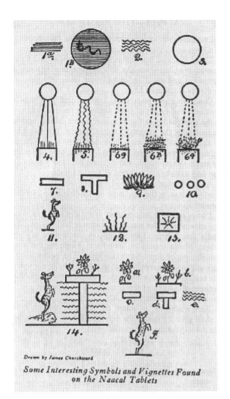

[그림10] 나칼 점토판 표성과 문양

겨진 둥근 해가 그려져 있다), 五, 七, 九, 正, 王, 〈, 〓(S), Z(ㅈ), 와문[渦紋, 凹, 긍(ㅎ)] 므(□), 수(囚) 등이 보인다. □이 므(무, 뮤, 뮈) 대륙으로 사람이 모여 사는 곳 성(城)이다. □ 안의 구(九)족이 사는 구므(九□), ∧(八) 백성이 사는 팔므(八□)다. 이것을 [므구](□九), [므스](□∧)로 발음할 때 마고지나(麻姑支那) [뮈] 대륙의 상징이 될 수도 있다. □은 뮈(𡥀) 대륙 땅(□, 현재 한글은 ㅁ)을 나타내고 그 이름이 [뮈]다.

[그림10]을 처치워드가 해석한 바에 따르면[2] 1a 가로선은 우주, 1b 우주 공간과 칠두사(七頭蛇), 2는 지구의 물 3은 태양이다. 4의 세로 직선은 태양이 지구에 미치는 힘. 5의 곡선은 태양의 열. 6의 점선은 생명력. 6b는 물속 6c는 흙 속에 생명력을 일으킨다.

7의 □는 Mu(Moo, Ma, 모, 육, 평원, 국토) 8은 Tau(부활, 남십자 성좌, 낳는다, 나타난다.)이다. 9는 연꽃, 10의 작은 세 원은 셋으로 나뉜 뮈 대륙 상징), 11은 지구 창조 후 최초 창조물 인간(도약하는 사슴 Keh로 상징) 12는 불, 13은 산의 융기와 가스 화산대로 본다.

2) 처치워드 전게서. p.20~24

14는 뮈 대륙의 형성과 인류의 발생을 이야기한다. a는 연꽃, b는 3개의 잎, c는 뮈, d는 도약, e는 물이다. 뮈 대륙이 물속에서 출현하여 그 위에 인간이 뛰어오르려고 하고 있다.

수긍되는 해석이나 우리 문화를 서양인들이 해석하기엔 한계가 있을 수밖에 없다.

필자가 다시 해석하여 정리한다. 1은 암흑 우주에 7 창조주의 활동(黑水)으로 2의 생기(生氣, ⌇⌇)가 발생 되어 3의 밝은 항성(恒星) 별인 북극성[본태양(本太陽)]이 탄생하여 어둠 속에서 빛이 창조된다. 4부터 6은 우리 태양계다. 4의 강력한 햇살(///)로 유기물이 생성되고, 5의 햇볕 열선(\\\)으로 지구의 땅과 대양의 온도가 더욱더 상승한다. 지구 땅(ㄷ)은 당연히 ⊓이다. 땅을 나타내는 우리 옛글 ㄷ(ᄃ > 다 > 따 > 땅)과 뮈 대륙 땅인 ⊓(회전하면 ㄷ으로 땅을 나타내는 ㄷ)과 같다. 뮈 대륙이 우리 선조의 우리 땅이고 우리 말이며 우리 글임이 드러난다.

6의 비(⌁⌁)가 내려 지구상의 생명체 탄생이다. 6a는 미생물, 6b는 식물이 울창하고 6c에 동물까지 탄생한다. 6b와 6c는 두 개의 생명란(卵)이 있는 캡슐이 있다.

7의 [□]은 영어 M(어원은 Mountain, 갑문 산(⛰)에서 세 봉우리인데 [M]은 두 봉우리.)의 형상보다는 우리말 뫼(山, 흙이 모이[뫼]면 뫼, 쌓인[산] 것은 산)의 ㅁ, 뭍(陸)의 [ㅁ]이다. 곧 뮈 대륙이다. 우리 한글이 뮈 대륙의 문화를 그대로 이으니 뭍(대륙)을 나타내는 □이 그대로 한글 자모 ㅁ이다. 이 역시 뮈 대륙이 우리 땅이고 뮈 문화가 우리 문화임을 드러난다.

8의 T 모양은 □(ㄷ, 모음으로는 ㅡ)과 ▯(ㅣ)의 결합이다. T 모양은 고대 한글이니 현대 한글로 쓰면 [두]다. ㄷ에 ㅡ이 추

가되면 나타나는 대륙의 땅 [ㅌ]이 된다. ㅡ와 ㅣ이 결합한 모음
은 [ㅜ]다. (대륙의 땅 뮈 대륙이)'나[두 > 투]다'이다. 처치워
드의 Tau(나투다)와 결과적으로 비슷한 뜻이다.

9는 9잎의 연꽃이다. 인간을 상징하는 캥거루도 9종이 산다.
9 종족을 뜻하는 것 같다. 나중에 구이(九夷)이다. 10의 작은 세
동그라미(ㅇ)는 세 개로 나누어진 뮈 대륙이다. 11은 필자가 보
기에 두 발로 껑충껑충 뛰어 점프를 잘하는 캥거루 같다. 뉴기니
오스트리아 동북부 열대림에 9종이 살고 있다. 점프를 잘하는
캥거루의 뛰어오르는 모습으로 진보(進步)하려는 사람의 속성
을 표상했다.

7, 8, 9, 10을 연결하면 '뮈 대륙(7)이 나투어(8, 바다에서 솟
아오름) 9 생명체들이(9, 연꽃은 물속에서 피어 물에서 생명이
나오는 것을 상징, 나중에 불교의 상징화. 정토(淨土)에 생명을
탄생시키는 화생(化生)의 근원) 해협으로 갈라진 세 갈래 땅
(10)에 살다'이다. '사람이 튀어(11, 잘 뛰는 캥거루를 상형으로
채택 '튀어') 올라(12, 땅에 수증기가 피어오르는 그림으로 '올
라') 뮈 대륙(□) 안을 '일구'(13, 일곱(七) 개의 빛의 상형으로
'일곱'은 '일구')고 살다'이다.

14의 a는 두 잎과 8개의 꽃잎을 가진 해바라기(sunflower)다.
8은 팔가(八家, 八加)로 뮈 대륙 백성 '나기'이다. 14는 바닷물
(𖡎) 위에 솟아(⎕) 나온 뮈 대륙(□) 위에 해를 숭상하는 나기
(해바라기)와 초🌿(Ψ) 목🌿(🌲)이 자라고 이것을 보살피고 다
스리는 캥거루로 지도자를 묘사하고 있다. 뛰어난 뚱이 [동이,
東夷]다.

나칼문을 필자가 해석하여 우리말로 옮기면 다음과 같다.

암흑의 우주에서 7 창조주가 합하여 창조하니 생기가 생겨 북극성 별이 밝았다. 해의 강력한 3 햇살로 지구 땅에 유기물이 생기고 3 햇볕으로 지구 땅은 더 더워졌다. 해의 3 기운으로 미생물, 식물, 동물 등 생명체가 탄생했다. 뮈 대륙이 솟아나 9 부족이 세 구역에서 살게 되었다. 뛰어난 동이인 지도자가 올라와 뮈 대륙을 일구고 살았다. 바닷물 위에 솟아 나온 뮈 대륙에 해바라기인 나기와 초목이 자라고 동이가 보살피고 있다.

이렇게 자랑스럽게 뮈 대륙을 창세기부터 묘사하고 있다. 그런데 지금 뮈 대륙은 자취도 없이 바닷속에 있다. 무상하지 않을 수 없다.

4. 뮈 대륙 문자 여나문(與那文) 해독

(1) 여나문(與那文) 81자

여나국도(與那國島) 동남해안에는 유명한 [그림11] 입신석(立身石)이 있다. 그 아래 해저에는 높이 수 미터의 사람 머리 조각이 있다. 얼굴과 오관이 뚜렷하게 분별 된다. 약간 뒤에 있는 [그림12] 석비암(石碑巖) 벽에 가장 오래된 문자들이 새겨져 있다. 17세기에서 썼던 요나구니 상형문자인 '카이다(カイダ)' 문자로 통칭함은 부적절하다. 여나국도에서 발견되어 필자가 그 이름을 '여나문(與那文)'으로 부르기로 한다. [그림13] 의문(文)이다.

[그림11] 입신석   [그림12] 석비암 벽 문자

총 81자다. 일부에서는 천부경 81자와 같아 '마고(麻姑) 천부
경(天符經)'으로까지 부른다. 일부 해석을 하고 뮈 대륙의 천부
경이기를 바라는 것 같다. 첫 시작이 일시무시일(一始無始一)이
라 한다. 필자가 보기엔 처음부터 하나 맞지 않았다.

갑자기 해석하고 싶어졌다. 우선 9×9=81 행렬표(行列表)를
만들었다. 생각되는 한자(漢字)를 넣고 뜻으로 연결해도 통하
지 않는다. 한자의 훈(訓)을 넣고 때로는 음(音)을 넣었다. 좌
에서 우로 가니 역시 불통. 우에서 내려서 읽으니 갑자기 뜻이
통하기 시작했다. 오! 우리 한국어를 뮈 대륙 상형문자로 표시
한 것이었다.

한자의 뜻으로는 잘 해석되지 않았다. 한자 뜻으로 어디서부
터 보아도 전혀 연결되지 않음을 알 수 있다. 그러나 이 한자(韓
字)는 해석에 바탕이 되고 의미가 있다. 한자(韓字) 자체가 그

2마디 : 뮈 대륙 문자 여나문(與那文) 해독   87

[그림13] 여나국도(與那國島) 해저(海底) 유물 문자 여나문(與那文) 81자

뜻과 음이 우리 한국말로 만들어져 있기 때문이다. 한자 뜻인 훈(訓)도 우리말이요, 소리인 음(音)도 우리말 한자어다. 일테면 첫 자인 '삼 마(麻)'의 뜻인 '삼'과 소리인 '마' 모두 같이 쓰는 한국어다.

총 81자 중 훈차(訓借) 59자, 음차(音借)는 32자로 대략 파악되었다. 중복된 단어를 빼면 뮈 대륙의 글자는 48자이다. 뮈 대륙답게 뮈(麻) 자가 7번 쓰였다. 그림 글자 하나하나가 한글 낱자로 분해 조립되어 정음(正音)이 나왔다. 뮈 언어가 바로 우리 고대 한국어였다. 같은 사물 상형도 획수나 모양을 조금 바꿔 다양한 음을 구사하였다. 81번까지 번호를 붙여 우리 옛 문자 뮈 대륙 글을 분석해 보기로 한다.

73	64	55	46	37	28	19	10	1
74	65	56	47	38	29	20	11	2
75	66	57	48	39	30	21	12	3
76	67	58	49	40	31	22	13	4
77	68	59	50	41	32	23	14	5
78	69	60	51	42	33	24	15	6
79	70	61	52	43	34	25	16	7
80	71	62	53	44	35	26	17	8
81	72	63	54	45	36	27	18	9

겉으로는 영락없는 상형(象形)문자 간략한 그림 수준으로 그림문자로 보인다. 실제 그 상형이 기본적인 뜻을 지니기도 한다. 그러나 앞으로 하나하나 살피는 바와 같이 실제로는 고대 한글 정음(正音)이다. 동국정운(東國正韻)과 상당히 비슷하다. 상형으로 그림을 그리되 고대 한글(韓契)로 그렸다고 볼 수 있다. 따라서 고스란히 하나하나 그림 한 획 한 획이 한글 정음 낱자와 일치한다. 상형이어서 한자(韓字)로 대치되거나 한자로 발전된다고 보기 쉽다. 그러나 고대 상형 한글 그림문자로 보는 게 맞다.

그림 상형으로는 19개 군(群)이 있다. 뮈, 열매, 솔, 난, 오

(X)꼴, 얼굴, 소, 해, 쥐, 배, 원(圓), 고기, 갓, 말, 양, 제사, 걸, 셋, 개 등이다.

(2) 뮈 대륙과 뮈 대륙 사람들

(도장 이미지)	뮈 무, 뮈, 은	麻 麻
		뮈(1)랩뽄땬(무얼 쏟난?) 뮈(5)쎘땅쏳(무엇 다오?) 뤏뮈(45)뮈(46)(원 뮈뮈?) 렆뮈(59)(얼마) 뽄뮈(74)(쏟은) 랩뎕뮈(81) (겠다 뮈)

□는 뮈 대륙이고 그대로 [ㅁ]이다. □(ㅇ)는 (ㅜㅛㅜㅛㅔ\ㅕㅏㅏ ─ㅛ)ㄷ (ㅑ)▶(ㅔ)로 [(ㅍㅍㅍㅍㅍㅍ)ᄄㅁ]다. ㅛㅣ은 ㄹㄹㄹ 무늬 [ㅍ]이다. ∴은 [﹅ ·]이다. 합하여 [(ㅍㅍㅍㅍㅍㅍ)ᄄ뮈ㄹㄹ ﹅ ·]이다. 한 글자로는 [뮈]다.

우선 **(도장)** [뮤(Mu), 뮈]는 '무엇'이나 '뮈' 등으로 쓰였고 뮈 대륙 전체 국가를 나타내는 말이다. '뮈'로 발음되고 7번 쓰여 가장 많이 쓰인 단어다. 또 '뮈'에서 시작하여 '뮈'로 말을 끝맺고 있다. 뮈 대륙을 대표하는 말로 이 문장 시작과 끝에 쓰였다. 뮈 대륙 상징이다. 상형이나 한글 상형으로 풀린다. 무엇의 [무]나 따져 묻는 [뮈]. 뽄뮈 < 쏟[은] (몬, 物) 것 > 등으로 쓰였다. (뮈 > 뮈 > 무, 뮈 > 위 > 은)

□의 위 ─은 두 안테나가 있는 피라미드 제단 (ㅛ) (ㅍ)이다. □ 좌하좌선(ㅇ) (ㅜㅛㅜㅛㅔ\ㅕㅏㅏ─ㅛ)ㄷ(ㅑ)▶(ㅔ)로 [(ㅍㅍㅍㅍㅍㅍ)ᄄㅁ]다. '우'꼴 ㅛㅣ은 ㄹㄹㄹ무늬 [ㅍ]다. 삼국(三國)으로 나뉜 뮈 대륙이다. 지도자는 셋(∴)은 종성이다. 마

고(麻姑) 삼신(三神)을 상징한다. ·은 태양(ㅇ)의 '알'이니 곧 천자(天子)다.

위 셋(∴)은 우리 민족을 상징하는 숫자이기도 하다. 한자로는 이 '뭐'에 가장 가까운 말로 마고(麻姑)의 '삼 마(麻)'를 들었다. 삼은 길쌈에서 보듯 꼬아서 생명을 만드는 일이다. '삼시랑'과 같이 생명을 주관하는 '샴(sham)'이기도 하다. 또 '석 삼'으로 셋(3)의 숫자로 표상되고 천지인의 사람이기도 하다. 도형으로는 △, 한글 자모로는 ㅅ으로 대표된다. 그런데 42 뭬(鼺) 자에는 위 점(·)이 없어 두 점(··)이다. 한 지도자가 사라진 것으로 보인다.

뭬	麻
뭐	麻

뭬(42)쮀(뭐지?) ▢(ㄅ)은 (ㅛㅛㅠㅑㅏ)▲(ㅗ)ㄷ(ㅓㅑㅑ)ㄷ▢ [(ㅖㅖ)ㅆ(ㅖㅖ)ㄸ], 가운데 [ㅕㅕㅣㅣ]▼~~ㄱ에서 [ㅖ], 종성은 ㅆㄹㄸ〮〮이니 [(ㅖㅖㅖㅖ)ㅆㄷ뭬ㅆㄹㄸ〮〮] 이다. 한 글자로는 [뭬]다.

'뭬' 전체를 둘러싸는 도형은 ▢. 한글 자모는 ㅁ이다. 천지인 중 방지(方地)이다. 나칼문에서는 ▢꼴이다. 이를 영어 Mu의 M으로 표상함은 뭐 대륙의 상형(象形)으로 볼 때 적절치 않다. 상형으로 볼 때 M의 어원은 Mountain으로 봐야 한다. 한자로 보면 흙이 '모이고(=뫼) 쌓인(=산)' 뫼 산(山)이 세 봉우리 산(ㅿ)이다. M과 같은 두 봉이 있는 산은 언덕 구(丘, ㅿ)이다. 뭐 대륙 사람들이 스스로 표상한, 그대로 봄이 옳다. 대평원 ▢의 뭍(ㅁ)과 둘러싸고 있는 물(ㅁ)인 바다로 보아야 하기 때문이다.

ㅁ이라는 우리 한글의 기본 모형이 이렇듯 뮈 대륙을 정확하게 나타내고 있음을 알 수 있다. 81자가 곧 고대 한글이고 우리말이기에 우리 글 한글의 상형이 그대로 정확한 표기임을 두말할 필요가 없다. 이 네모형은 81자 글자 곳곳에서 발견된다. '뮈(呬)지?'로 쓰였다. '뮈야?'를 '뭬야?'라 하니 음이 呬와 가깝다.

바깥의 ☐는 뮈 대륙 경계다. 한글 자모 [ㅁ]에 해당한다. 한자인 ☐은 나라 국(國)이다. 국(☐) 안의 세 부분은 해협이나 바다로 인해 3개로 구분된 뮈 대륙이다. 다음은 세 경계 ㅛ ㅐ이 [ㅖ] 로 표기되는 중성이다. 종성은 경계 안의 점(·)은 다스리는 지도자다. 가에서 속으로 드는 3단계로 구성되어 초성, 중성, 종성을 이룬 특이한 문(文)이다. 상형 표시를 위해 자모의 음소 위치가 비교적 자유롭다.

∴는 마고(麻姑) 삼신(三神)이다. 불가에서 이를 이어 ∴은 불교의 상징이다. [뮈] 글씨를 인체로 풀면 여체(女體)다. 성스러운 어머니의 땅 뮈 대륙이다. 가이아(Gaia) 님이시다. 이 뜻과 형상으론 마(麻)보다 모(母)에 가깝다. 이 뮈 글보다 좀 더 오래된 것으로 보이는 나칼문의 [뮈] 자는 더 간단하니 ㅁ이다. ㅁ자는 나중에 발전된 한글 자음 ㅁ이 분명하다. 므로 발음되어 한자 마(麻)로 쓰인다. ㅁ자는 나중에 국(☐)이나 지(地) (一)로 나뉜다. 마(麻)는 '삼 마, 삼베 마'다. 삼은 삼는다. (꼰다, 길쌈한다)는 뜻 이외에 삼(三)이 있으니 마고(麻姑) 삼신(三神)이다. 삼베의 베(Ve)는 거문고자리 베가(Vega) 성(星)이기도 하다.

|  | 넚 | 毌 | 땼넚(10)쓺 (난 없소) 뤮넚(33)땄쓿(배 없지요) ㄴ(ㄥ)은 [(ㅕㅕㅕ)ㄷㄴ], ㅡ은 (ㅑ)◆(ㅜㅛㅜ)▲(ㅕㅠ) ㄱ은 (ㅠㅛ)ㄷ▼(ㅏ)이다. [(ㅕㅕㅕㅕ)ㅁㅅ넚ㄷ(ㅕㅕㅕㅕ)]이다. 한 글자는 [넚]이다. |
| | 없 | 毌 | |

위 10, 33번 글자는 한자 말 무(毌)와 닮았다. 말 무(毌, 毌)와 형과 뜻이 통한다. 뜻도 '없다'라는 뜻이다. [난 없(10)소, 배 없(33)지요] 당시 발음을 구성해 보면 [넚]이다. 언뜻 □에 ㅡ이 관통 [므]로 보이나 왼쪽 중앙 하단과 오른쪽 위가 조금 끊어져 있어 [넚]이다. 전체적인 □의 꼴이나 좌우를 떼어 ㅁ이 아님을 분명히 했다. ㅁ은 왼쪽 위와 오른쪽 아래를 떼면 ㄴㄱ으로 분해되나 왼쪽 아래와 오른쪽 위를 떼어 크게 ㄷㄴ꼴로 분해됐다. ㄴ꼴 중 왼편 좌우 돌기가 있는 ㅣ은 (ㅕ)이다. 아래 두 돌기가 있는 ▪ㅡ도 ㄷ(ㅕ)이다. 뚜렷한 상형은 ┘으로 [ㄴ]이고 ┠▪ 은 모음 (ㅕ) 무늬다. ㅡ은 오른쪽부터 (ㅑ)◆(ㅜㅛㅜ)▲(ㅕㅠ)로 [(ㅕ)ㅁ(ㅕ)[ㅕ]ㅅ(ㅕㅕ)]다. 전체 모양은 ㅂ꼴이고 ㄱ무늬는 (ㅠㅛ)ㄷ▼(ㅏ)이므로 종성은 [ㅄㄷ(ㅕㅕㅕ)]이다. 전체 문자는 [(ㅕㅕㅕㅕ)ㅆ넚ㄷ(ㅕㅕㅕㅕ)]이다. 한 글자로 정리하면 [넚]이다. [넚]에서 현재의 쓰는 말 [없]이 나온다. (넚 > 넚 > 없) '넚다'의 ㄴ이 살아 있는 것을 보이는, ㄴ(n)에 해당하는 영어는 null, nothing이 있다.

□은 뮤대륙의 전체 모습이기도 또 그 안에 사는 사람의 네모진 얼굴이요 ㅡ은 눈 귀인 이목(耳目)이다. 어린아이인 듯 머리털이 하나도 없어 상형으로 바로 '없다'를 표시하고 있다. 직관

적으로 [⊟]글자는 [ф]로 돌려 가운데ㅣ을 오른편으로 빼면 [미]가 된다. '없다'라는 뜻인 [민]의 어원이 된다고도 볼 수 있다. 또 ⊟에서 —가 ㅜ로 바꾸어 아래에 붙이면 [무](無)가 된다. 녹도문(鹿圖文)도 그렇지만 여나문(與那文)도 완전한 둥근 구형(◯)은 잘 보이지 않는다. 원도 타원(⬭)으로 표시되고 있다. 해도 완전한 구형이 아니다. 사람은 거의 네모(▢)로 표시되어 거의 남성(男性)의 얼굴, 면(面, ▱, ▢)이다. 현재 ㅇ은 당시 ㅁ이다. '없다, 작다, 많다, 닳다'의 표현을 머리털의 많고 적음 없음 등으로 상형으로 표현하고 있다. '(앎이) 아니다'와 '죽이다'의 표현은 면상(面上)을 긁어버리는 (/) 것으로 표현된다.

<table>
<tr><td rowspan="2"></td><td>ᄃᆌᆰ</td><td></td><td rowspan="2">ᄃᆌᆰ(29)ᄙᆌᆹᄲᆌᇙ(적절해)　　얼굴 ㅐ은 [(ㅖ)ㅅ(ㅖ)ㅆ(ㅖㅖ)ᄲᆪ ᇉ] ㅛ은 모음은 [ㅖ], 머리털은 종성으로 [ㄱㅆ(ㅖㅖ)ㄸㄹ]이다. [(ㅖㅖㅖㅖ)ᄴ ᄙ ᄃᆌᆰ ㅆㄸ(ㅖㅖ)]이고, 한 글자로는 [ᄃᆌᆰ]이다.</td></tr>
<tr><td>적</td><td>少</td></tr>
</table>

'적다'의 '적(ᄃᆌᆰ)'은 머리털이 '적'게 나타나 있다. 얼굴 ㅐ은 분명한 ㄷ(ㄷ)이다. ㅐ는 ↺로 〈 ㅓ ㅣ ▲ ⌇ ㅓ ㅡㅏ ▼▲ㅜ ㅡㅏ ㅣ ▲ㅏ ⌇ ⌇[(ㅖ)ㅅ(ㅖ)ㅆ(ㅖㅖ)ᄲᆪ ᇉ]이다. ㅛ 은 중성 모음은 [ㅖ]다. 머리털 ㄱ∨∨(ㅜㅜㅜ)∏∏~에서 종성 [ㄱㅆ(ㅖㅖ)ㄸㄹ]이다. 합하면 [(ㅖㅖㅖㅖ)ᄴ ᄙ ᄃᆌᆰ ㅆㄸ(ㅖㅖ)]이고 생략하여 한 글자로 하면 [ᄃᆌᆰ]이다. 여기도 흔하게 중모음 ㅖ가 있다. 종성(終聲)이 발달한 한국어 특징도 보인다. [ᄃᆌᆰ]은 자음 ㄸ은 ㅈ으로, 단모음화(ㅖ > ㅓ), 받

침 각자병서 ㄺ은 단자음 ㄱ으로 변하니 [적]이다. [(ㅖㅖㅖㅖ)ㄽㄽㄹ뗡ㅆㄸ(ㅖㅖ) > 뗡 > 뎕 > 덕 > 적] 81자 중 29자로 어지간히 하라고 '[적](29) 절해'다. 적절(適切)이 하란다. 적(少)게 하라는 뜻이다. 적을 소(小, ·ı·)이고 쟉을 자(子, ᄌᆞ)이다. 초성 ㄽㄽㄾㅅ에서 ㄾ은 ㄹㅌ으로 변해 영어 리틀(little)로 살아 있다.

<table>
<tr><td rowspan="2"></td><td>땷</td><td>尛</td><td rowspan="2">땷(68)(다). 롌땷(80)뭐(겠다 뭐) ㅐ은 [(ㅒ)ㅅ(ㅒㅒ)ㄵ(ㅒ)ᄄᆮ], ㅡ의 <u>ㅡ</u>ㅗ는 [ㅒ], 머리는 [ㅅ(ㅒㅒㅒ)ㅅㄷ(ㅒ)ㅎㄹ]이다. [(ㅒㅒㅒㅒ)ㅆㄴᄄᆞ땷ㅆㄷ(ㅒㅒㅒㅒ)]로 한 글자는 [땷]이다.</td></tr>
<tr><td>다</td><td>磨</td></tr>
</table>

29와 같이 머리카락이 작다. 자세히 보면 ∧\ ▰ 꼴로 W모양을 이뤄 머리카락이 빠져 줄어드는 모습으로 '닳다'로 표현했다. ㅐ(↺)은 (Ⅲ)◀(ㅔㅕㅓ)ㄴㅂ(ㅏ=)ㄷ▲(ㅣ)ㅐ으로 [(ㅒ)ㅅ(ㅒㅒ)ㄵ(ㅒ)ᄄᆮ]이다. 가운데 <u>ㅡ</u>ㅗ는 [ㅒ]이다. 머리가 듬성듬성 나 있다. 머리 오른편부터 ▴(ㅣㅗ<u>ㅗ</u>ㅠ/ㅗ)∧(ㅜ\)⊓(-)형은 크게 'ㅎㅅㄹ'로 [ㅅ(ㅒㅒㅒ)ㅅㄷ(ㅒ)ㅎㄹ]이다. [(ㅒㅒㅒㅒ)ㅆㄴᄄ 땷ㅆㄷ(ㅒㅒㅒㅒ)]로 한 글자는 [땷] 자다. 여기서는 '다' 음으로 쓰였다. (땷 > 댫 > 닳 > 닿 > 다) 각자병서 ㄸ은 ㄷ으로 되어 '댫'이다. ㅑ는 ㅏ로 단모음화되니 '닳(磨)'이 된다. 각자병서의 종성 ㅀ은 ㅎ으로 변하여 비슷한 뜻 '닿'다(觸)가 된다. 여기서 종성 ㅎ이 탈락하여 현재의 '다' 음이다. 68은 '땷'에서 종성 ㅀ이 탈락하여 '모두 다'와 같이 [다] 음으로 사용되었다. 80은 단

정을 나타내는 종결어미 '~다'로 쓰였다. 물론 '닳다'(磨)는 '닿다' (觸)가 반복(ㄹ)된 결과다. 한자로도 작을 소(小)가 많이 모이면 가늘고 닳아진다. (尛=麼) 전라도 사투리에서는 ㅀ에서 ㅎ이 생략되고 ㄹ이 잘 살아남으니 '다라지다'이다. 사투리는 이처럼 우리 역사를 이어온 보고(寶庫)로 잘 보존되어야 한다. 'ᄄ럃'다의 ㄸ은 영어의 런 다운(run down), 웨어 다운(wear down)에서 볼 수 있다.

<table>
<tr><td rowspan="2"></td><td>뛦</td><td></td><td rowspan="2">뛦(53)쑕(없소). ㅂ(↺)은 [(ㅞ)ㅅㄷㅁㅅ(ㅞㅞ)ㅁㅁㄸ], /—은 ㅆ[ㅞ(ㅞ)], 머리털은 [ㄹㅅㅅ(ㅠ)ㄸㅂ(ㅖ)]이니 [(ㅞㅞㅞ)ㅅㄷㅁㅅㅁㅅㅁㅅ뛦ㄹㅅㄸ(ㅞㅞ)] 이다. 한 글자로 줄이면 [뛦] 이다.</td></tr>
<tr><td>없</td><td>无</td></tr>
</table>

ㅂ(↺)는 (ㅕ \)▲ㄷ▬(ㅕ)▸(ㅑ ㅠ ㅗ ㅏㅏ ㅣ)■◆ㄷ(ㅣ)무늬로 크게 ㄷ이니 [(ㅞ)ㅅㄷㅁㅅ(ㅞㅞ)ㅁㅁㄸ]이다. —/은 ◢▴(— ′ / ㅓㅑㅏ / ㅓ-)이니 ㅆ[ㅞ(ㅞ)] 이다. 머리털은 ⦚▲▴('—)ㄇ ㅂ(∨ㅗ'/)무늬로 얼굴 전체는 ㅂ이니 [ㄹㅅㅅ(ㅠ)ㄸㅂ(ㅖ)]이다. [(ㅞㅞㅞ)ㅅㄷㅁㅅㅁㅅㅁㅅ뛦ㄹㅅㄸ(ㅞㅞ)] 이다. 한 글자로 줄이면 [뛦] 이다. [뛦]은 '뒷, 뒤'가 되고 뒤는 앞이 없는 것이니 '없'이다. (뛦 > 뒛 > 뒛 > 뒷 > 뒤, 뛦 > 뒚 > 뎂 > 덦 > 없) 얼굴은 앞이고 뒤통수는 뒤다. 뒤로 놓은 뒤(後, )다. 뒤에 놓으면 앞면(面)에 없으니 없다. 무(无, 無, )다. 사람을 기준으로 앞뒤이니 앞은 얼굴이고 뒤는 등이고 엉덩이다. 남쪽의 해를 보니 앞은 남(南)이고 뒤는 북(北)이다.

	뛟	𣦵	뛟(76)톗쏐랬땧(죽었었겠다) ㅂ(↺)는 [ᄄᄙ(ㅞㅞ)ㄷ(ㅞ)ᄄᄄ(ㅞ)], —/은 [ㅞ(ㅞ)], 머리털은 [ᄭᇡ(ㅞ)]이다. 합하면 [(ㅞㅞㅞㅞ)ᄄᆱᄜ뛟ㅎ(ㅞㅞ)]이다. 한 글자는 [뛟]이다.
	죽	死	

53 [뛟]과 비슷하다. ㅂ전체 모습은 ㄷ이다. 세부적으로 ㅂ(↺)는 (ㅣ-)◆ㄷ~(ㅕㅑ ′ㅣ) ⸾(ㅠ≡)ㅋ(ㅣ'''')▬ㄱ■(ㅣㅣ ㅣ)ㄱ이니 [ᄄᄙ(ㅞㅞ)ㄷ(ㅞ)ᄄᄄ(ㅞ)]이다. —/은 ≡ㅕ|ㅏ 모음 [ㅞ(ㅞ)]다. 뒤의 세모가 ⊿대신 ♥(ㅎ)으로 바뀌었다. 단순히 뒤가 아니라 긁어(/) 죽인다(♥)는 뜻으로 뭉개서 없앴다. 죽인다는 뜻은 ⊿대신 ♥으로 상형화했다. 머리털은 ⊥▲VN⊥ // 으로 종성은 [ᄭᇡ(ㅞ)]이다. 그대로 표시해 보자면 [(ㅞㅞㅞㅞ)ᄄᆱᄜ뛟ㅎ(ㅞㅞ)]이다. 한 글자는 [뛟](76) 이다. [도륙](屠戮)과 통한다. 초성 ᄠ이 ㄷ으로 바뀌고 종성 탈락과 복모음 간소화되면 [뒈] 지다(죽는다). 현재는 뒈지다가 마치 비속어처럼 쓰이나 당시는 현재 '죽는다'와 어감이 같았을 것이다. 뛟다 > 뒔다 > 뒈디다 > 뒈지다 > 디지다로 발전하고 한편으로 뛟다 > 듁다 > 죽다가 된다. ㅈ은 졸(卒), 종(終), 진(盡)으로 나타난다. [뒈]는 영어권에서 [다이] (die)다. 우리 사투리 속어나 영어가 우리 옛말을 간직하고 있다. 받침 ㄹㄱㅅ에서 ㅅ은 사라질 소(消)요, 죽을 사(死)다. [갑문은 사(𣦵)]

<table>
<tr><td rowspan="2"></td><td>땋</td><td></td><td rowspan="2">뮈쏐땋(7)쓿 (무엇 다오?)　▢은 [(ㅑㅑㅑ)ㅁㄸ], ―은 [(ㅑ)ㅑ], 머리털은 [(ㅑ)ㅅ(ㅑ)ㄶㅅ(ㅑ)ㄹ]로　[(ㅑㅑㅑ)ㅁ땋ㅆㄹ(ㅑㅑㅑㅑ)]이다. 한 글자로는 [땋]이다.</td></tr>
<tr><td>다</td><td>多</td></tr>
</table>

머리숱이 많은 것을 상형으로 하여 '많'다는 것을 직감적으로 나타내고 있다. 머리카락과 얼굴로 [먛(땋)]의 정음을 표현했다. 얼굴은 53, 76의 ⊔이 아니고 닫힌 ▢(ㅁ) 꼴인데 ⊓ㅂ(▢=ㄷㄱ, ㄸ)의 결합이다. ㅂ은 (＼▁▗▁ㅣ), ⊓은 ㅣ'―'‖로 초성은 [(ㅑㅑㅑ)ㅁㄸ]이다. ―은 ㅓㅜㅗ―ㅏ 무늬로 모음 [(ㅑ)ㅑ]이다. 머리털 (/ㅏ)◀(±)☗ㅢ▲(±)⦚은 [(ㅑ)ㅅ(ㅑ)ㄶㅅ(ㅑ)ㄹ]이다. 다 표현하면 [(ㅑㅑㅑ)ㅁ땋ㅆㄹ(ㅑㅑㅑㅑ)]이다. 한 글자로 [땋]이다. 많은 머리칼은 따니 [땋]이다. 결합한 ㄸ의 모습은 ㅁ (ㄸ=ㅁ)이므로 [땋]은 [먛]으로도 치환될 수 있다. [먛]과 음과 뜻이 비슷한 한자는 찰 만(滿)이다. '[먛]=[땋]'이니 한자 '많을 다(多)'가 생성된다. (ㅁ땋ㅆㄹ > 땋 > 닿 > 닳 > 다(多), 땋 = 먛 > 많 > 만) 7번 글자로 (머리털이) 많아 많을 다(多)의 뜻이고 여기서는 '많다'에서 [다]로 읽었다. 전남 사투리로 '만허다'라고 하니 '만ㅎ다 > 문히다 > 만허다'이다. 영어로는 '만ㅎ+이'에서 나온 many다. 한자어로는 많아서 가득 차므로 만(滿)이다. '먛다 > 많다 > 만(滿)이다. '많다'에서 종성인 머리털 ㅎ이 초성으로 올라가 '허다(許多), 하다'이다.

	썄 彡	렜넔썄(34)솰(배 없지요), 렜렜썄(49)솰(내 배 다오?) □은 [(ㅑㅑㅑㅑㅑ)ㅆㅆ], ─/ /─은 [ㅑ], 털은 [(ㅑㅑ)ㅆ따ㄹ(ㅑ)]. [(ㅑㅑㅑㅑㅑㅑ)ㅆ썄따ㄹ(ㅑㅑㅑ)]로 [썄]이다.
	지,다 参	

머리숱이 많은, 머리 가운데 큰 피라미드 ▲ [ㅅ]은 초성 대표음이다. 왼쪽 아래가 열린 □꼴은 ㅁ이 아니라 [ㄷ]의 변형으로 볼 수밖에 없다. □(방향은 ⊃)꼴은 (▬ ┏ ㅜㅏ) ┊ ▲ㄱ(ㅣ '─' ㅣ) ▲(ㅓ =ㅜ)무늬로 초성은 [(ㅑㅑ)ㅆㄷ(ㅑㅑ)ㅅ(ㅑㅑ)]이다. 중성은 ─/─으로 [ㅑ]다. 종성은 머리털(ㅋㅛ) ▲▲ㄲ△(ㅗ) ┊ (')로 [(ㅑㅑ)ㅆ따ㄹ(ㅑ)]이다. [(ㅑㅑㅑㅑㅑㅑ)ㅆ썄따ㄹ(ㅑㅑㅑ)]로 표기된다. 한 글자는 [썄]이다.

머리가 아주 많다. 가운데는 ▲꼴로 상투처럼 틀어 올렸고 좌우도 머리를 땋아 묶은 모습이다. 머리가 많으면 머리를 땋아 정리한다[썄 > 쟈 > 따 > 다(多)] 파생된 한자는 머리숱 많을, 진할 진(参)으로 본다. 썄 > 쟜 > 잔 > 진(参) > 지이다. 7번의 '땋'과 34, 49의 '썄'에서 '많을 다(多)'와 머리숱 많을 진(参)이 나옴을 알 수 있다. 영어는 ㅆ이 th로 thick이다.

위와 같이 (남자로 추정되는) 뮈 대륙 사람들 네모형 상형 머리털과 사선(/)을 보고 작다 많다 없다(죽다)는 직관적으로 알아차릴 수 있었다. 그러나 자세하게 하나하나 특징을 면밀하게 살핀 뒤에야 고대 한글 정음(正音)을 파악할 수 있었다.

(3) 뮈 대륙에 뜨는 해

다음에 뮈 대륙의 인종을 상징하는 것으로 '해'를 들 수 있다. 하늘의 자손이라 생각하고 구체적인 하늘은 하늘의 해로 표상된다. 이는 처치워드의 나칼문에서도 ○으로 등장한다. 그러나 글자로서 해는 완전한 구형인 ○이 아니고 각이 져 있고 왼편과 오른편이 터져 있다. 왼편에 터진 해는 굽은 [ㄱ]으로 해를 표시하고 오른편이 터진 해는 [ㄷ]으로 표시하고 있다. 서구에서는 Ra로 해석하고자 하나 R은 해의 모양과는 동떨어진다. 해가 우리 고대 한글로 그려져 있음도 매우 중요하다. 우리 민족은 오랫동안 해를 숭상하는 태양족이기 때문이다. [ㄱ르(해)] 족이다. 해(解) 씨다. ㄱ, ㄷ, ㅂ(ㅎ)을 기본으로 그렸음을 알 수 있다. 오늘날 해는 당시에는 ㄲ, ㄸ, ㅃ으로 시작되고 있다. ㄲ은 꺾기는 해(저녁 해), ㄸ은 돋아나는 해(아침 해), ㅃ은 붉게 타올라 비치는 해(낮 해)다.

![그림]	깼ㅆ 日 햇ㅆ 日

깼(12)쑳쒌쨊(했소지배)
해(ꙩ)의 햇살 1, 2, 3은 [ㄸㄹ(ㅒ)ㄱ(ㅒ)ㄸㄱ(ㅒ)], 4, 5 모음 [ㆍㅒ(ㅒ)ㅆ], 7, 8, 9는 [ㅅ(ㅒㅒ)ㅅ(ㅒ)ㅄ(ㅒ)]이므로 [(ㅒㅒㅒㅒ)ㄸㄸㄸㄲ,쟀ㅆ랐(ㅒㅒㅒㅒ)]이다. 한 글자로 쓰면 [깼]이다.

이 해는 과거 완료형 '~했'으로 쓰였다. 왼편 그림은 누가 봐도 분명한 해다. 발음은 [깼](12)으로 과거완료 '~했'으로 쓰였다. 우리말 '~하다'의 ㅎ이 곧 해에서 나온 것이다. 하는 일의 근본은 해가 하는 일이다. 해는 해의 주(主)인 핵(核)(·)과 해 바퀴(ㆆ)와 햇살의 3부분으로 이루어져 있다. 좌회전(ㅇ)하는 9개의 [햇] 살(✿)은 뮈 대륙의 9 종족으로 추정된다. 태양의 종족으로 보았고 해의 주인인 ·은 9 종족의 지배자다. 상(🔾)의 구주(🔾🔾), 구이(九夷, 🔾🔾)도 9 종족이다. 2개의 햇살(∥)을 포함한 둥근 해(ㆆ)와 나머지 7개 햇살과 ·을 포함 총 10획이기도 하다. 해(ㆆ) 테두리는 ㄱ 변형이다. 해석은 ㅇ으로 햇살 1은 ㄴ▲ ⅃(/ㅣㅗㅣ), 2는 《(ㅓㅕㅏㅡ), 3은 (ㅛ)⅃ ⌐(ㅑ)로 초성은 [ㄸㄹ(ㅒ)ㄱ(ㅒ)ㄸㄱ(ㅒ)]이다. 해의 씨알 ·과 4(/ㅗㅏ)▼(ㅣ) 5(\ㅣㅏㅠ)▲ 은 중성 [·ㅒ(ㅖ)ㅆ] 이다. 아래 ▸(ㅅ)로 연결된 6은 (ㅋㅔㅏ)▲, 7은 (ㅡ⌐ㅏ)ㄱ, 8은 (ㅌ =)9는 (ㅑㅗ▾ㅓ)는 [ㅅ(ㅒㅖ)ㅅ(ㅒ)ㅆ(ㅒ)]이다. 곧 [(ㅒㅒㅒㅖ)ㄸㄸㄲ,ㅆ씨ㅆㄸ(ㅒㅖㅒㅖ)]이다. 한 글자로 쓰면 [쨌]이다. 오늘날 해는 ㄲ ㅆ> 쨌 > 낐 > 힔 > 햇 > 해로 재구했다. 해가 이미 서쪽으로 다 갔다. 동쪽에서 떠서 서쪽으로 꺾여서 지는 해다. 대표적인 햇살 방향은 4번째 햇살 ㅡ[ㅓ]이니 방향이 서[ㅓ](西, 🔾) 다. 지는 해이니 '이미 지난 과거 때'를 표현했다. 서일(西日)로 조(曹)다.

좌측은 녹도문 '하나'에서 '하' 읽히는 글자다. 정음으로 옮기면 [ㄴㄴ]꼴이지만 돌려보아 [ㄱㄱ]이고 축약하면 [ㄲ, 까]다. 여나문(與那文)의 해 [ㄲ 쌨]의 초성은 [ㄲ]이다. 해의 핵(·)과 해 바퀴(ㄱ)는 ㄱ이고, 내려오는 햇살은(ㅑ) ㄹ로 볼 수 있어 해는 [글, ㄱㄹ]다. [ㄱㄱ]는 [ㅎㅎ]로 바뀌어 축약하면 [ㅎ]이고 ㅣ를 더하면 희(해)다. ㄱㄹ > ㅎㄹ > 홀 > 히ㅣ > 하ㅣ > 해(日)이다.

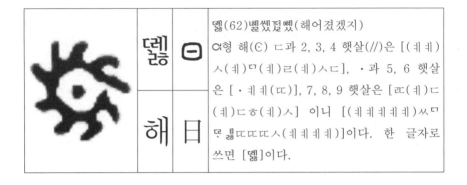

| | 뎬릚ᄒ | ᄋ |
| 해 | 日 | 뎬릚(62)뻃썠뎷뼀(해어졌겠지)
ᄋ형 해(ᄃ) ㄷ과 2, 3, 4 햇살(//)은 [(ㅖㅖ)ㅅ(ㅖ)ㅁ(ㅖ)ㄹ(ㅖ)ㅅㄷ], ·과 5, 6 햇살은 [·ㅖㅖ(ㄸ)], 7, 8, 9 햇살은 [ㄸ(ㅖ)ㄷ(ㅖ)ㄷㅎ(ㅖ)ㅅ] 이니 [(ㅖㅖㅖㅖ)ㅆㅁ또 릚ㄸㄸㄸㅅ(ㅖㅖㅖㅖ)]이다. 한 글자로 쓰면 [뎬릚]이다. |

12해와 반대로 오른쪽이 터져 ᄋ형이다. 전체 모양이 해(ᄃ)인 ㄷ꼴로 [ㄷ]이 대표 초성이다. ᄋ로 해석, 햇살 1 (‖ \ · ⫽)ㅅ (/), 2 (′/)ㄱ(ㅠ)>), 3 (ㅓ—ㅣ)ㅖ(ㅜ\), 4 ▲(ㅜㅓㅏ)이니 초성 [(ㅖㅖ)ㅅ(ㅖ)ㅁ(ㅖ)ㄹ(ㅖ)ㅅㄷ]이다. 가운데 ·은 해의 주인(·)이다. 5 ㄱ[∶\]ㄲ, 6 [ㅣㅗㅑ]ㄴ로 중성 모음은 [·ㅖ(ㅖ)(ㄸㄷ)]이다. 7 ㅖㄲ(ㅏ\), 8 (=ㅗ)ㄱ(ㅜㅠ\), 9 (ㄷ⫽)▶로 종성은 [ㄸ(ㅖ)ㄷ(ㅖ)ㄷㅎ(ㅖ)ㅅ]이다. [(ㅖㅖㅖㅖ)ㅆㅁ또 릚ㄸㄸㄸㅅ(ㅖㅖㅖㅖ)]이다. 한 글자는 [뎬릚]이다.

[뎬릚]은 동쪽으로 떠(ㄷ) 오(ㄹ) 르(ㄹ) 서서(ㅖ) 솟아나는 해(ㅎ)다. 대표적인 동쪽 방향 햇살은 4번째(—)로 동(東, 𪚥)을 가리킨다. 동일(東日)로 조(曺)다. 최고로 돈(ㅗ)는 햇살은 6번째 (ㅣ)로 남(南, 𩿎)쪽이다. 동(𪚥)은 동이 트는 곳이고 해가 돋는 곳이다. 영어도 [동]과 비슷한 [돈](dawn)이다. 동이(𪚥𩿎)는 해가 뜨듯 뛰어난 뚱이족이다. 우리나라 국호로 쓰이는 아사달에 떠오르는 해이다. 조선(𪚥鮮)은 '됴션'이고 '배션'이니 해가 돌아 햇살이 비치는 땅 아사달에 건국한 나라이다.

[뎬릚]에서 ㄷ은 둥(ㄷ)근 해이고 돈(ㄷ)아 일(ㄹ)어나는 해다.

[일]어나는 해는 해 [일](日)이다. 갑문은 일(◪)이다. 한자 일(◪)은 ⊙꼴인데 한글로 풀면 [힗]이다. ·은 ·이고 ○은 우리 글 자음 ㅎ이다. ㅎ은 ○이 커진 것(∘∘○)이다. 종성 ㄹㅎ이 탈락 힉가 되고 오늘날 해다. 해는 [날]마다 떠서 [일]을 하고 하게 하니 일을 '하다'도 해에서 나온다. [뎷]에서 ㄷ는 때(ㄷ), 데(ㄷ)이(day)다. 마디 촌(寸, ꓹ)의 전서(ꓚ)의 손 수(手)의 삼지창 모양의 글자 중에서 ㄷ과 ㅣ을 뽑아낸다. —은 점(·)의 연장이다. [ㄷㅣ·]를 합하면 [딧]다. 곧 우리말 [대] > [때] 음을 표시한다. 실제 촌(寸)에도 촌음(寸陰), 촌각(寸刻)과 같이 짧은 시간의 뜻이 있다. ㅌ으로 변해 [틈]이다. 제주어로는 [트멍]이다. 영어는 [타임](time)이다. [뎷]에서 ㄹ은 여드[레]와 같은 [레]나 [라](la)에서 찾을 수 있다. ㄹ은 햇빛이 흘(ㄹ)러(ㄹ) 내리는 모습의 상형이요, ㅅ은 날카로운 햇(ㅅ)살(ㅅ)의 상형이다. ㅎ은 사흘 등 [흘] 한 해 등 [해] 하루의 [하] 등에서 찾아볼 수 있다.

◇꼴 ꙮ를 1, 9 햇살(=)에 가운데 가는 선을 더해 막아(ㄱ) ㅂ이다. 해석은 ○ 방향으로, 햇살 1 ㅂ(⌐) ꒐(ㅓ\ㅑ), 2 (/ㅓ) ꒒(ㅑ), 3 (—/ㄇ)로 초성 [ㅂㄹ(ㅖㅖ)ㅅ(ㅖ)ㄷ]이다. 대표는

[ㅄㄷ]이다. ·은 ·이다. 4 [\ ㅗㅏ]◤[ㅣ]는 모음 [ㅖ(ㅅ)]다. 5 (⁄⁄ \′)◂ ㄷ, 6 (ㅓ—\ㅏ)ㅂ, 7 ◥(ㅑ ㅜ ㅋ), 8 ▲(ㅜ−/), 9 ⌇ ㅎ(ㅜ ㅛㅣ) 는 종성, [(ㅖ)ㅼ(ㅖ)ㅅ(ㅖ)ㅅ(ㅖ)ㅀ(ㅖ)]이다. [(ㅖ ㅖ ㅖ)ㄹㅽ ᄚ ㅆㄷㅆ(ㅖ ㅖ ㅖ ㅖ ㅖ)] (18, 31)이다. 한 글자로 줄이면 [ᄤᅨᇡ]이다. 해의 테두리도 초성, 중성, 종성 셋으로 구분되어 있다. [ᄤᅨᇡ]을 풀이하면 '벌(ㅂ)겋게 불살(ㅅ)라 달(ㄷ)아 오르(ㄹ)는 해(ㅎ)'다. ᄤᅨᇡ > ᄯᅨᇡ > ᄯᅨ > 때다. 해가 내리쪼이는 때로 한 낮의 해다.

12와 62의 두 번째 햇살은 완전히 굽혀(ㄱ) [ㄱ]을 분명히 하였고 여기 18, 31의 두 번째 햇살은 살짝 굽혀(〈) [ㅅ]으로 봄이 타당하다. '벌(ㅂ)건 햇살(ㅅ)로 달(ㄷ)아 올라(ㅄㄷ)' '눈 부(ㅂ) 시(ㅅ) 데(ㄷ)(ㅄㄷ)'하는 해다. 중천(中天)의 해다.

[ᄤᅨᇡ]에서 ㅂ은 볕(ㅂ) 양(昜)으로 따뜻한 해 기운과 밝(ㅂ)다의 뜻을 지닌다. 볕은 전라도 사투리로 벹(볫) 이다. 초성 복자음[ㅄㄷ]에서 가장 강하게 발음되는 ㅂ만 남고 복자음 종성 ㅀ은 ㅌ이나 ㅅ으로 변한 것이다. (ᄤᅨᇡ > 볘ᇡ > 벹(볫) > 볕)

[ᄤᅨᇡ]의 초성[ㅄㄷ]의 ㅅ에서 '때 시(時, 㫑)'가 나온다. 갑문 시(㫑)는 해(日, ⊖)가 (가다) 멈추는 것(止, ᗐ)으로 표현했다. 자모전(子母錢)에 표시된 단군조선 때 고대 한글 '시(⍏)' 자를 보자. 화살촉은 ㅅ이고 살은 ㅣ으로 화살표 (↑) 모양이다. 미래로 흐르는 시간의 방향성이 잘 나타나 있다. 점(•)은 현재의 시점을 나타낸 것 같다. (ᄾᆡ > ᄃᆡ) 위 (⍏)는 풀어 쓰면 [ㅅ ·ㅣ]이고 현재 한글처럼 합자 조합하면 [ᄾᆡ]다. 현재는 [시](時)음이다. 시(時) 한자 중에서도 고대 한글 [시] 자를 뽑을 수 있는 것은 촌(寸) 자이다. 촌(寸) 중 궐(亅)을 꺾은 > 을 90도 좌

회전시키면 ㅅ이고 일(一)은 90도 돌려 ㅣ가 되니 [ㅅ · ㅣ]이다. 합해 [싀]이고 오늘날 [시] 자가 된다. 잠깐 [사](乍), 닷새 엿새 어느새 등 [새], [ᄉᆡ(사이)], [사히](일본어), 한 살 두 살 등 나이를 나타내는 [살], [세](歲), [솔]라(solar) [썬] (sun) 등도 해와 햇살에서 비롯된다. ㅄ은 ㅵ, ㄸ으로 바뀌고 종성 ㅀ은 탈락하니 뻻 > 섏 > 썬 > 때다. 해가 내리쪼이는 때를 가리키는 말이다.

오늘날은 모두 해로 통일되어 구분이 없지만 1.2 만 년 전엔 해에 대해 삼시(三時)로 구분하여 아침 해, 낮 해, 저녁 해 등으로 구분해 부르고 썼음을 알 수 있다. 지금보다도 더 해에 대한 말이 발전되어 있음을 알 수 있다. 해뿐 아니라 지금보다 오히려 더 자세한 말과 글이 많다. 현재 발음이 어려운 복자음 복모음 등이 매우 발달하여 있었다. 미세한 발음 차이가 나는 문자들이 많다. 발음이나 문자가 외려 더 발달한 것은 아닌지?

(4) 뮤 대륙의 열매들

따뜻한 뮤 대륙은 열매가 풍부했을 것이다. 열매가 실(實)하게 잘 [매]달려 [열]려 익어 [벌]어져 씨알이 터진다. 이 열매의 상태로 이를 표시했다. 씨알이 열리지 않고 곯아 상한 열매로 잘못된 일 어긋난 일을 나타내기로 했다.

	볣	実	뮈볣(2)쏜냔(무얼 쏜난?), 졧볣(37)(제발) ⊙는 [ᄣ(ㅖ)ᇈ(ㅖㅖㅖ)ᄯᄖ], ⌐은 [·ㅖ(ㅖ)], Ω은 [ㄹ(ㅖ)ᄚ]이다. [(ㅖㅖㅖㅖ)ᄣᇈᄯᄖᄚㄹ(ㅖ)]이다. 한 글자는 [볣].
	얼,발	實	

씨알(·)이 제대로 들어 [벌] (ㅂ)어져 [열] (ㅇ)리고 있는 순간이다. 열매가 조금 [벌]어졌다. 사람으로 치면 아이를 낳으려 자궁이 열리는 순간이다. 한글과 무관할 것 같은 뮈 대륙 상형 글자에서 한글 [ᄣᇈᄯᄖᄚㄹ > 볣 > 볆 > 볋 > 별 > 별 > 열 > 얼]이 나온다. 첨수도에서 열매는 ⊺이다. 37의 경우는 볆 > 볼 > 발로 쓰였다. 씨알(·)이 들어 제대로 열려 '무얼(2) 쏜난? 제발(37)' 등으로 쓰였다.

열매(⊙)는 돌려 ⊍자로 씨알이 달려(-) [ㅂ]이 된다. ⊙은 외피◯과 씨알◡으로 방향으로 (ᅵ)ㄷ⦚(ㅛㅏ)ᅟ▲(ㅏ ㅋㅓㅏ)◢ ⊓ ⌟(ᅵ) 무늬 ⊙(ㅂ)이므로 초성은 [ᄣ(ㅖ)ᇈ(ㅖㅖㅖ)ᄯᄖ]으로 본다. ⌐¯에 ((⫼)◓(ㅜ) 가 붙어있어 [·ㅖ(ㅖ)]다. 왼편 자루⦚와 왼 줄기 (−\¯)⦚(-)은 [ㄹ(ㅖ)ᄚ](앞 줄기 -⌒- 꼴 굴곡은 ㄹ이나 전체 모습은 ㅎ이다)으로 종성이다. 따라서 [(ㅖㅖㅖㅖ)ᄣᇈᄯᄖᄚㄹ(ㅖㅖ)]이다. 이를 한 글자로 축약하면 [볣] 이다.

다 익어 열매가 벌어지니 [벌]이다. 무늬를 뺀 (~⌐⊙)꼴은 [⊙⌐~]로 [발] [벌] [얼]이다. 벌어져 열리(啓)니 별 > 별 > 열이다. 영어에선 ㅂ이 ㅍ으로 변해서 fruit이다. 이 뮈 대륙의 열매는 어떤 열매일까? 발음이나 모양으로 보아 [배](梨)와 비슷

하다. (별 > 볘 > 빅 > 배) 이 [별] 자는 배태(胚胎)의 배(胚) 자와도 통한다. 2 [별]은 오늘날 정신(情神)이라는 [얼]의 어원이라 생각되기도 한다(별 > 별 > 열 > 얼) 위 열매 상형 'ㅂ'도 사실상 'ㅇ'에 가깝다. 실제 2[별]과 같이 과일에 '얼'이 든 것은 제대로 열린 좋은 것이다. 지금은 '상처를 입어 온전하지 못한'의 뜻으로 전화(轉化)되었다. 대신 '알찬'과 같이 2[별]의 뜻은 '알'로 이어지고 있다.

뮈 대륙의 얼과 문화를 뮈 대륙 글자로 쓰자면 (뮈 뼯랎)이다. 안타깝게 뮈 대륙은 모두 침몰하고 사라지고 말았다. 결실(結實)도 순간이요 영원한 것은 없다. 첨수도에서 열매는 ơ[열]이니 뮤 대륙의 2, 37자를 이어 단순화한 꼴이다. ơ에서 ㅇ은 [ㅇ]으로 ㅂ이 이미 변했다. /은 매끈하고 주름이 없으니 늘 주름(~)이 표현된 ㄹ이 /으로 직선이 됐다. 심지어 모음까지 사라지고 없다. 가시나무에 [대]롱대롱 조랑조랑 [추]처럼 매달린 [대추]는 단군조선 자모전(子母錢)에서 이다. 갑문은 가시가 있는 밤은 율(), 대추는 조(棗), 열매는 과()이다.

	ꥤᅥퟐ	[illegible]	ꥤᅥퟐ(58)뮈쎘숋(얼마치요?) C 은 [(ㅕㅕ)ㄸㄹ(ㅕ)ㅅ(ㅕㅕ)ㄸㄹ(ㅕ)ㄷㄱ], ㅜ는 [·ㅕ(ㅕ)], ~은 [(ㅕ)ㅅ(ㅕㅕ)ㅅ(ㅕㅕ)ㄷㄹㄹㄹㅎ]로 [(ㅕㅕㅕㅕㅕㅕ)ㄸㄹㅅㄸㄹㄱ걿ㅆㄷㄹㅎ(ㅕㅕㅕㅕㅕ)]이다. 한 단어는 [ꥤᅥퟐ]이다.
	얼	啓	

아주 특이한 58번 글자 [ꥤᅥퟐ]이다. 결실(結實)의 [결](結)과 음이 비슷하다. (ㄸㄹㄸㄹㄱ걿ㅆㄷㄹㅎ > ꥤᅥퟐ > 걿 > 곮 > 결) 열릴

계(啓)다. 터진 둥근 C꼴 열매는 온통 진동하는 모습이다. 좌회전(↺)으로 (-ㅜㅑ)ㄱ] ~(ㄱ \)◢(-」「 ㅣ)ㄷ⸾(ㄴ)ㅂ(ㅏ) 무늬의 [ㄱ] 변형 꼴이다. [(ㅕㅕ)ㄸㄹ(ㅕ)ㅅ(ㅕㅕ)ᄄᄅ(ㅕ)ᄃᄀ] 초성으로 해석된다. [ㄴ—](ㅢ_) 꼴 씨알(ヽ [·])은 중성 모음 [·ㅕ(ㅕ)] 이다. 자루(ㅓ ㅣ)와 줄기(—ㄱ)의 무늬는 자세히는 (ㅏ ^)▲(ㅜㅗ—ㅓ,ㅗ—)▼(-ㅗㅕ)ㅂ이나 크게 넝쿨은 ~~~=⬣꼴이므로 종성 [(ㅕ)ㅅ(ㅕㅕ)ㅅ(ㅕㅕ)ㄷᄙㅀ]으로 구성된다. 58번 글자를 전부 표시하면 [(ㅕㅕㅕㅕㅕㅕ)ㄸㄽㄸ렧ㅆㄷㅀ(ㅕㅕㅕㅕㅕ)]이다. 덜덜(ㄸᄙ) 떨(ㄸㄹ)며 열어 씨알을 밸는 굽(ㄱ)은 열매를 한 글자로 줄이면 [렳]이다.

그림문자에서 날카로운 전율이 느껴진다면 이 발음도 역시 산통(産痛)의 몸부림과 아픔이 느껴지는 절규의 소리 같다. 이처럼 그림문자에 그대로 충실히 표시하면 초성 8자 종성 7자이다. 지금 우리 문자의 ㄹ이 자꾸 사라져 가고 있지만 애초에는 ㄹ이 많았다는 사실을 알 수 있다. 현재 초성에 최대가 ᄢ과 같은 3자 병서인데 [ㄸㄽㄸㄹㄱ] 8자 병서이다. 종성은 [ᄙㅆㄷㅀ]으로 7자 병서다. 자음 무늬로 쓰인 모음 11개를 빼고도 무려 7글자인 [ㄸㄽㄸ렳ㅆㄷㅀ]로 표기될 수밖에 없다.

매우 굽은 Ɔ 모양의 ㄺ은 현재는 ㅇ으로 변하니 오늘날 열매가 열릴 '열'이다. (ㄸㄽㄸ렧ㅆㄷㅀ > 렳 > 렳 > 렬 > 열) 여기서 더 나아가 복모음 ㅕ가 단모음 ㅓ로 바뀌어 현재의 말 '얼'로 해독되었다.

2번의 [뗧]이 씨알을 품어 단단히 매달고 자궁이 열리는 상태라면 58번 [렳]은 열매(~~), 가지 넝쿨(~~~)이 온통 날카롭게 진동하며 진통을 겪으며 씨알이 터져 나오려고 있다. 그 진동(振動)은 문자 [ㄹㄹㄹㄹ]로 매우 강렬하게 표시되고 있다. 씨알은 씨알대로 산구(産口) 밖으로 내려오려는 모습(ヽ)이 표현되어 있다. 마치 어머니의 자궁이 열려 아이가 나오려는 모습과도 비슷하다. 새로운 세상으로 열려 나올 때는 산통(産痛)이 있으며 생명의 전율(戰慄)이 있다.

　새로운 세계를 열어나가는 것은 기존 것을 깨뜨리는 아픔이 있다. 진보(進步)는 보수(保守)의 틀을 깨고 새롭게 나간다. 새 창조를 위해서는 낡은 것을 깨야 하니 '깨'의 어원도 된다. (꿇 > 꿁 > 꺼 > 깨) 새로 맺어야 하고 결단이 필요하니 '결'이다. 새 차원의 문을 여니 '열'이다. [꿇 > 꿁 > 곀 > 결(結, 決) > 열(開)] 이러한 것을 매우 잘 표현하는 문자라 본다.

	쭗	賠
	물	賠

꿇(51)뚈뚾솞(물배 없소)
　[ㄱ은 [ㄷ씨(ᆓ)ㄹ뜨(ᆓ)ㄲㅁ], 자루 줄기는 [ᆓ씨ㄷ], 넝쿨은 [ㄷ(ᆓ)ㅅ(ᆓ)ㅼ(ᆓ)ㄹ]이다. 전체는 [(ᆓᆓ)ᄄ씨ㄸㄲ쭗ㅼㄷㄸㅼ(ᆓᆓᆓ)]이다. 한 글자로 [쭗]이다.

　열매는 [ㄱ 꼴로 분해됐다. ㄱ 아래부터(ᇰ) ㅂ▲▾(ㅏ〃)ﾠ ㄱㄱ(ㅓㅏ)▾◣ㄷ무늬 [ㄱ]의 변형으로 [ㄷ씨(ᆓ)ㄹ뜨(ᆓ)ㄲㅁ] 초성이다. [꼴 아래부터(ᇰ) [ㅏ ▲ヽㅓㅓㅁ]무늬 ㄷ으로 모음 [ᆓ]씨ㄷ 중성이다. 줄기 상세 무늬는 오른쪽부터 (ㅏ)ㅂ(ᅳᆮ)▾(ㅗ┌ㅣ)◀(ㄴ)ㄲ(ㅡ)이고 줄기와 넝쿨은 크게 보면 ～～이니 종성은 [ㄷ(ᆓ)ㅅ(ᆓ)ㅼ(ᆓ)ㄹ] 이다. 전체는 [(ᆓᆓ)ᄄ씨ㄸㄲ쭗ㅼㄷㄸㄲ(ᆓᆓᆓ)]이다. 상세 무늬를 빼고 형태소만 살리면 ᄆ꼴 열매는 ᄃᄀ만 남는다. ᄃᄀ도 오른편부터 읽으니 현재의 가로쓰기 표기로 모아쓰면 ㄲ이다. 한 글자는 [ㄲ]이다. 열매의 씨알도 없다. 열매 ᄆ은 곯아 물러져 해어져서 [뭃]이니 '거덜' 난 것이다. 위 그림은 열매 ᄆ이 거덜 나서 ᄃᄀ로 쪼개진 그림이다. 크게 보면 [무~~]꼴로 [뭃]이니 [물]이다. 그림의 모습에서 보듯 떨어져 있는 ᄃᄀ(ㄲ) ᄂᄀ은 합하면 느슨한 ᄆ이다. '뭃'이니 '물러'진 것이다. 여기서는 물어주는 배(賠)의 '물'을 나타내는 글자로 쓰였다.

넓	破
질	破

쏜넓(39)랣쏀(쏜질말지) 〈ᄀ은 [(·ㅕㅕㅕ)ㄴᄙ따ㅎ따ㄷ], ᅮ는 [·ㅕ], ~은 [(ㅕㅕ)ㄷ(ㅕ)ㄷ(ㅕㅕ)ㄷ(ㅕ)ㅎᄙㄹ], 전체는 [(·ㅕㅕ)ㄴᄙ따ㅎㄷ땋넓ㄷ따ㅎ(ㅕㅕㅕㅕㅕ)]이다. 한 글자로 표시하면 [넓]이다.

51[뭃] 의 ㄱ은 더 진행되면 39[넓]의 ㄴ이 된다. '거덜' 난 [뭃]은 더 낡아 종국에는 '너덜'거리는 [넓] 이 된다. 초성의 ㄱ이 ㄴ이 되어 '낡(敿)'이다. 또 '늙'(老)이다. (넓 > 늙 > 낡, 늙) 깨진 열매의 자루가 이미 떨어진 상태이니 낙(落)이다.

위의 39글자 [넓] 이다. 51자의 열매 오른쪽 ㄱ은 떨어진 ▮ (·)와]꼴이다.]은 아래 ᄂ으로 시작 ~(ㅏ)~을 거쳐 ᄁ과 ᅮ로 마감된 ㄷ 꼴이다. 자모로는 [(·)ㄴㄹ(ㅕ)ㄹ따]이다. 왼쪽은 전체적으로 〈 모양으로 ㄴ 꼴이다. 자세히 보면 〈 꼴 그 속에 글자를 넣고 있다. 〈 아래로부터 =◆(ㅓ)ㄷ(ㅑ ㅓ)ᄁ 무늬의 ㄴ꼴이니 [ㅎ(ㅕ)ㄷ(ㅕ)ㄷㄴ]이다. 이 둘을 합한 초성은 [(·ㅕ

ㅕㅕ)ㄴㄹㄸㅎㄸㄴ]이다. 열매가 곯아 내용물도 하나 없고 너덜
거리는 모습, 대표 꼴 ㄸ꼴이다. 그 속에 여러 가지 자모가 들어
있다. 자루 끝 짧은 ■(·) 붙어있는 자루(ㅜ)와 줄기(丅)는 중
성 모음 [·ㅕ]이다. 줄기를 감고 있는 넝쿨은 오른쪽부터 (ㅏ
ㅜ/ㅗ)ㄴ(/)ㄲ(―=ㅗ)ㄲ(ㅠ\)■ㅕ 무늬의 ~~~이니 [(ㅕㅕ)
ㄷ(ㅕ)ㄷ(ㅕㅕ)ㄷ(ㅕ)ㅎㄹㄹ]을 종성이다. 이를 그대로 표시하
자면 [(·ㅕㅕㅕ)ㄴㄹㄸㅎㄷㄸ긿ㄷㄸ꾫(ㅕㅕㅕㅕㅕ)]이다.
모음을 빼고도 9가지 복자음 초성이 나온다. 무늬의 자모를 다
빼고 핵심적인 한 글자로 표시하면 [녏]이다. [녏]의 영어는 ㄸ
이 ㅌㅌ으로 변해 tattered이다.

[녏] 이니 51과 같이 '거덜' 난 것이 더 떨어져 조각조각 '너
덜'거린다. 열매가 제대로 맺지 못하고 헐어 폭 꺼지거나 비었
다. 너덜너덜 덜덜 떨린다. (ㄹㄹ) 얼떨떨하다의 '떨'이다. 덜 된의,
덜 떨어진의 '덜'이다. 영어는 둔한 dull이다. 영어에는 우리말에
서 없어진 종성 쌍자음 ㄹㄹ이 ll로 살아 있다. 깨져 떨어지니 파
(破)다. 파과(破果)다. 여기서는 ㄷ이 ㅈ으로 변해 '쏟질(39) 말
지'와 같이 '질'의 음으로 쓰였다. (녏 > 듌 > 듶 > 들 > 질)
떨어뜨려 쏟으면 이미 망친 것으로 [녏]이라 하였다.

	녤ㄹㄹ	朽
	어	朽

녤녤(63)쎴꼍쎴(해어졌겠지) ㅇ꼴은 [(ㅖㅖㅖ)ㄸㄹㄹㄲㄸㅅ늏], 丅―ㅜ는 [ㅖ], 넝쿨은 [ㄷ(ㅖ)ㄹ(ㅖ)ㄹㄷㄸ]이니 [(ㅖㅖㅖ)ㄸㄹㄹㄲㄸㅅ녤ㄷㅅ녕(ㅖㅖ)]로 축약하면 [녤]이다.

39자와 달리 열매는 단단히 가지에 붙어있으나 씨알은 맺지 못해 곯았다. 오른쪽 ㄷ(/、)무늬 ▰와 아래부터 𝐽~(\ )~(ㅡ) ㄲ무늬의 ㇏은 ㄱㅎ 모습이니 [(ㅖ)ㄸㄹㄷㄱㅎ]이다. 왼쪽 아래 부터 ㄱ(ㅏ ㅜㅠ)ㄴ(ㅣㅑ)▸] 무늬의 [꼴로 [(ㅖㅖ)ㄸㅅ]이니 초성은 [(ㅖㅖㅖ)ㄸㄹㅉㄸㅅㅎ]이다. ㅜ 형태에 ㅡㅜ로 중성 모음은 [ㅖ]다. 넝쿨 ㄱ(\ ㅡ)~(ㅡ)▰◖(ㅗ)~~◣은 종성 [ㄷ (ㅖ)ㅎ(ㅖ)ㄹㄹㅅ] 이다. [(ㅖㅖㅖ)ㄸㄹㅉㄸㅅ뷇ㄷ썪(ㅖㅖ)] 이 다. 한 글자는 [뷇] 이다. [뷇] 자는 '노후'(老朽) 다. 낡(ㄴ)아 헌 (ㅎ) 것이다. 씨알이 들지 못하고 썩어나가니 곯아 버린 것이 다. 영어는 rot이다. 여기서는 해'어' 진다(fray)는 '어' 자로 썼 다. (뷇 > 녀 > 혀 > 허 > 어) 크게 보면 ㅌ모습으로 90도 돌린 한글로 현재 [어] 자가 바로 나온다. [뷇] 에서 ㄴ이 ㄱ으로 치 환되어 [곯]이 나올 수 있다. (뷇 > 녧 > 겷 > 골 > 곯) 또는 ㄹㄹ은 ㄲ으로도 변하니 '곪다'의 곪이다. (곯 > 곪) (배를) '곯는 다'와 같이 '곯는다'라는 '뭉크러져 상하다' 외에 '곪는다' (餓) 가 있으니 '곪는다'와 음이 유사하다.

| | 뎄 | 於 | 뒎뎄(77)쎈롅뎊(죽었었겠다)
ㅇ는 ㅇ로 [(ㅖ)ㄴㅌ(ㅖ)ㄸㄸ(ㅖㅖ)] ㄱ 은 [ㅖ(ㅖㅖ)]이다. ㅡ은 [ㅆㄸ(ㅖ)]이 다. [(ㅖㅖㅖ)ㄴㄸㄸ뎄ㄸ(ㅖㅖㅖ)] 이 다. 한 글자는 [뎄]이다. |
| | 었 | 於 | |

77번 [뎄]이다. 열매(ㄱ) 오른쪽 아래부터(ㅇ) (ㅓ)◡(ㅏㅣ) 'ㄱ(ㅛㅠ),▰ ㅂ(\⎺ㅓ_ㅓ'ㅣ)ㄷ~(ㅡ)이니 초성은 [(ㅖ)ㄴㅌ(ㅖ)

ㄸㄸ(ㅖㅖ)]이다. ㄱ은 [ㅣㅒ(/ㅗㅠㅏ)]으로 중성 모음 [ㅖ(ㅖㅖ)]이다. 부러진 가지 위의 작은 ▲(ㅗ)과 부러진 가지는 ▶(-)ㅁㅁ(ㅓ)이니 종성은 [ㅆㄸ(ㅖ)]이다. [(ㅖㅖㅖㅖ)ㄴㄸㄸ뗐ㄸ(ㅖㅖㅖ)]이다. 한 글자는 [뗐]이다. 기울어진 3단의 피라미드(◀)는 이미 기울어 '뗐음'을 나타낸다.

씨알은 열매에 잘 붙어있으나 외부의 보호하는 과피(果皮)는 쭈그러지고 가지는 부러졌다. 씨알이 좋아도 이미 글렀다, '뗐'다. (뗐 > 뗐 > 텄) 피라미드가 기울었다. '죽었(77)었겠다'에 사용되었다. 글렀다 (그릇+'었')의 '었'처럼 '었'(엇)[뗐 > 옜 > 었 > 엇(旀)]이다. 외부나 여러 여건으로 볼 때 좋지 않은 미래에 엿보인다. 안 좋은 일이 일어났을 거로 추정한다. 일이 잘못되어 커졌다. wrong이다.

(5) 뮈 대륙의 남성들

	ㄸㄸ 띵	뮈룋쏟땁(4)(무얼 쏟난?), 땁(9)넓쓟(난 없소) ᄓ은 [ㄸㄹ(ㅒ)ㅼㄷ(ㅒㅒㅒㅒ)], +는 [ㅒ(ㅒ)], ∩는 [ㄸㄹ(ㅒㅒ)]이니 [(ㅒㅒㅒㅒㅒ)ㄹㅼ땁ㄸ(ㅒㅒ)]이다. 한
	난 男	글자는 [땁]이다.

씨알을 품은 열매는 사실 배태(胚胎)이며 여성으로 상징된다. 이에 비해 남성들은 성기를 직접 그려 나타냈다. 4, 9의 [땁] 자다. ᄓ의 아랫부분은 ㄷ 꼴이다. ᄓ은 ↻방향으로 ㄱ」(/)ㅑ(ㅏ)ㅑ◢(ㅠ—ㅠ/ㅕㅣㅗ-=)ㄱ이니 [ㄸㄹ(ㅒ)ㅼㄷ(ㅒㅒㅒㅒ)]이다.

축약하면 큰 모양 [ㄸ]이다. 불알 안의 '불어나는' 알 플러스
(plus, +)도 ↑(ㅣㅣㅗ) ←(−ㅔ)로 [ㅑ(ㅑ)] 이다. (ㅡㅣ)ㄲ
(ㅓ)~(ㅣㅣ) 무늬 툭 튀어[난] 고지 고치 고추 ∩는 돌리면 ∪
이고 ㄴ의 변형이다. [ㄸㄸ(ㅑㅑ)] 정리해 다 표시하면 [(ㅑㅑㅑ
ㅑㅑ)ㄹㅆㄷㄸㄸ(ㅑㅑㅑ)]이다. 한 글자로 축약하면 [땨]이다. 현
재는 음이 '난'으로 쓰였다. 남자가 '나'로 나타난다. (ㄹㅆㄷㄸㄸ
> 땨 > 냐 > 냐 > 난 > 나) 나(남자)의 상대인 '너'(汝)는 여
자가 될 것이다. 한자로는 사내 남(男)이다. [ㄹㅆㄷㄸㄸ > 땨 >
냐 > 남 > 남(男)] 밭 전(田)은 네모(□) 안에 씨알(·)이 불
어(+) 자라는 밭이다. ㆁ 전체 모습은 불(ㅂ)알, 밭(ㅂ)의 ㅂ과
비슷한 꼴이다. 남자의 불알이고 온갖 작물이 자라는 밭이다.

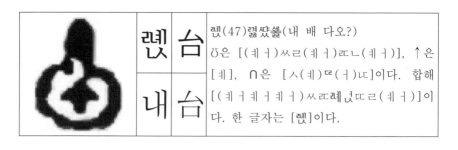

렜(47)렳쌌쐃(내 배 다오?)
ㆁ은 [(ㅖㅓ)ㅆㄹ(ㅖㅓ)ㄹㄷㄴ(ㅖㅓ)], ↑은
[ㅖ], ∩은 [ㅅ(ㅖ)ㄸ(ㅓ)ㄸ]이다. 합해
[(ㅖㅓㅖㅓㅖㅓ)ㅆㄹㄷ레ㄴ렀ㄸㄹ(ㅖㅓ)]이
다. 한 글자는 [렜]이다.

47의 [렜] 자다. 2, 9 는 정충(精蟲)들이 들어있는 상태라면
47은 발사되기 직전의 상태다. 안에 +는 ↑로 바뀌어 운동 방향
을 표시하고 있다. 이미 씨알(·)이 작은 톱니(ㄹ)처럼 곳 끝
(∩)에 가득 차 검게 그려져 있다. 정충이 가득 찬 고추 끝(∩
[ㄱ])은 형상을 유지하되 검게 칠했다. 불알 내의 불어나는 정충
(+)은 방향성을 갖고 곳 끝(∩)으로 움직여 이미 가득하고 계
속 ↑ 방향으로 치솟고 있다. 오르가슴 절정(絕頂)에 오른 상태

로 정액을 분출하기 직전이다. ʊ은 복잡한 ㄴ의 변형이다. ʊ
(Ơ)는 (ㅏ ㅗ ㅕ ㅕ) ▶▲~(ㅜ ㅗ ㅓ)~ㄱ(ㅏ ㅏ ㅡ)ㄴ로 [(ㅖ ㅓ)ㅆㄹ
(ㅔ ㅓ)ㄸㄴ(ㅖ ㅓ)]이다. 화살표 머리 ▲(/ / \ )와 화살 ㅣ ㅣ
(ㅓ)는 모음 [ㅖ ㅓ]이다. ∩은 상세 ◀(ㅣ ㅕ)＿ ₹(ㅓ)◆(\ ) 무
늬의 ㄴ으로 [ㅅ(ㅖ)ㄸ(ㅓ)ㄴㄷ]이다. 합해 [(ㅖ ㅓ ㅖ ㅓ ㅖ ㅓ)ㅆㄹ
례ᄂᆞᆺ따ㄹ(ㅖ ㅓ)]이다. 한 글자는 [롋]이다. 초, 중, 종성에 모음
을 다 배치했다. 초, 종성 모음은 중성 모음을 확실히 표시하고
상형을 완성하기 위한 중복 무늬다. 내(정충)가 세상으로 발사
되기 직전이다. '닛'이니 '내사(나야)'로 내가 세상으로 나오는
일이다. 한자로는 '내 이(台)'로 표현했다. [ㅆㄹ례ᄂᆞᆺ따ㄹ > 롋
> 녃 > 녯 > 네 > 내 > 애 > 이(台)] 한글로 상형을 하면
[슴] 이다.

또 머리털의 '없고 적고 많음'으로 표현한 여러 글자 들에서
표시된 얼굴들(面) 등도 네모(ㅁ)꼴로 여성보다는 뮈 대륙의 남
성의 얼굴과 머리 등이다. 여성 중에는 지배자가 핵심인 · 로 표
시되어 있고 백성이나 '나'는 남성으로 표시되고 있다

(6) 뮈 대륙의 짐승들

여나문(與那文) 81자에는 소와 말, 양, 쥐, 캥거루, 개로 보이
는 동물이 보인다.

		땅넓쑣(11)깼쑣(13)(난 없소 했소), 럚쑣(25)(말소), 뗐쑣(54)(없소)
쑣	Ψ	
소	牛	소머리는 [(쑾)ㄹㄹ ㅆ], 머리 위는 [쑾], 세 뿔은 [(쑾쑾쑾)랗ㄴㅅ]이다. 합해 [(쑾)ㄹㄹ 쑣ㄴㅅ(쑾쑾쑾)]다. 한 글자는 [쑣]이다.

소는 '쑣'으로 나중에 '소 우'(牛)로 나뉘어 발전하는 기본형을 보여 준다. 소뿔은 고대 한글 자모로 표현하기 위해 모양이 많이 변형되어 있다. 그 모양을 충실히 따라가면 고대 한글 자모가 나온다.

소머리는 맨 아래 ▼(ㅅ) 오른쪽은 (▪/-) ⅔ ‖ ⅔ [(ㅛ)ㄹ(ㅗ)ㄹ] 꼴로, 왼쪽은 ▪ ⅔ ▪▌ ⅔ [(-)ㄹ(ㅗ)ㄹ] 꼴이다. 𝖴꼴 머리는 역삼각형 ▽(ㅅ)이다. 합해서 [ㅆ(ㅛ)ㄹ(ㅗ)ㄹ]이다. 정리하면 [(쑾)ㄹㄹㅆ]이다. 상형 모양을 맞추기 위해 중성 모음이 초성에 포함되어 있다. 전체 소머리 역삼각형 ▽모습에 아래 삼각형 ▼이니 [ㅆ]을 대표 초성으로 삼는다. 중성 모음은 머리 위 ▪ㅡ▪와 가운데 뿔 -/ 로 [쑾]로 본다. 오른쪽 갈고리 ㄴ ㅅ(ㅏ ㅗ) 무늬의 ⸮모양 뿔은 [ㄴ(쑾)ㅎ]의 변형이다. 가운데 (ㅏ ㅗ) 무늬 ㄱ 꼴은 [(쑾)ㄹ]의 변형이다. 왼쪽 뿔은 (∵ \ ) ▼(ㅗ)와 같은 무늬 삼각형으로 [(ㅛ)ㅅ(ㅗ)]이니 종성은 [(쑾쑾쑾)랗ㄴㅅ]으로 본다. 한글 자모 [(쑾)ㄹㄹ쑣ㄴㅅ(쑾쑾쑾)]에서 한 글자로 줄여 [쑣]이다. 역으로 보면 정음 자모 [(쑾)ㄹㄹ쑣ㄴㅅ(쑾쑾쑾)]의 글자를 소머리와 소뿔을 상세하게 그려 놓은 것이다. 그래서 그 그림을 보고 현재 한글 자모를 추출할 수 있었다고 볼 수 있다.

[鎣]에서 쌍자음 ㅆ이 단자음 ㅅ으로 변한다. 종성 ㄶ이 탈락하고 중모음 ㅛ는 단모음 ㅗ로 변하니 오늘날 '소'다. (ㄸㄹ鎣ㄴㅅ > 鎣 > 숋 > 쇼 > 소) 또 '숋'은 '쇼후'이니 '소 우(牛)'가 나온다. 뭐 대륙의 글자에서 한자와 한글이 나옴을 잘 보여주고 있다. 소머리와 뿔의 모양이 첨수도(尖首刀)에서는 소(У)로 간략화된다. ∨은[ㅅ], 양옆의 고삐(ハ)는 [ㅗ]로 [소]다. 숋 > 쇼후 > 소 우(牛, Ψ)다. 예로부터 소는 모성을 상징하고 신성시되었으며 특히 인도에서 이를 잇고 있다.

뢇	禾	뢇(24)鎣(말소)
		ㄹ는 [(ㅑㅑㅑㅑ)ㄸㄼㄸㅅㄻ], ㅣ은 모음 [ㅑ]이다. У는 종성 [(ㅑㅑ)ㅎㄷㅆ]이다. [(ㅑㅑㅑㅑ)ㄸㄼㄸㅅ뢇ㄸ(ㅑㅑ)]이다. 한 글자는 [뢇]이다.
말	馬	

말은 특이하게 말갈기(〰)로 표시하고 있다. 보자마자 말을 그린 것으로 직감되었다. 말갈기로 (У)꼴에 국자(ㄹ)를 돌린 모양으로 썼다. 북두칠성(ㄹ)을 그려 넣어 하늘의 말, 천마(天馬)를 표시하고 있다. 하늘의 하느님 상제(上帝, ⊃釆)께서 하늘에서 타고 다닌다는 천마(吊禾)다.

조금씩 말갈기를 다르게 표시하여 '~말소'와 같이 금지의 표현에 쓰고 있다. 24의 [뢇]은 말갈기 앞부분 y꼴은 [ㅁ]이 분해한 뒤 y모양으로 다시 조립됐다. 말갈기를 잘 표현하기 위해서라고 생각된다.

북두칠성 ㄹ 모양이다. 뒤로부터 ◆■(﹨ ﹋) ⸜(ㅓ)[ㅁ(ㅑ)ㄹ]

무늬의 \와 ◤ ⸨(ㅑ)[⺊(ㅑ)]이다. 〔은 (ㅠ)◤[//]ㅁ◢무늬
의 ㄷ[ㅑ] 꼴은 [(ㅑ)ㅅ[ㅑ]ㄸㅅ(ㅑ)]이다. 초성은 [(ㅑㅑㅑㅑ)
ㄸ㐀ㄸㅅㄹ]이다. Ɣ 꼴에서 오른쪽 / / /ㅣ(ㅑ ㅑ)과 왼쪽 ㅁㅗ
(ㅎ)이 합해진 ∨手(⺊)형 무늬로 종성 [(ㅑ ㅑ)ㅎㄷ⺊]이다. 이
를 종합하면 [(ㅑ ㅑ ㅑ ㅑ)ㄸ㐀ㄸㅅ랽ㄸ(ㅑ ㅑ)]이다. 한 글자는
[랽]이다. ㄲ의 복자음에서 ㄹ이 생략되어 ㅁ이 남으면 [많]이
다. ㅁ을 거쳐 오늘날 말이다. (ㄸ㐀ㄸㅅ랽ㅅ > 랽 > 많 > 몱
> 몰 > 말) 자모전에서 ㅁ은 ઠ이고, '말 마(馬)'는 (朱)이다.
갑문은 (朱)이다. 영어는 mule(노새) mare(암말)이다.

  머리부터 해석하면 전체 모습이 ㅅ 모습인 ʎ는 ㄴㅅ 꼴이므로
[냟] 이다. 종성이 탈락하면 'ㄴㅅ'로 말 중에서도 '노새'의 어원
이 되기도 한다고 생각된다.

	랼ㄹ	朱	쏻넢랽(40)쬠(쏟질 말지) \■은
	말	馬	[(ㅑ ㅑ)ㅅ(ㅑ ㅑ)ㅅ(ㅑ)ㄲ], ㄴ은 (⺊ [ㅑ]), Ɗ은 [ㄸㄹㄹㄹㅅ(ㅑ ㅑ)ㅈ(ㅑ)]이 다. 합해 [(ㅑ ㅑ ㅑ ㅑ)ㅅㄹ㐀랽ㄸㄹ ㄹ ㄹ ㅆ ㄷ(ㅑ ㅑ ㅑ)]이다. 한 글자로 [랼]이다.

  오른쪽 끝부터 \■은 (ㅏ ⺀ㅣ ㅡ)◣(ㅓ ㅓ)◣(ㅛ)와 = 무늬
■ 꼴로 초성 [(ㅑ ㅑ)ㅅ(ㅑ ㅑ)ㅅ(ㅑ)ㄲ]이다. ㄴ은 ▶[/ /]⸨
[ㅣ]로 ⺊ 무늬를 지닌 중성 모음 [ㅑ]이다. 40 랼 Ɣ꼴은 위가
열린 24 말갈기 Ɣ와 달리 위가 닫힌 꼴로 ⺊ 무늬를 지닌 ㅁ의
형태다. 자세히 보면 ㅁ 꼴은 코 ㄷ 무늬에 톱니가 많은 ⸨ ⸨ ⸨
⸨ ⸨ (ㄹ ㄹㄹ) ∨(ㅅ)와 'ㄱ' 꼴의 결합이다. 'ㄱ' 상세는 (ㅓ ∧)◥

⼀(ㅑ /) [(ㅑㅑ)ㅆㄷ(ㅑ)]이다. 이를 모두 살리면 종성은 [ᄄᆯᆯ ᄅᆯ ㅅ(ㅑㅑ)ㅆㄷ(ㅑ)]이다. 이를 합하면 [(ㅑㅑㅑㅑ)ㅆ ᄰ ᇑᅣᇎ ᄄ ᄅᄅ ᄅᄅ ㅆㄷ(ㅑㅑㅑ)]이다. 여기서 한 글자로 나타내면 [ᇑᅣᇎ]이다.

초성[ㄻ]은 전체적으로 ㅁ 꼴이니 [먈]이다. [먈]에서 종성 ᄅᄅ에서 ㄹ이 탈락한 단자음은 [먈]이다. 종성이 다 탈락하면 '먀'이다. ㅑ가 단모음 ㅏ로 바뀌면 한자어 마(馬)음을 구성한다. (ㅆ ᄰ ᇑᅣᇎ ᄄ ᄅᄅ ᄅᄅ ㅆㄷ > ᇑᅣᇎ > 먈 > 먈 > 말 > 마) 24의 말이 천상의 말인 천마(𐀀𐀀) 인 데 비해 이 40의 말은 지상(地ᆢ)의 말 같다.

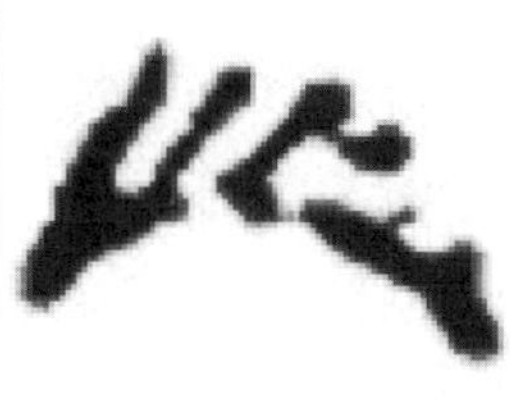	쇎	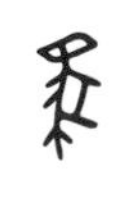	쌞였쇎(71)쇪(깨졌말오?) \는 [ᄶ(ㅕㅕ)ㄳㄻ], +, ⺁는 [ㅆㄷ(ㅕ)ㅕ]이다. Y는 [ᄄᄄ ㄵ(ㅕㅕㅕ)]이다. 합하여 [(ㅕㅕ)ᄄ ᄲ 쇎 ㄸ ᄙ(ㅕㅕㅕ)]이고 한 글자 하면 [쇎]이다.
	말	馬	

말갈기는 24와 같이 Y 형이다. 뒤로부터 ㄷ(ㅓ)◥(ㅛ)⺀◥(/ —)■⺀(=) 무늬의 \꼴은 초성[ᄶ(ㅕㅕ)ㄳㄻ]이다. 점(+)은 (ㅜㅓ)▲ ⺁자형은 (ㅏㅓㅏㅗ)ㄷ이니 ㅆㄷ(ㅕ)[ㅕ]이다. Y 형에서 오른쪽은 ⊔⺀(ㅜㅛ)(ㅠㅗ)[ᄄ(ㅕㅕ)] 이고 왼쪽은 ⊓⺀(ㅓㅕ)〉[ᄄ(ㅕ)ㄴ]인 ㅅ 형태로 종성은 [ᄄᄄ ㄵ(ㅕㅕㅕ)]이다. 합하여 [(ㅕㅕ)ᄄ ᄲ 쇎 ㄸ ᄙ(ㅕㅕㅕ)] 한 글자로 하면 [쇎]이다. [쇠락](衰落)한 말이다. 영어의 mare[암말, 조매(제주어)]는 현재의 '말'과 유사하다. 호스(horse)에서 rs는 [쇎]에서 ᄰ과 ㄳ에 있는 ㅅ이 남은 것으로 보인다. [ᄰ = ㄳ = rs] 영어권에

남아있는 초성 ᄰ(rs)은 40번 [뢇] 글자와 같이 현재 우리말엔
ㅁ으로 흡수되었고 종성 ᄚ은 ㄹ만 남아 말이 되었다고 본다.
(ᄠᄰᄸᄠᄰ > 뢇 > 뫓 > 뭀 > 물 > 말)

71의 [뢇]로 불리는 말은 늙고 갈기 털이 많이 빠진 말이다.
부정적인 뜻으로 많이 쓰인다. 몽골어는 '모리', 스웨덴어는 '말'
로 우리말과 비슷하다. [뢇]은 말(言)의 옛말로 '소리'의 음이 있
다. [뢇 > 뭀 > 물 > 말 > 언(言)] 24의 [뢇]과 40의 [뢇]은
하늘의 말과 지상의 말을 표시하여 말 마(馬)로써 '말소, 말지'
와 같이 금지하는 말로 쓰였다. 71의 [뢇(물)]은 말(言)로서 "~
말(이)[소리] 오?" 같이 쓰였다. 소리가 말(言)의 뜻이다. 지금
도 쓴다. "무슨 소리요?"는 "무슨 말이요?" 의 뜻이다. 같은 말갈
기 모습에서 조금씩 다르게 그린 문자로 음을 달리 나타내었다.
현재는 세 가지를 다 그냥 [말]로 써서 구분이 안 된다. 뮈 대륙
에서는 하늘의 말(馬)과 지상의 말을 구분했고 언어의 말(言, 소
리)을 구분하여 썼다. 오늘날 언어보다 더 분화되고 세분됐다.
당시의 문화와 언어가 얼마나 발달 되었는지를 엿보게 한다.

~하지 '말소'는 한자의 훈으로는 마우(馬牛)이지만 지금 한글
'말소' 대신 뮈 대륙에서는 𝍁 𝍖 로 쓰고 '뢇쓤'으로 읽었다. 언
뜻 형상을 그대로 나타내기에 상형문자 같지만 소리 글자인 정
음(正音) '뢇쓤'을 말갈기와 소머리로 그림으로 그렸다.

마소가 친숙하게 문자로 표현되고 말도 세 가지로 구분되는
것을 볼 때, 당시에 이미 말을 운송 수단으로 썼을 것이다. 소도
농경에 쓰였을 것으로 본다.

마소 이외에도 우리 조상들에게 친숙하고 중요한 가축으로 염
소가 있다. 산양(山羊)이다. 염소는 수염이 특이한 앞모습을 가

지고 있다. 그래서 뮈 문자들은 정음 자모로 양의 뿔과 수염의
특징을 그려내고 있다. 한자로는 모두 양(羊)의 모양새다. 그러
면서 여나문(與那文) 양(羊) 모양에서 이미 착할 선(善)이 나오
고 있다.

	쎵	 Y	쪘뙓쎵(28)(지고선)　　　\ ▼◣ \ ◆ 은 [(ㅖㅖ)ㅆㄷㅆㄹ]이다. Y에서 3단의 ┃ 은 [ㅖ]다. Y에서 ∨는 [(ㅖㅖ)ㄲㄸㆁ] 이다. [(ㅖㅖ)ㄷㅆㄹ쎵ㄲㄸ(ㅖㅖ)]이니 한 글자로는 [쎵]이다.
	선	善	

28번 글자인 [쎵] 이다. 오른쪽 (ㅜㅓㅗ)▼◣ㄱ과 왼쪽 ◆꼴
은 ▶▲(ㅡ)ⸯⸯ-이니 초성 [(ㅖㅖ)ㅆㄷㅆㄹ]이다. 3단의┃ 은
[ㅖ]로 모음이다. 오른쪽 / 의 「(ㅑㅓ)ㅁㅎ[ㄱ(ㅖ)ㄷㅎ], 왼쪽
뿔은 (ㅜㅏㅜ)ㅁ■ 무늬 ㄴ[(ㅖ)ㄸㄴ]으로 종성은 [(ㅖㅖ)ㄲㄸ
ㆁ]이다. 합하면 [(ㅖㅖ)ㄷㅆㄹ쎵ㄲㄸ(ㅖㅖ)]이다. 한 글자로
줄여 [쎵] 이다. 갑문은 눈망울이 선한 양(🐑)이다. 양(羊) 선
할 선(善)으로 동국정운 선(善, •쎤)과 발음이 거의 같다. [ㄷㅆ
ㄹ쎵ㄲㄸ > 쎵 > 쎤 > 쎤 > 쎤(동국정운) > 선 > 선(善)]
이 글자로 보면 1만 2천여 년 전에서 동국정운의 5백 년 전 사이
에 초성과 중성의 변화가 크고 작은 변화가 있다. 이후 중성의
단모음화와 종성의 변화(ㄹㅎ > ㄴ)가 두드러졌음을 알 수 있
다. [쎵]에는 현재의 '양'이라는 'ㅇ' 발음은 없고 수염 달린 소인
염소 '소'의 'ㅅ' 발음이 있다. 착할 선(善)은 갑문엔 눈을 그리고

(养) 해서엔 말씀 언(言) 을 덧붙이지만 애초 어원은 그냥 양
(羊)임을 알 수 있다.

겔겔	♀	뎰넭쎋겔(65)옜(해어졌겠지) 수염은 [(ㅖㅖ)ㄸㄹㅆㄷㄸ]이고 !은 [·ㅖ] 이다. 뿔 \/은 [ㅆㅆㄷ(ㅖㅖ)]이니 [(ㅖ ㅖ)ㄹㅆㄸㄸ 겙ㅆㄷ(ㅖㅖ)]이다. 한 글자 로 정리하면 [겔]이다.
겠	羊	

65번 글자인 [겔]이다. 28번과 전체 모양은 같이 염소로 인식
되나 하나하나 보면 같은 구석이 하나도 없다. 오른쪽 ^은 ㄷㄷ
(\ㅜㅜ\)무늬 ∧꼴로 [ㄸ(ㅖ)ㄱ]이다. 왼쪽 수염 모양(♠)은
전체적으로 ㄷ 모양이다. 자세히는 (//ㅏ) ʓ ▼ㄲㄱ으로 [(ㅖ)
ㄹㅆㄸㄷ]이다. 따라서 초성은 [(ㅖㅖ)ㄸㄹㅆㄷㄸ]이다. 뿔 모양
(Υ)은 분해(ˋ/ㅣㅣ)된다. 연결되는 Γ 모양 중 가는 선으로 연
결된 것은 하나의 모양을 형성하되 자모는 각기 구분되는 다른
것임을 표시한다. 아래로 연결한 짧은 선 ▮은 [·]이다. 머리
▪[ㅓ]와 돌기▮ 를 갖춘 두 줄기[⫴]는 [ㅖ]이다. 중성 모음은
[·ㅖ]로 본다. 오른쪽 굽은 뿔 /은 벌어진 ◣ ㄷ↷(/ㅡㅗㅏ)꼴,
왼쪽 뿔 \은 ʓㄷ(ㅏㅡㅗㅓ)이니 종성은 [ㅆㅆㄷ(ㅖㅖ)]이다.
이를 연결하면 [(ㅖㅖ)ㄹㅆㄸㄸ 겙ㅆㄷ(ㅖㅖ)]이다. 한 글자로
줄이면 [겔]으로 표시할 수 있다.

염소는 전라도에서 멤소, 멤생이라 하니 염소는 면(面)이 특
징적으로 수염이 있는 소 종류다. 몀숗 > 몀쇼 > 혐소 > 넘소,
염소다. 또 뭐 대륙 문자 여나문(與那文)에서 [겔]이니 겔 > 것

쇼 > 겸소 > 염소이다. 염소에서 소가 탈락하고 염이 양(羊)으로 변화된다. [꼢]에서 ·가 생략되고 ㅖ가 ㅓ로 되며, 초성 ㅫ에서 ㄱ이, 종성 ᄰ에서 ㄹ이 남으면 '걸'이다. (꼢 > 갌 > 갌 > 걸) 꼢 > 갌 > 겉에서 고트(goat)가 나온다. 첨수도는 양(♈)이다. 갑문은 양(♈)이다. 추정을 나타내는 '~겠'으로 쓰였다. (꼢 > 겘 > 겞 > 겠) 오늘날 한자 羊과 상형 느낌이 비슷하나 28번 글자와 65번 글자는 전혀 서로 다르게 썼다.

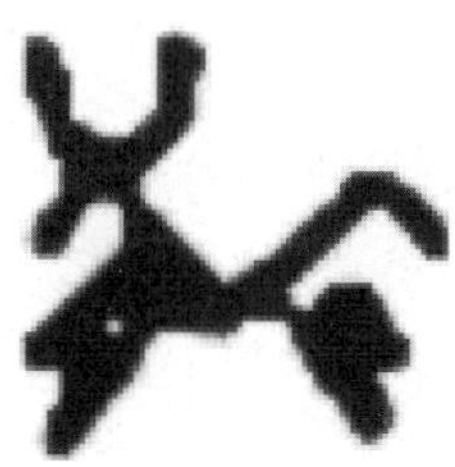	쮰	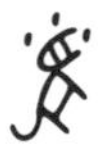	꼤쑕쮰(14)뺋(했소지배), 뗇콹쮰(20)(해코지), 쮰(26)뽞쎟(지고선) 초성은 [(ㅠㅠㅠ)ᄄᄄㅆᄯㅉ], 모음은 [ㅠ], 머리는 [ᄰ(ㅠ)ㅀ(ㅠ)ᄙㅅ(ㅠ)ㅅ]으로 [(ㅠㅠㅠ)ᄄᄄㅆᄯ쮰ᄰㅀᄙ(ㅠㅠㅠ)]이다. 한 글자는 [쮰]이다.
	지	鼠	

14, 20, 26에서 '지'로 발음된다. 현재의 '지' 발음은 [쮰]의 각자 병서 초성 ㅉ에서 ㅅ이 탈락했다. 중성 모음 ㅠ 발음은 ㅣ로 되었다. 종성 ㅆ이 탈락하면 [쥐],[지]다. (쮰> 쥤 > 쥐 > 지) 글자 상형 모양도 쥐이고 고대 한글 자모로도 비슷한 발음 [쮰]이다. 세부를 다 무시한 모양은 바로 [쥐]로 [지] 발음이 나온다.

뒷다리 ㄷ⌇∧(ㅓ)ㅈ(ㅏ), 복부(—), 앞다리 뒤 ㄷ⌇은 [ᄄㅉᄄ(ㅠ)]이다. ▲와 꼬리 (:/ı /¯\ı)⊓▸∧은 [ㅅ(ㅠㅠ)ᄯㅅ]이다. 초성은 [(ㅠㅠㅠ)ᄄᄄㅆᄯㅉ]이다. *A*형 앞다리 직선 /▞와 \는 [ㅠ]이다. 머리 ▴ ⌇(/ \ ㅛ) ⌇〃⬢(ㅏ ㅓ), ⌇⌇▲(ı/\)y로

종성은 [ᄮ(ㄲ)ᅘ(ㄲ)ㄹㅅ(ㄲ)ㅅ]이다. [(ㄲㄲㄲ)ᄠᄠᄴᄯᄴᄮᅘ ㄹ(ㄲㄲㄲ)]이다. 초성 [ㅆ] 종성 [ㅆ]이 대표이니 한 글자는 [ᄴ]이다.

단순 상형 같은데 한글 상형이 그대로 녹아 있다. 한글 자모가 쥐의 그림 속에 감춰져 있다. 상형을 최소한으로 희생하고 정음 (正音) 낱자를 표시했다. 살폈듯 한글 자모로는 쥐의 그림 낱낱을 다 표시하기엔 무리다. 서(鼠) 갑문은 서(𣢠)로 상형 위주이고 고대 한글을 추출하기는 어렵다.

쥐의 역사는 참 오래도 됐다. 현재 일본 남부지역에서 많이 발견되는 붉은 쥐 일종을 표현하는 '붉쥐'가 있다. 고대 생물학자들은 2019년 5월 22일 쥐의 화석에서 약 300만 년 전 독일에서 살았을 것으로 추정되는 쥐의 조상(한국 들쥐도 포함된) 아포데무스 아타우스(Apodemus atavus)에서 붉은 쥐의 색소인 피어멜라닌 (Pheomelanin)을 추출했다고 한다.

쏜넒럟ᄶ(41)(쏟질말지)
초성은 [(ㄲㄲ)ᄮᄮㄹㄷ(ㄲ)ㄷ(ㄲ)ᄯㅅ (ㄲ)ᄡ], 모음은 앞[·ㄲ], 종성은 [ㄷㄴ (ㄲㄲ)ㄷㅋ(ㄲ)]이다. 합하여 [(ㄲㄲㄲㄲ ㄲ)ᄮᄮㄹㄹᄯᄡᄴ넒ㄷㅋ(ㄲㄲ)]이다. 한 글자로 [ᄶ]이다.

호주에 사는 캥거루, 대서(袋鼠) 그림 같다. 쥐와 비슷하나 머리가 다르고 결정적으로 가운데 작은 평행선(-)이 하나 찍힌 글자다. 찾기 어려웠던 동물이었는데 호주에 사는 캥거루인 것 같다. 캥거루를 한자로 '아기집이 있는 쥐' 대서(袋鼠)로 부름에 힌트를 얻었다. 그리고 문제의 주인으로 보이는 짧은 선인 점이 곧 캥거루가 품은 새끼로 볼 수 있다.

위 [ㅡ]은 캥거루가 품은 아기집 주인(主人 > 쥔) 핵심 [ㆍ]이다. 뒷다리 \ \는 (ㅜㅏ ㅓㅏ)▼ ㅿ◀ㅿㅿ, 꼬리는 ㄷㅿㄱㅣ다. 복부는 (ㅜㅡ\), 앞 다리는 ㄷ(ㄱ/ㅡ)ㄷㅈ(ㅓ) ▲(ㅑ)이다. 공중 막대 모양(▬) 점은 ㄴ◡ 결합 꼴이다. 초성은 [(ㄲㄲ)ᄮᄮ ㄹㄹㄷㄷ(ㄲ)ㄷ(ㄲ)ㄸㅅ(ㄲ)ㄴㅈ]이다. ▬은 크게 점으로 보이니 [ㆍ], 앞다리 / /[ㅠ]와 꼬리 앞 /[ㅣ]으로 중성 모음은 [ㆍ ㄲ]이다. (\)ㄱㅅ(ㅑ ㅗ)ㄷ(=_) 무늬 ×(ㅋ) 꼴의 머리는 종성 [ㄷㄴ(ㄲㄲ)ㄷㅋ]이다. 따라서 [(ㄲㄲㄲㄲㄲ)ᄮᄮㄹㄹㄷㄷㄸㄴㅈᄽᇋ ㄷㅋ(ㄲㄲ)]이다. 대표 초성은 모양이 뚜렷한 [ㅆ]이고 종성은 [ㄸ]이니 한 글자로 하면 [쐰]이다. 초성 ㅆ에서 가장 굵은 선 모양의 ㅈ이 남고 종성 ㄸ에서 가장 뚜렷한 ㅅ꼴 ㄴ이 남고 ㄲ가 ㅟ로 바뀌어 오늘날 [쥔]이다. (쐰 > 쥔 > 쥔)

주인(主人)이라는 한자가 있지만 우리말로 '쥔'이라고 지금까지도 그대로 쓰고 있다. 쥔장 등으로 지금도 쓴다. 여기서는 '쥔'에서 받침 ㄴ이 생략되고 모음 ㅟ가 ㅣ로 바뀌어 행동을 나타내는 접미어 [지]로 쓰였다. (쐰 > 쥔> 쥔 > 쥐 > 지)

이 글자는 81자에서 가운데인 '쥔 자리'에 배치되어 있다. 주인(主人)이라는 한자가 축약된 것이 아니라 주인 주(主)의 원래 말이 뮈 대륙 글자부터 '쥔'이었던 것이다. 캥거루가 사라진 뮈 대륙과 가까운 호주에서 살고 있으니 지구 대변화에도 멸종되지 않고 가까운 호주에서 지금껏 살고 있다고 생각된다. 캥거루가 발견됨은 뮈 대륙이 호주처럼 따스했을 것이다. 현재도 캥거루가 호주와 인근 섬에만 사는 점 등을 볼 때 뮈 대륙이 호주와 환경이 매우 비슷했을 것이라는 추측을 낳게 한다. 캥거루 그림으로 '쥔'을 삼고 있다. 당시 뮈 대륙은 캥거루 천지가 아니었을까? 뮈 대륙의 주인으로 불릴 만큼. 처치워드도 캥거루를 대표로 표시했다.

쌞등 깨	촨 犬

쌞(69)엱쎯쭕(깨졌말오?) 뒷다리, 꼬리, 앞다리는 [(ㅒ)쓰끼(ㅒㅒ)ㅆㄷㄲㄹㄹ(ㅒ)쓰래], ―와 ´/은 [ㅒ], 목, 머리, 귀는 [ㄷ(ㅒ)ᅇㅅ뜡ㄹㄹ]이니 [(ㅒㅒㅒㅒ)쓰끼ㅆㄷ시ㄱ ㄹㄹ래쌞ㄷᅇㅅ(ㅒ)]이다. 한 글자로 나타내자면 [쌞]이다.

달리는 개의 형상이 분명하나 획수가 많고 복잡한 글자다. 뒷다리는 전체적으로 ㅍ과 모음 (ㅒ) 모습이다. 오른쪽 \ 은 (ㅜㅓㅏ)◂▸, 왼쪽 \ 은 ▼▼(ㅕ)이다. 꼬리를 올렸다 내린 모습 ∏은 (∕∕ ∕)▾(\)ㄱ이다. 앞다리 뒤 ∕은 ▼▼ ⟨⟨이고 앞 ∕은 (ㅡ) ▲▲(ㅡㅣㅡ)⟨에 앞 다리 전체는 ◪ 모습 [ㅂ] 꼴이다. 초성은 [(ㅒ)쓰끼(ㅒㅒ)ㅆㄷㄲㄹㄹ(ㅒ)쓰래]이다. ―와 ´/은 중성 모음 [ㅒ]이다. 개 목, 머리, 귀는 ㄱ(\),(ㅜㅓ)◆■◀, ⌐∕∕∕(ㅏ)로 종성 [ㄷ(ㅒ)ᅇㅅ뜡ㄹㄹ]이다. ◆■◀는 크게 ㅎ, ∕∕∕은 ㄹ의 변형이다. 개 그림을 모두 한글 자모로 표현하면 [(ㅒㅒㅒㅒ)쓰끼ㅆㄷ시ㄱㄹㄹ래쌞ㄷᅇㅅ(ㅒ)]이다. 초성은 가장 강조된 시이, 종성은 귀와 머리 모양인 뜡이 대표이므로 한 글자로 표시하면 [쌞]이다.

개는 현재 한 자로 간략히 쓰고 있지만 개의 옛말은 '까희, 가히'다. 개의 어원은 [쌞]이었으니 시에서 종성 뜡이 생략되면

'쌔'로 먼저 '개' 음이 있었다. 종성의 ㅎㅎ은 '희'로 살아난 것 같다. 훈민정음 말은 개가 '가'로 바뀌고 희가 '이'로 바뀌고 결합해 현재의 '개'가 되었다고 볼 수 있다. 쌔희 > 까희 > 가히 > 가이 > 개. 여기서는 [깨] 졌다의 음이다. [쌹 > 쌔 > 깨 > 개] 개는 늘 사람 가까이서(가생이, 전라도) '가'(家)를 지키는 녀석 '가이'(guy)다. 마당에서 너울대며 뛰노니 마당 너울(함남)이라 한다. '공공' 짖어대니 공공이 (함경도, 평북)이다. 즈즐페[(평북, 함남) 짖을 페(吠)]다. '멍멍' 짖으니 멍멍이요 큰 개는 '컹컹' 짖으니 '경경' > 견견(犬犬)이다. 작은 강아지는 '강강' 짖는 강아지 구(狗)다.

개 견(犬)의 갑문은 견(𢒉)이다. 그릇 기(器) 속에 개 견(犬)이 들어가 있다. 뭇입 집(㗊)이 있어 마구 개소리로 짖어대는 상형이다. 개 같은 소리는 '그릇' 된 소리이니 '그릇' 음이 정확히 나온다. 한편 그릇은 잘 [깨] 지니 개의 원음 [깨(쌔)]의 표현이기도 하다. 여기서도 [깨] 졌다 의 [깨]에 개 그림을 그려 넣은 듯하다.

(7) 뮈 대륙에서 '쏟는다'는 솥

| | 쏜ㄸ | ꙮ | 4회(3, 22, 38, 73) 모두 '쏟'는다로 썼다. /\는 [(ㅛㅛㅛ)ㄸㅣ\ㅎ\ㅆ] 솥 밑 ▲◀는 [ㅛ]다. ∨꼴은 [ㄹㄸㄸㅆ(ㅛㅛㅛ)]이다. [(ㅛㅛㅛ)ㄸㅣ\ㅎ\ㅆㄸㄹㅆ(ㅛㅛㅛ)]이고 한 글자는 [쏜]이다. |
| | 쏜 | 鼎 | |

솥 (鼎)을 쏟아 비워 내니 빈 솥으로 [쏟]는다로 썼다. 손(솥)을 손 (뽇/쏟) 는다. 솥 다리 ㄱ~ㄴ▲무늬 \은 [ㄷㄹㄴㅅ], 가운데 (ㅜ)와 /은 (ㅡ)⬟ :(/ ı :/) ◤▲는 [(ㅛ)ㅎ(ㅛㅛ)ㅆ]이고 전체적인 모습은 벌려진 M이니 ∧∧(ㅆ) 꼴이다. 따라서 초성은 [(ㅛㅛㅛ)ㄷㄹㄴㅅㅎㅅㅆㅆ]이다. ▲과 큰 M 상형인 ㅆㅆ이 초성 대표다. 솥 아래는 ◣◢으로 중성 [ㅛ]다. ∨꼴 솥은 ㅅ이 아니라 왼쪽 끝전 ⧫ 을 표시하여 전체적으로는 ㄷ임을 분명히 했다. 오른쪽으로 이어진 두꺼운 (:/) ⦚⦚ ㄇㄱ(ㅠ)꼴로 [(ㅛ)ㄹㄹㄸ(ㅛ)]이다. 왼쪽 ⧫ ㄷ 꼴과 전체 ㄷ꼴, 왼쪽 귀는 (\)➤(ㄱ)으로 [ㄸㅆ(ㅛ)]이니 종성은 [ㄹㄹㄸㄸㅆ(ㅛㅛㅛ)]이다. 따라서 [(ㅛㅛㅛ)ㄷㄹㄴㅅㅎㅅ쪼ퟍㄸㄹㄹㅆ(ㅛㅛㅛ)]이다. 초성은 뚜렷한 모양의 ㅆㅆ을 살리고 종성은 전체 모습 ㄷ과 강조된 오른쪽 손잡이 ㄷ으로 ㄸ이니 한 글자로 줄이면 [쪼ퟍ]이다. 이렇듯 간단해 보이는 솥 그림에 좌우 비대칭이 크고 자세히 보면 좌우가 모두 서로 다른 그림이다. 우리 선조들이 그림을 못 그리거나 대칭 꼴을 몰라서일까? 그 뜻을 다 읽어내야 한다.

솥의 다리가 비대칭으로 왼쪽이 길고 큰 이유는 무엇일까? 특히 왼쪽 다리 ㅎㅅ을 강조하여 길고 크게 뚜렷하게 그렸으니 오른쪽 다리 ㄹ보다 강하게 발음된다. 그림문자에서 빈 솥 모양 ㄷ을 크게 그렸고 오른쪽 손잡이 ㄷ도 두툼하게 그렸으니 종성 발음도 ㄸ음이다. ㄸ은 결국 현재는 ㄷ이 더 강하게 한 획이 추가된 ㅌ으로 대체되었다. 솥의 옛말은 '솓'이고 여나문(與那文)은 '쪼ퟍ'이니 쪼ퟍ > 쏟 > 쏟 > 솓 > 솥(솥)으로 변했다고 재구(再構)할 수 있다.

우리 한글 '솓(솥)'은 여기 그림과 같이 빈 솥의 상형이 발전된 것이다. 솥은 음식을 요리하는 기구이고 다 된 음식을 먹기 위해서는 솥을 기울여 쏟아야 하니 쏟는다는 솥의 동사다. 이미 처음 어원에서 이를 보여주고 있다. 솥이 비어 있으니 다 쏟아 낸 것이다.

여기서는 원고가 준 것을 '쏟아 버린다'라는 부정적인 의미로 많이 쓰였다. (무얼 쏟(3)난? 쏟(22)지 말소. 쏟(38)들 말지. 쏟(73)은 것) 한자로는 솥에서 솥 정(鼎, 𣇄) 이외에도 정(貞, 𣇄), 진(眞) 등의 글자가 나온다.

(8) 뮈 대륙의 배들

리치워드에 의하면 뮈 대륙은 항해술이 매우 발달했다고 한다. 그를 증명하는 글자들이 있다. 두 개의 돛단배가 등장한다. 최근 쌍돛을 달고 다녔던 우리나라 황포(黃布) 돛단배와 매우 흡사(恰似)하다. 배 모습도 세 가지로 세 글자로 나오는데 오늘날은 같은 '배' 글자로 구분하기 어렵다.

돛을 2개를 단 채 삿대를 저어 항행(航行)하는 돛단배다. 현재의 돛단배와 매우 비슷하다. 항해하는 모습이 아주 생생하다.

힘찬 항해 물결에 삿대는 물론 뱃전이 물결치고 바람에 돛도 흔들린다. 물결에 의해 출렁거리는 ~~ [ㄹㄹ] 모습이 곧 배가 힘차게 항해하는 모습이다. 오늘날 사라진 쌍자음 ㄹㄹ은 이렇게 활동하고 움직이는 모습을 표현한다.

배 전체는 ㅂ이다. ⌒(⌒)은 ~~(ㅓ)~, 삿대(↖) (ㅜㅏ)~◣ (＼:ㅓㅗ), 뱃머리 (ㅓ)ㅒ로 초성은 [ㄹㄹ(ㅒ)ㅆ(ㅒ)ㄸ(ㅒ)]이다. 돛대▎뒷전 /와 돛 ㅗ은 중성 모음 [ㅒ]이다. 뱃전(←) ~⌄~◆과 뒤 돛대는 ◣◥◆(ㅎ)이니 [ㄹㄹㄹㅁㅎ]로 종성을 이루니 [(ㅒㅒㅒ)ㄹㄹㅆ렜ㄴㄹㅁ]이다. 한 글자는 [렜]이다. 복자음이 단자음으로 바뀌면 현재의 [배]다. (렜 > 밟 > 배) 자모전에서 여기 배 바닥 모양 ⊂ 는 [ㄷ]이다. 그래서 달(月)(⌣)로 표기된다. 자모전에서 ▽이나 초승달(⊂) 모양은 배다.

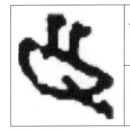

뱄	船
배	船

뱄(57)(배)　　돛, 삿대, ⌒는 [(ㅕㅖ)ㄹㄹ(ㅕㅖ)ㄸ(ㅕㅖ)ㄸ], 돛대는 [ㅕㅖ], 뱃전은 [ㅅ(ㅕ)ㅆㄹ(ㅖ)ㅅ]이다. [(ㅕㅖㅕㅖㅕㅖ)ㅆㄹㄹㄸ뼈렜ㄹㄹㅅ(ㅕㅖ)]로 정리 표기되고 한 글자는 [뱄]이다.

＼(↖)는 (ㄱ／＼)◥ξ(ʹ＼ㅗ)이다. ⌒(⌒)는 ξ(■_≡ㅗㄴ＼)ξ(ㅓ)ㅒ(ㅑ)무늬이다. 반달 모양(♪) [ㄷ]의 배는 삿대 ＼[—]를 포함 [ㄸ]이다. 이를 자모로 죄 표시하면 [(ㅕㅖ)ㄹㄹ(ㅕㅖ)ㄸ(ㅕㅖ)ㄸ]이다. 돛대 2개 (「-ㅗ, =「ㅏ) 는 [ㅕㅖ]로 복모음이다. 뱃전(←)은 ▲(—ㅓㅜ)▲~(＼)~(／／)▲은 [ㅅ(ㅕ)ㅆㄹ(ㅖ)ㅅ]으로 종성을 이룬다. [(ㅕㅖㅕㅖㅕㅖ)ㅆㄹㄹㄸ뼈렜ㄹㄹㅅ

(ㅕㅖ)]로 표기되고 한 글자는 [ᄠᅨᇐ]이다. 복자음 ㅃ이 ㅂ으로, ㅖ는 ·ㅣ, ㅐ로, 종성 ㄹㄹ은 탈락하여 배 [뗐 > 볬 > 뱄 > 빅 > 배]이다. 여기 81자 문자 내용도 상대 배가 훼손되어 시비가 붙은 내용이다.

15번 배는 [ᄢ]로 초성 ㄹㅂ과 같이 삿대(ㄹ)를 열심히 저어 항해하는 배다. 닻을 내리지 않아 닻이 없다. 이에 반해 여기 57번 배 [뗐]은 닻(ㅊ, ㅆ)을 내리고 [배]를 [댔]던 배다. [뗐]에서 [배댔]이 나왔다 볼 수 있다. 항해하는 15번 배는 뱃전과 돛대가 바람에 흔들려 가는 모습이다. 이 57번 배는 항해하지 않으니 돛은 흔들리지 않는다. 얼마나 정밀한 표현인가? 놀랍다.

	ᄠᅨᇐ	船	ᄠᅨᇐ(52)ᄣᆡᆹ솛(배없소) ◡\∧은 [ㄷㄹ(ㅖ)ㄹㄹ ㄽㅅ(ㅖ)ㅆ(ㅖ)ㅂ], 앞 돛대는 [ㅖ(ㄸ)] 뒤 돛대와 뱃전은 [(ㅖ)ㄶㄷㄹㄹㄲ(ㅖ)]로 [(ㅖㅖㅖ)ㄷㄹㄹㄹㄽㅆᄠᅨᇐㄶㄷㄲ(ㅖㅖㅖ)] 이다. 한 글자는 [ᄠᅨᇐ]이다.
	배	船	

배◡ [ㄷ~,(▁ㄱ)~~~(ㅓ)ㅠ], 닻∧ [◂(ㅗㅓ)ㄱ], 삿대 \ [◣(ㅜ\ㅓ)]와 활모양(*D*) 배는 ㅂ이니 초성 [ㄷㄹ(ㅖ)ㄹㄹㄽㅅ(ㅖ)ㅆ(ㅖ)ㅂ]이다. 앞 돛대[ᅟᅵ ㅑ(ㅠㄷ)]는 모음 [ㅖ(ㄸ)]이다. 뒤 돛대(≀)는 (ㅏ ㅗㅓㅣ)ㄱㅎ, 뱃전(~)은 ㄷ~~▲▲(∨ - —)으로 종성은 [(ㅖ)ㄶㄷㄹㄹㄲ(ㅖ)]이다. [(ㅖㅖㅖ)ㄷㄹㄹㄹㄽㅆᄠᅨᇐㄶㄷㄲ(ㅖㅖㅖ)] 이다. 한 글자로 정리하면 [ᄠᅨᇐ]이다. 배(ㅂ)를 댈(ㄷㄹ) 려(ㄹ)고 한다. 정박하려고 닻을 던지고 있는 배다. 닻을 던질 때 배가 많이 출렁거리니 뒤의 돛대, 뱃전 배 바닥 등이 물

결이 아닌 '진동'으로 주름이 잡혀 있다. (ㄹㄹㄹㄹ) 매우 정밀한 표현이다. 항해를 끝마치고 귀항(歸港)해 닻을 던지는 배다. 이같이 배의 세 그림문자를 정밀 분석한 결과 항해하는 배와 정박한 배, 귀항하여 닻을 던지는 배 등을 구분한 말과 글이 있었다. 항해술이나 해양 기술이 발달한 뒤 대륙 문화답게 배도 세 종류로 세분화했음을 알 수 있다. 여기 81자 문자 내용도 상대 배가 훼손되어 시비가 붙은 내용이다. '거르션'의 '션'은 한자어 선(船)을 구성한다. 위의 풍력을 이용한 범선(帆船) 이외에도 작은 강이나 호수 등을 건너는 삿대로만 저어가는 거룻배가 있다.

	렳ㅅ	夕
	배,것,겠	舟

렳ㅅ(32)(배), 렳ㅅ(48)(배), 렳ㅅ(75)(것), 렳ㅅ(79)(겠) ㄱ는 [ㄷ(ㅖ)ㄱㅅㅌ ㄹㄹ(ㅖ)], 2 삿대는 [ㅖ]ㄸ, 종성은 [ㅁㄹㅎ ㅆㄹ(ㅖㅖ)]. [(ㅖㅖ)ㄸ ㄹㄹ렳ㅅ ㅁㄹㅎㅅ (ㅖㅖ)]으로 한 글자는 [렳ㅅ]이다.

위 글자와 같이 돛을 달지 않고 삿대로 젓는 가운데가 '그릇'처럼 패인 '거룻'배 [걸]이다. 현대 풀이로는 친숙한 [배]로 하였다. 현재는 걸과 배도 구분하지 않고 쓰는 경우가 많으니 걸을 그냥 배로 통칭하기도 한다. 작은 나룻배는 사공이 한 명이 삿대로 저으나 이 걸은 삿대가 3개나 있어 꽤 빠른 속도를 냈을 것이다. 규모도 지금의 나룻배보다는 더 컸을 것이다. 오늘날 경정(競艇)과 매우 비슷하다.

'배 걸'(32, 48)과 ~것(75) ~겠(79)이다. 현재도 ~할 (낄) 그랬다 등으로 쓴다. 배 모습 U는 ㄱ을 심하게 구부린 변형이다.

세부적으로 보면 오른쪽부터 ⊓(\ㅕ)>(ㅓ)▲⺀⺀⺀(ㅣ ‖') 이니 초성은 [ㄷ(ㅖ)ㄱᄰᄙ(ㅖ)]이다. 전체 형상인 ㄱ과 많은 ㄹ을 남기면 축약하면 ㄺ이다. 가운데 삿대 [==]ㄷ~은 [ㅖ]ᄕ에서 모음 [ㅖ]이다. 뒤 삿대는 ㄷ■~♥ 연결 꼴이니 [ᄜㅭ]의 변형이다. 앞 삿대 (ㅓ)◤(ㅠ)▲⺀(_ㅔ)는 [(ㅖㅖ)ㅆㄹ]로 종성은 [ᅋㅭㅆㄹ(ㅖㅖ)]이다. [(ㅖㅖ)ᄣᄙ롌ᅋㅭㅅ(ㅖㅖ)]이고 한 글자로 쓰면 [롌]이다. 초성에서는 전체적인 큰 배 모습인 ㄱ 음이 남고 종성은 ㄹ이 남으니 결이다. 곧 거룻배다. (ᄣᄙ롌ᄜㅭㅅ > 롌 > 곐 > 결 > 걸) 단모음화하고 ㄽ 받침에서 ㅅ만 남으면 '것(겘)'이다. 갑문은 주(舟, ⺈)이다. 형상이 '달월'(月, ◗)과 비슷하고 음 또한 걸, 월로 유사하다.

(9) 뮈 대륙의 종교문화

<table>
<tr><td rowspan="2"></td><td>롌</td><td></td><td rowspan="2">ᄣᅨᆰ롌(30)ᄤᅨᆶ(적절해)
앞다리 /\ 는 [ㄷ(ㅖ)ㅅ(ㅖ)ᄣᄙㅈ], _ 는 [(ㅖ)·ㅖ], 뒷다리 /\ 는 [ㄷ(ㅖ)ㄸㄽ]이니 [(ㅖㅖ)ᄣᄣㄹᄙㅈᆳㄸㄷ(ㅖㅖ)]이다. 한 글자로는 [롌]이다.</td></tr>
<tr><td>절</td><td>祭</td></tr>
</table>

제물을 제사상에 올려놓은 모습(示, ⊤)이다. 흡사 탁자식 북방식 고인돌의 모습이기도 하다. 고인돌은 고인(考人) 하는 고인(故人)의 돌 제단(祭壇)으로 제사를 지내고 절을 하는 곳이다. 고인돌은 껴묻거리로 보았을 때 돌무덤이 확실하다. 생전엔 하느님께 제사 지내는 천제단 역할을 하지 않았을까 한다. 영어

[돌멘](dolmen)은 우리말 [돌멩]이를 알파벳으로 쓴 것이다. '고인'과 함께 '달만(돌멘)'도 신성(神聖)을 뜻한다. 신성한 제사상은 [ㅈ], 제물(ㅡ)[-], 뒤의 두 다리[/ \ ]는 [ㅔ] 이니 언뜻 보면 [제] 자로 보인다. 자세히 보면 [젶]이다. ㅡ과 앞 다리 /와 뒷다리 \ 를 합해 전체 모양 ㅈ이다. 사실 ㅈ 위의 제사상 면은 3층의 판석을 올려놓은 피라미드 ㅿ 형태다. 엄격하게 자모로 담으면 ㅊ형태나 ㅈ으로 본다. 앞다리 \ 은 ㄱ(\ // ㅡ) ▲이고, / 은 (ㅜ ㅓ / ㅣ) ◼ ∨ 㣟 㣟 이니 초성 [ㄷ(ㅖ)ㅅ(ㅖ)ㄸㄹㅈ]이다. 상밑 ◖은 ·이고 제물(▂ㅜ)과 중층의 제상[ㅓ ᅳ ㅏ]은 [(ㅖ)·ㅖ]이다. 뒷다리 \ 은 ㄱ(ㅕ ㅏ \ ), /은 ㄴ ㄷ 㣟 ◢로 [ㄷ(ㅖ)ㄸㄹㅏ]이니 [(ㅖㅖ)ㄸ ㄸ ㄹ ㄸ 꿨ㄸㄷ(ㅖㅖ)]이다. 한 글자로는 [젶]이다. 제를 지낼 때 필수적으로 하는 '절'의 어원이다. 초성 중에서 뚜렷한 가장 많은 무늬인 ㄹ과 가장 뚜렷하고 굵은 체인 ㅈ만 살아 ㅉ이다. 그중에서 가장 발음이 강한 ㅈ으로 초성이 남았다. 중성 모음의 단모음화가 더 뚜렷하고 종성 ㄽ은 발음이 약한 ㅅ은 사라지고 ㄹ은 남았다. (젶 > 젤 > 젤 > 절)

절(乼)은 조상신이나 신 앞에 무릎을 꿇고 내 몸을 꺾는(⺉) 절(折, 𢀩)이다. 우리 동이족의 일파인 석가족의 성자 석가가 세운 불교에 이 문화가 스며 절을 많이 하는 곳이 절(寺)이다. 한자에서 '사람 인'(人)의 갑문은 서서 굽혀 절하는 모습 인(⺅)이다. 금문은 절하는 모습이 ㅋ 꼴이니 자모로는 ㅈ, ㅊ이다. 우리 한글 자모 제(ㅈ)사나 절(ㅈ)의 ㅈ 자체가 사람이 절하는 모습을 본뜬 것이라고도 할 수 있다. 전서에서 'ㄹ'자 꼴은 큰절하는 모습이다. 절을 할 줄 알고 제를 지내고 공경할 줄 알아야 참사람이 된다는 것을 '사람 인' (⺅) 자가 형상으로 보여주고 있다.

한자로 제지낼 제(祭, 卹)의 원형이기도 하다. 구체적으로는 [뭻]이나 전체적인 모습은 오늘날 한글 '제' 자가 훌륭한 상형문자임을 보여 준다. 초성 복자음의 단순화, ·소실, 종성 탈락의 흐름으로 보면 당연히 현재의 제(祭, 卹)(뭻 > 졠 > 졔 > 제)가 나온다.

위의 30번 글자 [제] 자는 뮈 대륙의 글자 중 종교와 관련된 글자로 제사 지낼 제(祭)자다. 글자 꼴도 거의 그대로 현재 한글에서 이어받았다. 제사는 '[제]대로 음식을 차리고 차례를 지낸다.'이다. 그 제대(祭臺)도 제사 [제] 자도 그 정신을 그대로 이었고 글자도 반듯하다. 제사는 숫[제](순박하고 진실하게) 지내야 하고 가지런하고 엄숙하게 <[제](齊)> 절제하여 <[제](制)> 지내야 한다. '[제]발 이루게 하여 주소서' 하고 비는 게 제사다. 제사는 조상을 받들고 모시고 섬기는 것이다. 또 제를 지내는 이는 <[제](帝)> 다. 30번 [제] 자는 굵은 선으로 ㅈ이 현재 그대로 [ㅈ]이다. 형상은 제사상 앞모습이다. 제사상 위 제물은 ― 이고 앞의 두 다리는 ∧ 그대로 [ㅈ] 꼴이다. 제물의 선(―)이 가는 것임을 볼 때 가벼운 제물로 추정된다. 제물의 내용은 궁금하나 알 수가 없다.

제(祭)의 갑문은 제(卹)로 손으로 피가 뚝뚝 떨어지는 생고기를 집어 올리는 모습이다. 또는 기우제(祈雨祭, 舠灬卹)의 모습이다. 이때 손은 비는 것이요, 가운데 세 점(ː)은 비가 내리는 모습이고 숙인 ㅂ은 비의 그릇을 부은 것이다. 한자에서 제사상 모습은 보일 시(示)이고 갑문은 시(〒)로 뮈 대륙의 [제(〒)] 자가 간략화된 모습이다. 표음문자로만 알고 있는 우리 한글 [제] 자와 [ㅈ]이 훌륭한 상형으로 제사상의 단면을 표시하고 있다. 뮈 대륙 제사 때 제물(祭物)은 알기 어려우나 은나라 시대 갑문과 같은 피가 흐르는 생고기는 아니었을 것이다. 고기는 물고기였으니 고기를 올려도 물고기였을 것이며 잘 익은 과일, 메밥 등이 아니었을까?

쪠	茶
지	茶

뮈쪠(43)(뭐지?) 앞 八은 [(ㄷ(ㅖ)ㄹ)ㅆ, ㄸㅆㄹ(ㅖ)ㅆ], ㅡ 는 [·(ㅖ)ㅖ], 뒤 八은 [(ㅖ)ㄹㅅ, ㄸㅅ(ㅖ)]으로 [(ㅖㅖ)ㄸㄹㅆㄸㄹㅆㅅ썊ㅖㄹㄸㅅ(ㅖㅖㅖ)]다. 한 글자는 [쪠]이다.

단순히 보면 자음 [ㅊ]에다 두 다리(八) [‖]에 가는 선 두 개 (\ /)[=] 가 더 있으니 [쳬] 자다. 뮈 하쳬(뭐쳬)? 차례(茶 禮)를 하나로 한 말 [쳬]다. 처음 언뜻 그려 봤다. 원래 초성이 10 복자음으로 매우 복잡하나 대표는 ㅊ이다. [ㆎㅖ]가 [ㅖ]로 정리되면 [쳬]가 나오니 다르지는 않으나 원래 모습은 더 복잡하다.

우선 상다리 상판 오른쪽은 왼편 확대 그림과 같이 2단 상판 ㅡ 위 3층이 올라가 있어 3층 피라미드 형태다. 30번 [뢠] 자보다 더 뚜렷하게 ≙ 형이다. 3단(≡) 피라미드 제단을 쌓은 것으로 해석된다. (≡ ㅈ)

ㅈ 위에 같은 두꺼운 선 ㅡ 이 있으니 ㅈ으로 한글 상형 ㅊ이다. 치읗 ㅊ

이니 ㅊ(ch) ᄎᆞ(차) 다. \의 ㅂ(ㅏ \ ㅣ)~~◥◥(ㅣ \), 앞다리 /의 ㅂ(ㄴ)≀▲▼≀(ㅣ/)인 ∧(ㅅ)으로 전체적으로 ㅊ이니 [ㄷ(ㅖ)ㄹㄹㅆ, ㄷㄹㅆㄹ(ㅖ)ㅅㅊ]이다. 이 초성 중 중심이며 가장 강하게 표시된 ㅊ을 당연히 가장 강조하여 발음한다. [(ㅖㅖ)ㄷㄹㄹㅅㅅㄷㄹㅅ ㅅㄹㅅㅊ]에서 한 글자로 표기를 위한 대표자는 [ㅅㅊ] 정도다. 중성 모음은 앞다리(∧) 위 ▬(·), 상판 ⫠, 제일 위의 제물 ㅠ二로 [·(ㅖ)ㅖ]이다. 이 중성 모음도 다 표기할 수 없으니 ㅖ 하나를 생략해 [·ㅖ]로 표기한다. 종성은 뒷다리로 오른쪽 \의 (ㅜ)~ㄷ◣(\ ㄴ), 왼쪽 /의 ㅂ(ㅓ ///)◤(ㅏ)으로 [(ㅖ)ㄹㄷㅅ, ㄷㅅ(ㅖㅖ)]이다. 초, 중, 종성을 모두 합하면 [(ㅖㅖㅖ)ㄷㄹㄹㅅㅅㄷㄹㅅ ㅅㄹᄼᅔㅖㄹㄷㅅㄷㅅ(ㅖㅖㅖ)]이다. 대표 꼴 [ᄼᅔㅖ]를 한 글자로 쓰자면 [ᄽᅨ]다. 전체적인 모습은 [쳬]가 나오는 그림 글자다.

ㅅㅊ에서 ㅅ 무늬 다음으로 ㄹ 무늬가 많아 'ㄹㅊ' 곧 'ㅊㄹ'로 대치될 수 있다. 차례(茶禮) '쳬'가 나오는 글이기도 하다. [ㄷㄹㄹㅅㅅㄷㄹㅅㅆᄎᆞ례ㄹㄷㅅㄷㅅ > ᄎᆞ례 > 차례(茶禮) > 쳬] 복자음 초성에서 가장 뚜렷한 전체 형상인 ㅊ과 ㄹ이 남으면 [ᄎᆞ례]이다. 우리말이며 한자어를 형성한 [차례](茶禮)의 진정한 어원이다. 분명히 뭐 대륙에서는 우리 조상들이 조상신들에게 차례를 지내는 문화가 있었다. 이 글자가 가장 뚜렷하고 확고한 증거 유물이며 오염되지 않는 진정한 사료(史料)이다.

ㅊ은 ᄎᆞ(차, 채)로 정신 [차리]고 제물을 [차리]고 알차게 [채] 우는 것이다. 음식을 순서대로 '차례(次例)'대로 '차리'고 옷차림을 단정히 '차리'고 마음을 다해 정신을 '차려' 가다듬어 예를 올리는 것이다. 이렇게 차분차분 정신을 차리고 예를 다하는 사람이 참사람이다.

제물(祭物)에 해당하는 ㅊ 위의 ─ 이 아주 두꺼운 선으로 그려져 있다. 제물이 알차고 풍부함을 나타낸다. 이의 '식게' 제물에는 차(茶)가 빠질 수 없다. 지금 다반사(茶飯事)같이 차와 메밥으로 차로서 예를 제대로 차리는 제사가 차례(茶禮)다. 차(茶)는 분명 우리 조상신(神)께서 평소 드시는 신령(神靈)한 신의 음료다. 당시는 삼성(三聖) 이전의 마고(麻姑) 삼신이시다. 30 글자가 두꺼운 ㅈ이고 위의 제물은 가늘다. 분명 여기 43글자는 위의 ─ 도 ㅈ와 같이 두꺼워 ㅊ이므로 자모로 ㅊ이다. 한글 [ㅊ] 자모 자체가 새 촉이 나는 1창 2기 차(Ψ) 모습이다. 츠(차)로써 천제(天祭)를 지내니 차례(茶禮)다. 차례(茶禮)를 한 자로 줄인 [체] 자로 적합하다. 차는 정신을 채워주고 정신을 차리게 하고 조상에게 예를 올리게 하는 것이다.

여기서는 뭐야라고 하면서 뭐하지? [(ㅖㅖㅖ)ㄸᄙᄰᄰᄱᄴㅖ ㄾᄮᄉ(ㅖㅖㅖ) > ᄲㅖ > 쪠 > 체 > 제 > 지] 와 같이 뭐쳬(지)? 로 쓰고 있다. '뭐 하고 있니? 정신 차려. (알맹이 내용이) 무엇이야?' 등 속뜻을 지닌 말로 쓰이고 있다.

	쪘	値
	치, 쳇	値

렬뮈 쪘(60) 쑾(얼마치요?), 쪘(67)(쳇) 앞 / \ 은 [ㄷ(ㅖ)ㅎ(ㅖ)ㅅㅊ], ─ 는 [(ㅖ)ㅖ], 뒤 / \ 은 [ᄴ(ㅖㅖ)]이다. 전체 글자는 [(ㅖㅖ)ㄷㄴㅎ쪘ㄸ(ㅖㅖ)]이다. 한 글자는 [쪘]이다.

67은 불만을 나타내는 감탄사 '쳇(치, 체)'이다. [ㅊ]과 앞다리 / \ 은 분명하다. 앞 다리 \ 과 뒷다리 \ 사이가 형상을 알아

보기 힘드나 +[ㅆ]로 묶어진 것으로 보인다. 뒷다리 /\ 는 [ㅔ]다. 그 경우 [쳈]이다. 현재 불만을 나타내는 감탄사 '쳇!'과 완전히 같은 글자다. 제사상 다리 하나가 잘못 엉켜 묶여 있으니 쳇! 어그러져 버린다. 제사 지낸 값(値)을 제대로 하지 못하게 된다. 칫수의 '칫'도 '값'인데 칫수도 어긋나면 안 된다. 제사 후 이웃에 음식을 돌리는 봉순(경북 사투리)을 제대로 하지 않거나 제사 제끼(겪이)로 고루 대접하지 않으면 쳇(치, 체) 하고 불만이 생기고 제기(랄)하고 욕을 듣게 된다.

오늘날 '쳇' 글자로도 무리 없겠지만 자세히 보면 당시의 글자는 더 복잡하다. 앞 /\ 에서 ㄷ(‖\ˊ)인 \과 ㅜㅓ■(/.ㅓ)「(ㅋ)▶인 /이다. 초성이 [ㄷ(ㅖ)ㅎ(ㅖ)ㅆㅊ]인데 전체로는 ㅊ 중의 ㅅ으로 대표는 [ㅆ]으로 표기된다. 발음은 당연히 중심인 ㅊ이 강하게 난다. 아래 중층 ㅡ[ㅖ]이고 위 중층 ■은 ㅓㅡ(ㅖ)이니 중성 모음 [(ㅖ)ㅖ]이다. 묶은 열 십자(+)꼴로 ﹁(ㅅ)과 ﹁(ㅅ)의 결합이니 ㅆ 이다. 뒷다리 \은 그(ㅓㅑ)/는 ㅛ(//ㅓ)로 종성 [ㅆㄸ(ㅖㅖ)]이다. 전체 글자는 [(ㅖㅖ)ㄷㄴㅎㅆㅆㄸ(ㅖㅖ)]이다. 한 글자로 하면 [쳈]이다.

물론 원래 어원 [(ㅖㅖ)ㄷㄴㅎㅆㅆㄸ(ㅖㅖ)]을 간략화해 [쳈]이 나온다. 초성 5 복자음 ㄷㄴㅎㅆ은 먼저 ㄷㄴㅎ이 생략된 ㅆ 각자병서가 된다. 다음 ㅅ이 생략되면 ㅊ이다. 그리고 종성 쌍자음 ㅆ은 ㅅ으로 간략화된다. [(ㅖㅖ)ㄷㄴㅎㅆㅆㄸ(ㅖㅖ) > 쳈 > 쳈 > 쳇] 이것도 더 간략화되어 '칫' 그러거나 아예 '치'라고 하기도 한다. (쳇 > 칫 > 치) 그런데 불만을 나타내는 감탄사 쳇, 칫, 치 등은 한자 치(値)에서 보듯 '값'의 뜻이 있다. 즉 제값을 못 하거나 제값을 못 받았을 때 불만의 감탄사 쳇, 칫, 치가 나온 것이다.

일반적으로 가볍게 올리는 일반 제사의 [제]로 [젰], 풍부(豐富)하게 수확물을 올려 예(豊)를 제대로 갖춘 차례(茶豊)인 [체]로 [ᄶᅦ], 제대로 올리지 못하고 나누지 못한 제사가 잘못되어 불만이 생긴 [쳇]으로 [쪴] 등 각각의 경우에 맞게 글자가 만들어져 있다. 뭐 대륙에서 제사가 매우 중요하였고 특히 풍부하게 올리는 제물을 올릴 때 차(茶)도 반드시 함께 올렸을 것이다. 차가 중요했고 차로써 예를 다하니 차례 > [체]로 [ᄶᅦ]라는 한자의 낱말로 쓰였다고 생각된다.

(10) 뭐 대륙 솟대와 피라미드 글자들

역삼각형(▽)과 삼각형(△)이 맞닿은 모래시계의 모습(⧖)의 글자가 있다. 다섯 오(五)다. 삼각형(△) [두] 개가 '[다](<두)섯' 으니 '다섯'이다. 오(五)의 갑문은 오(⧖)로 뭐 문자 [숄](⧖)과 형상이 같다. 당시에 자음은 ㅇ이 아니고 ㅅ이었다. 중모음은 단모음화하고 자음 ㅅ에서 ㅇ으로 변하고 종성 탈락으로 숄 > 오다. 아래 6번 글자가 비슷하여 오(五, ⧖)자 같으나 이 또한 자세히 보면 [숄] 자다.

<table>
<tr><td rowspan="2"></td><td>숄</td><td>⧖</td><td rowspan="2">6회 사용[8, 21, 35, 50, 61, 72] 모두 묻는 말 '~오(요)?'다. ⊿ヽ/는 [(ᅶ)ㅆㄷㄹㄷ[ㅅㄹ](ᅶ)ㄹㄷㅅ], △아래는 [ᅶ], ▽는 [ㄹㄹ](ᅶ)이니 전체는 [(ᅶ)ㅆㄷㄹㄷ[ㄷㄹ]ㅅ숄(ᅶ)]이다. 한 글자는 [숄] 이다.</td></tr>
<tr><td>오</td><td>五</td></tr>
</table>

'~오?'로 모두 묻는 말에 6번 사용 사용된 글자 [쑳] 자다. 단순한 두 삼각형 △▽(씨)이 아니다. 중간에 굵기가 다른 선으로 글자를 끊어 읽게 하고 있고 여러 획이 연결되어 있다. 튀어나오게 오돌토돌 덧붙인 ∟은 (\ ∴)▲(/)∏, ↘은 ㄹㄷ, 아래 /은 ▲ ⸖ ⸖(ㅋㅓ)ㄱ이니 초성은 [(쑳)ㅅㄷㄹㄹㅆ(쑳)ㄹㄹㅅ]이다. △아래 ㅛㅜ는 모음은 [쑳] 이다. 위 / 은 종성 [ㄹ]이고,「(←)의 ㅡ ㅡ \ ㅣ ▽은 (쑳)이니 전체는 [(쑳)ㅅㄷㄹㄹㄹㅅ쑳ㅅ(쑳)]이다. 한 글자로 하면 [쑳] 이다. 솟아난 피라미드(△) 위에 피라미드를 구부려 돌려(▽) 얹은 모습이다. 한자 오(五, 갑문은 Ⅹ)가 나오는 근원으로 생각된다. (쑳 > 솔 > 쇼 > 요 > 오) [쑳] 은 '솟다' 어간으로도 해석된다.

	셃릥	쑳
	즉	卽

뒰셃(17)(원 즉) △은 [ㄸㅆ(·ㅖ·ㅖ·ㅖ·ㅖ)], Ⅹㅣ는 [·ㅖ], ▽는 [ㄱㄸ(·ㅖ·ㅖ)ㅎ]이니 [(·ㅖ·ㅖ·ㅖ·ㅖ)ㄸㅆ쳄ㄹㄷ(·ㅖ·ㅖ)]이다. 한 글자는 [셃]이다.

왼편 17번 글자는 [셃]이다. 풀자면 곧 스뢸(辭言) 갈(喝)이니 곧 즉(卽, 쑳)이다. 그림도 입을 벌려(凵) 즉시 말하는[사뢰는, 시부렁거리는, 세이(say)]다. △중 ∟은 凵(·ㅓㅜㅡ ㅣ)(ㅣ·\:)∟로 ㄸ(·ㅖ·ㅖ), ∠은 (ㅏ ⸗ \ -/⸖)⸖∠로 ㅆ(·ㅖ·ㅖ) 이니 초성은 [ㄸㅆ(·ㅖ·ㅖ·ㅖ·ㅖ·ㅖ)]이다. Ⅹ의 ■(·)와 막대 」\/는 [·ㅖ]이다. ▽중 (」ㅣㅡ-) 의 ㄱ과 왼쪽 (ㅣ')⸖∏(ㅓㅜㅡ) ♥ 은 [ㄱㄸ(·ㅖ·ㅖ)ㅎ] 종성이다. [(·ㅖ·ㅖ

·ᅨ·ᅰ)]ᄯᄮᆜᆵ(·ᅨ·ᅰ)]이다. 한 글자는 [ᄶᆲ]이다. 곧 말하는 모습은 '말하다'에서 '즉(卽)'(빨리)으로 뜻이 전화(轉化)된다. ᄮ은 ㅈ으로 ㄱㅎ은 ㄱ으로 변하고 ᆜᅨ가 ㅡ로 변하면 '즉'이다. (ᄶᆲ > 즮 > 즚 > 즉) [ᄶᆲ]은 풀어보면 '조상신에게 곧 ᄉ(ㅅ) 뢰(ㄹ) 어 말한다'의 뜻으로 쓰였다. 한자의 곧 '즉(卽)'은 갑문 ''과 같이 조상신에게 곧 밥을 올리는 모습으로 바뀌었다.

	ᄶᆻ 쇼	뚊 텼ᄶᆻ(78)랬땳(죽었었겠다)
	었 立	△은 [(·ᅨ·ᅰ·ᅨ·ᅰ)ᄮᄽ], Ⅹㅣ는 [·ᅰ], ▽은 [ᄽᄅ(·ᅰ)]이다. [(·ᅨ·ᅰ·ᅨ·ᅰ)ᄽᄮ ᄶᆻᄅ]이다. 한 글자로 하면 [ᄶᆻ]이다.

△꼴 ㄴ(ㅅ)의 (·ㅣ ㅏ)ᄼ(.ㆍ:ㆍ)은 [(·ᅨ·ᅰ)ᄮ] ㄴ(ㅅ)의 ·ᅳᅳ ━━◀·⫽/은 [(·ᅨ·ᅰ)ᄽ]이니 초성 [(·ᅨ·ᅰ·ᅨ·ᅰ)ᄮᄽ]이다. Ⅹ의 ■이 [·] 솟은 막대 'ㅣ/ㅣ는 [ᅰ]로 중성 모음 [·ᅰ]이다. ▽은 (ㅏ)◀ (ㅣ·ㅣ)▼ᄼ(ㅡ)으로 종성 [ᄽᄅ(·ᅰ)]이다. 이 글자는 [(·ᅨ·ᅰ·ᅨ·ᅨ·ᅰ)ᄽᄮ ᄶᆻᄅ]이다. 한 글자로 하면 [ᄶᆻ]이다. 세(ᄮ 쳤 > ᄶᆻ > 쎘 > 셌 > 세)로도 변해 '세운다'이다. 종성 ᄽ 대신 ㄹ이면 [설]이고 '설 립(立)'이다. 여기서는 '었' 음으로 쓰였다. (ᄮ 쳤> ᄶᆻ > 쎘 > 셌 > 섰 > 었) 피라미드(△) 위에 제단(▽)을 짓고 세운(▌) '솟대'이니 신성한 곳, 신의 땅 한반도 소도(蘇塗)다. [ᄶᆻ > 쎘 > 숐 > 숏 > 솟 > 소(蘇)]

<table>
<tr><td rowspan="2"></td><td>쎘</td><td>旕</td><td rowspan="2">뮈쎘(6)땋쓿(무엇 다오?), 뗼녤쎘(64)꼘쪴(해어졌겠지)] △은 [(·ᅨ·ᅨ)ㅅ(·ᅨ·ᅨ·ᅨ)ㄸㅅ], X ᵢ 은 [·ᅨ], ▽은 [(·ᅨ)ㄳㄳ] [(·ᅨ·ᅨ·ᅨ·ᅨ·ᅨ)ㄸ쏘ᄽᅨᄙ(·ᅨ)]이다. 한 글자는 [쎘]이다.</td></tr>
<tr><td>엇,졌</td><td>旕</td></tr>
</table>

[쎘]은 엇(旕)으로 변천된 '섰다'(⍋)의 원형으로 보인다. [쎘 > 섰 > 섰 > 섯 > 엇(旕)] △은 ↺으로 (/∵∴/ᵢ/)◢(ㅓ ㅜ═.-.+- ㅜ)ㅁㄱ(\)△이니 [(·ᅨ·ᅨ)ㅅ(·ᅨ·ᅨ·ᅨ)ㄸㅅ] 이를 줄이면 [ㅆ]이다. X의 점 ■은(·)과 ▽ 위에 서 있는 솟대(ㅣᵢㅣᵢ)는 중성 모음 [·ᅨ]이다. ▽ 은 오른쪽으로부터 (/)⦚▲(\ : ㅓ)⦚▽이니 종성은 [(·ᅨ)ㄳㄳ]이다. 한글 자음으로 이를 표현하면 [(·ᅨ·ᅨ·ᅨ·ᅨ·ᅨ)ㄸ쏘ᄽᅨᄙ(·ᅨ)]이다. 한 글자로 줄이면 [쎘]이다.

무엇(6) 다오? 와 같이 '엇' (쎘 > 졨 > 졌 > 젔 > 었 > 엇)이나 해어졌(64)겠지(제)와 같이 '졌'으로 사용되었다. 쎘 > 졨 > 졌의 음운변화이다. ㅆ은 ㅈ으로 변하고 모음 ·ᅨ는 ㅕ, ㅓ로 바뀌어 쓰인 것 같다.

(11) 뮈 대륙의 원과 갓

<table>
<tr><td rowspan="2"></td><td>쉴</td><td>圓</td><td rowspan="2">쉴(16)쎌(원 즉), 쉴(44)(원), 쉴(55)뢖(원고) 긴 ㇒ 형은 [ᆎ(ᆎᆎ)ㅼ(ᆎ)ㅼㄱ], ⌓⌋ 은 [ᆎ], C는 [(ᆎ)ㄼㄵ]이니 [(ᆎᆎᆎᆎ)ㅼㄷ쉴ㄸ(ᆎ)]이다. 한 글자로 하면 [쉴] 이다.</td></tr>
<tr><td>원</td><td>圓</td></tr>
</table>

아주 둥근 원(圓)(○)은 보이지 않고 타원(○) 이다. 타원도 자세히 보면 두 곳이 끊어졌고 선의 굵기가 필체가 균일하지 않다. ㅅㅣ이 ㄱ을 거쳐 ㅇ으로 변하고 각자병서 ㄹㄹ은 ㄴ으로 변해 '원'이다. (쎯 > 궒 > 궏 > 원) 선 굵기 모양이 다르므로 형상에 따라 충실히 자모를 밝혀 본다.

긴 ╱ 형은 ∪로 (╪)▲(ㅗㅠ)ㅠ(ㅡㅓㅕㅣ)▲ㄷ의 ㄱ 꼴이니 [ㅠ(ㅠㅠ)ㅆ(ㅠ)ㅆㄱ]이다. 왼쪽 ┘위의 원구단(圜丘壇) 모양 ⌒은 하늘 상징이다. 자세히는 3단(═)이다. (당시 하늘에 제사 지내는 원구단 모습의 삼단 피라미드다.) ═ㅣ 은 모음 [ㅠ]다. ㄷ 꼴은 ⌒로 (ㅗ) ﹛ㄷ(∥)「ㄷ(ㅓ) 무늬로 종성은 [(ㅠ)ㄸ ㄸ]이니 [(ㅠㅠㅠㅠ)ㅆㄷ쎯ㄸ(ㅠ)]이다. 한 글자는 [쎯] 이다. 단자음으로 하면 [궏]이다. ㄱ은 ㅇ으로 바뀌어 [원]이다. [쎯] 의 ㅅㅣ(> ㅆㅋ), ㄹ이 살아 [써어클(circle)]이다.

이 원은 입체적인 공(球)과 달리 문고리의 고리(○)와 같은 모양이다. 한자 고리 환(環, ∂) 모습도 이를 이었다. '쎯'이 '굴'로 변하여 '구리/고리'의 어원이 된다. 고리는 고리(高麗)로 우리 국호이다. '고리' 족 코리아(Korea)의 어원이다. 고리는 우리 이니 '우리'의 어원이기도 하다. 이 원은 두 개의 끈으로 연결된 타원 모습으로 '끈'의 어원이 되기도 한다. '쎯'이 간략하게 바뀌어 '끈'이다. (쎯 > 궏 > 끈)

쏹쏹(23)뢍솲(쏜진 말소)

ㄱ은 [ㅉㅁ(ㅘ)], ㅣ은 ㅓㅣ'로 [ㅘ], ㄷ는 [(ㅘ)ㄸㄷ(ㅘ)ㅆㄴ(ㅘㅘ)]이다. [(ㅘ)ㅉ쏹 ㄸㅆ(ㅘㅘㅘㅘ)] 이다. 한 글자로 줄이면 [쏹]이다.

왼편을 크게 보면 둥근 갓(C)은 [ㄱ], 1자 윗머리(▶)와 ㅣ 자는 [ㅏ]이고 오른편 작은 조각은 왼편 세로(/)와 오른편 둥근 꼴(⊃)로 그린 ◢ 형태로 [ㅅ] 자다. [갓]이다. 그러나 자세히 보면 꼴(⊃)로 그린 (ㅓㅜ)◢ㄱ▪의 ㄱ꼴로 초성 [(ㅘ)ㅆ�]이다. 초성 대표는 [ㅆ]로 본다. C의 아래 ㄴ은 ㅏ _ 무늬로 중성 모음 [ㅘ]이다. 갓(C)은 크게 보면 사실 ㄴ이다. C(ᄂ)로 (=ㄴㅣ)ㄷ ㄷㄱ(ᄙ)▶▾ㄱ무늬이고 ㅣ은 (ㅜㅓ)ㅠㄱ이니 종성은 [(ㅘ)ㄸ ㄷ(ㅘ)ㅆㄸ(ㅘ)ㄸ]이다. 대표 종성은 ㄸ으로 본다. 따라서 [(ㅘ)ᄄ쌓ㄸ ᄯㅆㄷ(ㅘㅘㅘ)]이다. 한 글자로 줄이면 [쌓]이다. '관, 갓'으로 발음해도 되지만 현재 발음은 [진]이다. (쌓 > 샾 > 촨 > 진)

현재 [갓] 음은 초성 ㅆ에서 ㄱ으로, 모음은 ㅘ에서 ㅏ로 변했다. 종성 ㄸ에서 ㄷ이 남았다가 ㅅ으로 바뀌었다. [쌓 > 곾, 관(冠) > 갇 > 갓] 앞 변천 과정은 '갓 관(冠)'이 생성됨도 보여 준다. 갓의 모양이다. 마치 원반에 막대기 하나 꽂아놓은 꼴이다. 필자는 갓(冠)임을 직감했다. 자모전 둥근 갓(ㆆ)과 비슷한 꼴이었기 때문이다. 우리 동이족의 상징이라는 갓이 당시 뮈 대륙에도 있었다는 것을 입증한다. 동이(東夷)는 '큰 이'를 나타내는 '뚱이'(tungi)다. 갓은 지배자의 상징이다.

일반적으로 갓은 햇빛 등을 '가리'는 것으로 해석된다. 상투를 틀고 갓을 썼으니 갓은 상투와 밀접한 관련이 있다. 그러나 위 23번 글자가 그대로 당시 갓의 모습이라면 현재의 갓과 같이 볼록(ㅠ) 부분이 없고 끈으로만 되어 있어 상투 머리가 갓에 들어갈 수 없는 구조다. 따라서 이 글자로 보면 당시 상투의 습관은 없었을 것이다. 단지 갓에는 깃대(ㅣ)가 솟대처럼 꽂고 있다. 하늘과 소통하는 사람(巫)임을 나타낸 것이리라. 갓에 피라미드 제단 상형(△)이 있고 깃대 위 Γ에도 있다. (≡)

자는 환단고기에 나오는 가림토 문자다. 돌려보면 갓 꼴이다. 첨수도에서 갓은 가림토 문자와 비슷하고 돌리면 볼록(ᒪ)한 갓이다. (ᄀ ᄆ ᄀ) 그 볼록한 ᒪ 갓 속에 상투가 들어져 있다고 생각할 수 있으니 상투는 가림토가 나오는 환웅 시대 이미 틀었다고 생각된다. '갓'을 쓴 동이는 신과 같은 '갓(god)'이다.

(12) 뮈 대륙 물고기로 만든 문자

이 뮈 대륙에 새긴 81자도 아마도 준 물고기를 다 쏟아 버린 것 같다. 손상(損傷)시킨 거룻배도 물고기를 잡는 배일 것이다. 물고기는 그냥 고기로 불렸고 당시 발음은 산 고기는 '콬(코)'이고 죽은 고기는 '꽭(고)'으로 '코'와 '고'의 발음이다.

콬	🐟
코	魚

뻻콬(19)쪘쓇(해코지요?)   ×ㄴ[ㅋ씨(ㅛ)ㄷ(ㅛ)ㄹ(ㅛㅛ)ㄸ(ㅛ)ㄹㄷ(ㅛ)ㄱ], ᄂ[ㅛㅛ(ㅕㅕ)ㅅ], <[ㄹㆍㅁㄹ(ㅛㅛ)]로 [(ㅛㅛㅛㅛㅛㅛ)씨ㄸㄸㄹㄷㆍㅛ꿇ㆍㅁㄹ(ㅛㅛㅛ)]이다. 한 자로 [콬]이다.

배설하는 배 아래만 끊어져 있다. ×(ㅋ)의 \ (↖)는 ◂ ▾ (\ ∨ ㅏ), /(↗)는 ㄴ(ㅓ)~(ㅕㅕ)ㄷㅁ, ㄴ(∪)은 (∨ ㅡ)~ㄷㄱ (ㅓㅗ)ㄴ로 초성은 [ㅋ씨(ㅛ), ㄷ(ㅛ)ㄹ(ㅛㅛ)ㄸ, (ㅛ)ㄹㄷ(ㅛ)ㄱ]이다. 직선은 모음이다. 직선인 배 부위 짧고 긴 막대 ㅣ ㅡ ㅓ

ㅡㅣㅡ(ㅕㅕ)◥ 는 [ㅛㅛ(ㅕㅕ)ㅅ]로 중성 모음이다. 배 주름
~(ㅡ) 입(ㅓ)ㄷ 눈▪~(_ㅓ)은 [ㄹ(ㅛ)ㄸㄹ(ㅛ)] 전체적으로
머리<는 ㄱ이니 종성은 [ㄹㄸㄹ(ㅛㅛ)]이다. 합하면 [(ㅛㅛㅛ
ㅛㅛㅛ)ㅆㄸㄸㄹㄷㅋㅛ굶ㄸㄹ(ㅛㅛㅛㅛ)]이다. 한 글자는 [쿪]이
다. 물속에서 살아 헤엄치니 물결로 흔들리는 ㄹ이 많이 들어있
다. [쿪]에서 복모음 ㅛ가 ㅗ로 바뀌고 종성 ㄹㄱ이 탈락하면 [코]
다. (쿪 > 콞 > 콟 > 콜 > 코)

제주 사투리는 대부분 육지 말보다 더 오랜 옛말을 품고 있다.
제주말로 고기는 물'코'기라 하니 고기의 더 오래된 말은 코기다.
종성 ㄹㄱ에서 강한 음으로 표시된 ㄱ이 살아남아 '코기'다. 쿪 >
콞 > 콟 > 콕 > 코기 > 고기다. 복모음 ㅛㅛ는 ㅛ, ㅛ를 거쳐
ㅗ가 되었다. 종성 ㄹㄱ은 다 사라지고 초성 ㅋ은 ㄱ으로 변천된
오늘날 고기가 된 것 같다.

		쬜뢟(27)쏃(지고선), 쓢뢟(56)(원고)
뢟ㅉ 🐟		×ㄴ는 [(쌔쌔쌔)라ㄷㄸ], ~는 [쌔]ㅅ, ◡
고 魚		<은 종성 [ㄹㄸ(쌔)]으로 [(쌔쌔쌔)ㅆㄸ 뢟ㄸ]이다. 한 글자로 하면 [뢟]이다.

27, 56번 글자로 두 곳이 끊어져 있다. 눈이 아가미로 연결되
어 있고 꼬리도 두 분이고 고기 윤곽선 주름 부위도 미세하게 모
두 19번 글자와 다르다. 꼬리 ×의 \(↖)은 (\ㅓⅢ), /(↗)은
(ㅡ)~(ㅡ)▼(///)ⴖ(ㅏ), ㄴ(◡)은 (´\´)ㄴ(ㅓㅓㅓ)ㄷⴖ무늬이
니 초성 [(쌔쌔쌔)라ㄷㄸ]이다. 아래 지느러미 ~(↖)는 (ㅏ==
ㅣ)▼으로 중성 모음 [쌔]ㅅ이다. 배()와 머리(<)는 (ㅡ)ᒼ(↗

+)<ㄷ(/⁻)ㅁ으로 종성 [리따(ㅙ)]이다. 합하면 [(ㅙㅙㅙ)ㅅㄸ 따뢚ㄸ]이다. 초성에 세 번 들어있는 모음(ㅙ)은 중성 모음을 확실히 하고 그림문자를 구성해 완성하는 기능으로 보아 생략한다. 또 한 글자로 표기하기 위해 ·을 생략한 한 글자는 [뢚]이다. (27, 56)이다. '꽥' 죽은 고기다. 뢚 > 뢕 > 뢹 > 꾁 > 괴기 > 고기이다.

위 두 고기가 겉으로 보면 같은 고기이니 세밀하게는 하나도 같지 않다. 19번은 [(ㅛㅛㅛㅛㅛㅛ)ㅆ咑따라口쿄ᇘ呫ㄹ(ㅛㅛㅛㅛ)]인데 '룳'로 표기했다. 27, 56은 [(ㅙㅙㅙ)ㅅㄸ뢚ㄸ]인데 '뢚'으로 썼다. 19번의 배와 등과 지느러미에 나타나는 ~~은 끊어질 듯 이어질 듯 고기가 물속에 헤엄쳐 갈 때 생기는 흔들리는 모습이 역력하다. 살아 움직이는 고기 활어(活魚)로 ㄹ이 4개나 들어가 힘찬 활동을 나타낸다.

반면에 27, 56 고기는 잡은 생선으로 칼로 위아래가 절단되어 있는 상태이다. 아랫배 꼬리 부분만 조금 팔딱(~)거리고 있다. 배와 아가미의 ~은 물결에 흔들리는 모습이 아니라 고기를 자를 때 몸부림치는 전율이다. 물고기 하나도 살아 움직이는 고기 [룳]과 잡아서 도마 위에서 요리되고 있는 고기인 [뢚]을 구분하여 그리고 다른 말로 불렀음을 알 수 있다. 현재는 구분이 사라져 다 같이 고기이고 고기 어(魚)일 뿐이다.

지금껏 다시 자세히 살핀 대로 뮈대륙의 고대 한글은 매우 정밀한 그림으로 같은 모양이면서도 서로 다른 상태를 표시했다. 물론 그림이 조금이라도 다른 만큼 그에 상응하는 자모(子母)도 다르고, 말도 달랐다. 지금보다도 특정 단어나 상태를 표시하는 언어나 문자가 더 발달한 모습이다.

(13) 뭐 대륙의 석 삼(參)자와 문자

'석 삼(參)'으로 해석되는 문자가 3개 있다. 36자 옜 66자 옜, 70자 옜이다. 여나문의 글자 모양이나 정음으로 풀어 놓은 것이나 서로 비슷해 차이가 크지 않다.

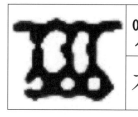

옜	參	옜(36)뢒(제발) ↑ 3단(열매, 자루, 줄기 & 넝쿨)을 ←(○)로 해석하면 [(ㅖㅖㅖㅖ ㅖㅖㅖ)ㄸᅇㅵㄹ옜ㅁᄈᄄ(ㅖㅖㅖㅖㅖ ㅖ)]이다. 한 글자로 줄이면 [옜]이다.
제	參	

3 열매는 ∞ㅅ(←) 꼴이다. ○로 ■(ㅛ)_/(ㅐ_=)ㄷ(ㅓ)ㅇ, ■ (ㅜㅛ)ㄱ (ㅓㅏ/)ㅇ, ◀(ㅜㅏ-)ޡ(ㅣ)ㅇ [(ㅖㅖㅖ)ㄸㅁ○, (ㅖ ㅖ)ㅁㅇ, (ㅖㅖ)ᄴㅅ]이다. 자루는(←) ㅓㅑ▰, ㅓㅓ ㅑ▰, ‖ ㅣ▰ㅏ 는 [ㅖ(ㅖㅖㅖ)ᄴᄴㅂ]이다. 줄기, 넝쿨은(←) (ㅜㅡ)ㄲ (ㅡ__ㅗㅠㅗ)ㄲ(=ㅓ)으로 [ㄸ(ㅖㅖㅖ)]이다. [(ㅖㅖㅖㅖㅖ ㅖ)ㄸᅇㅵㄹ옜ㅁᄈᄄ(ㅖㅖㅖㅖㅖㅖ)]이다. 한 글자로는 [옜]이다. 옜 > 쎘 > 셋. 한자 삼(參), 숫자 3(三, ☰), 삼이다. 셋은 많으니 '쎄(ᄊ) 부(ㅂ) 렀(ㅆ)다' (전라도)로 쓴다. 여기서는 '제'로 쓰였으니 [옜]에서 초성 ᄊ은 ㅅ을 거쳐 ㅈ으로 변하고 종성 ㅆ은 탈락한 것으로 본다. (옜 > 쎘 > 셋 > 젯 > 제) '제' 발 잘 영글기를 기대한다. 왼편 3 열매는 곯았고 알찬 2 열매도 자루가 불안하다.

	㈙쎘 參	젔쎘(66)(겠지)
		ㅇㅇㄱ은 ←(○), 자루(←) 줄기 & 넝쿨은 ←
	지 參	로 [(ㅖㅖㅖㅖㅖ)ㄸㅇㅁㄸㄸㅆㅅ쎘ㄸㅅㄸㄷ (ㅖㅖㅖㅖㅖ)]이다. 한 글자는 [쎘]이다.

ㅇㅇㅎ(ㅇㅇㅎ)은 ←(○)로 ■(ㅡㅔ)ㄱ(ㅑㅏ)ㅇ,■(ㅜㅛ)ㄱ(ㅡㅑ)
ㅇ,(ㅓㅜ)ㄱ(ㅑ)■(ㅣ)▼(＼)▲ㅎ로 [(ㅖㅖ)ㄸㅇ, (ㅖㅖ)ㄸㅇ,
(ㅖㅖ)ㅁㅆㅅㅎ]이다. 1 자루 ㄱㅣ ㅡㅣ [ㅖ], 2 자루 ㅣㅏㅓ(ㅖ)다.
—(←)형은 ▲ㄱ(ㅏㅡㅡ)◥(ㅗ)▼(ㅣ—)ㄱ(ㅠ—)▼(ㅏ)◀(ㅕ)
ㄱㄷ(ㅓ)[(ㅖㅖㅖㅖ)ㅆㅆㄸㅆㄷ]이다. [(ㅖㅖㅖㅖ)ㄸㅇㅁㄸ
ㅆㅅ쎘ㄸㄸㅆㄷ(ㅖㅖㅖㅖ)]이다. 한 글자로 줄이면 [쎘]이다.

빈 앞 열매(ㄱ)는 겨우 가지에 붙어있지만 두 열매 ㅇㅇ는 세게
잘 붙어있어 힘이 있으니 세다. (쎘> 쎘 > 쎘 > 쎄 > 세) 여기
서는 '지'로 쓰였으니 ㅆ이 ㅈ으로 바뀌고 종성 ㅆ은 생략되었다.
(쎘 > 쎘 > 쎘 > 쎄 > 세 > 제 > 지) 표준어의 '~지'는 전라도
사투리는 '~제'이니 사투리는 옛말을 품고 있다. ~겠'지'하고 추
측하는데 열매 2개는 튼실하다. 1개는 비었고 자루도 끊어질 듯
겨우 달려 있다.

	ㅇㅇㅕ 쎘 參	쎘쎘(70)쎘쏠(깨졌말오?)
		열매 ㅇㅇㅇ은 ←(○)으로 [(ㅐㅕㅐㅕㅐㅕ)
	젔 參	ㄸㄸㅇㅁㄸㄸㄷ쎘쎘(ㅐㅕㅐㅕㅐㅕ)]이다.
		한 글자는 [쎘]이다.

열매ᅇᅇㅇ은 ←(ㅇ)으로 ■ㄴㄱㅁ(ㅡㅓㅍ=)ㅇ, ■ㄴㄱ(=)ㅇ, ㄴ(ㅡㅛ)ㄱㅁ(ㅓ)ㅇ[(ㅒㅕㅒㅕ)ㄸㄸᅇㄸᅇㄸㅇ] 이다. 자루 ㅗ ㅣ,ㅣ:,ㅣ:ㅕㅣ[(ㅒㅕ)ㅒㅕ]이다. 줄기 (ㅏㅛ)▼(ㅑ=)〈(ㅕㅡㅜ)로 종성 [(ㅒㅕㅒㅕㅒㅕ)ㅆ]이다. [(ㅒㅕㅒㅕㅒㅕ)ㄸㄸᅇㄸㄸㄷᅇᆻᆻ(ㅒㅕㅒㅕㅒㅕ)]이다. 한 글자는 [였]이다. 이중모음 ㅒ와 ㅕ중 ㅕ가 살아 '졌'으로 쓰였다. [ᅇᆻ > 였 > 썼 > 졌] 모든 열매가 잘 열려 있으니 쌩쌩하다. [ᅇᆻ > ᅇᆻ > 쌨 > 쌩 > 생(生, ㅛ)] 상형은 숫자 셋을 가리킨다.

　이상 81자에 쓰인 48자를 하나하나 분석하여 보았다. 1만 2천년 이전 우리 조상들의 숨결이 담긴 뮈 대륙 문자다. 81자를 보기 쉽게 요약 정리하고자 한다.

번호	1	2	3	4	5	6	7	8	9	10	11	12	13	14	15	16
여나문																
한자	庲	實	鼎	男	庲	立	多	五	男	毌	牛	日	牛	鼠	船	圓
한자어	마	실	정	남	마	립	다	오	남	무	우	일	우	서	선	원
정음	뮈	뻴	쏀	딴	뮈	쎘	땅	쏠	딴	넑	쓟	뺐	쓟	쎘	랟	셭
한글	무	얼	쏜	난	무	엇	다	오	난	없	소	했	소	지	배	원

번호	17	18	19	20	21	22	23	24	25	26	27	28	29	30	31	32
여나문																
한자	卽	日	魚	鼠	五	鼎	冠	馬	牛	鼠	魚	善	小	祭	陽	舟
한자어	즉	일	어	서	오	정	관	마	우	서	어	양	소	제	양	주
정음	셀	뻴	콤	쎘	쏠	쏀	꺋	랟	쓟	쎘	딻	셀	뎰	렏	뻴	랟
한글	즉	해	코	지	요	쏜	진	말	소	지	고	선	적	절	해	배

번호	33	34	35	36	37	38	39	40	41	42	43	44	45	46	47	48
여나문																
한자	毌	參	五	三	實	鼎	破	馬	主	庲	茶	圓	庲	庲	台	舟
한자어	무	진	오	삼	실	정	파	마	주	마	차	원	마	마	이	주
정음	넑	쌰	쏠	쎘	뻴	쏀	넗	랟	찐	뭬	쎼	셭	뮈	뮈	렏	랟
한글	없	지	요	제	발	쏜	질	말	지	뭐	지	원	뭐	뭐	내	배

번호	49	50	51	52	53	54	55	56	57	58	59	60	61	62	63	64
여나문																
한자	参	五	賠	船	无	牛	圓	魚	船	啓	麻	値	五	日	朽	立
한자어	진	오	배	선	무	우	원	어	선	계	마	치	오	일	후	립
정음	샀	쏠	뚫	뼐	뜳	쑳	쪨	뙗	쀴	럻	뮈	쏐	쏠	뎰	뎰	쎴
한글	다	오	물	배	없	소	원	고	배	얼	마	치	요	해	어	졌

번호	65	66	67	68	69	70	71	72	73	74	75	76	77	78	79	80
여나문																
한자	羊	三	値	磨	犬	三	馬	五	鼎	麻	舟	死	莟	蘇	舟	磨
한자어	양	삼	치	마	견	삼	마	오	정	마	주	사	엇	소	주	마
정음	곈	쏐	쏐	뙁	쌩	쏐	쎭	쏠	쏜	뮈	럙	뙗	텻	쏐	럙	뙁
한글	겠	지	쳇	다	깨	졌	말	오	쏜	은	것	죽	었	었	겠	다

위 모든 뮈 대륙 글자가 위와 같이 우리 한글(韓契)과 정음(正音)으로 풀어진다.

글자 하나하나 세밀하게 표현되고 획수 하나도 놓침이 없다. 모양만 다를 뿐 훈민정음 동국정운을 그대로 빼닮았다. 모양이 그림문자나 한자로 생각되지만 실제로는 우리 고대 한글과 같은 것이다. 우리 선조들께서 입말로 쓴 고대 한국어를 옮긴 글이다. 우리말을 이어 간직한 우리 한민족이 이를 풀지 않으면 누가 풀 것인가? 우리말 우리글이 열쇠인 것을.

정음(正音)을 이용, 1.2만 년 전 우리 조상들의 입말과 가깝게 한번 발음해 보면서 조상들의 체취와 숨소리까지 느껴 보자. 오랜 세월 지나 알아먹기 힘들다. 모두 초성 중성 종성을 갖췄다. 자음이든 모음이든 단음을 찾아보기 힘들다. 입을 삐쭉 내밀거나 아주 힘들게 발음되고 딱딱하다. 남아프리카 코이산 족의 흡착음(吸錯音) 같다. '쯔쯧'처럼 혀 차는 소리, 클릭(click) 방식이라고도 한다. 아주 받침이 많아 대표적인 폐쇄음(閉鎖音)이다. 바람 소리와 비슷한, 사냥에 절대로 유리한 무성음(無聲音)이 주류다. 초기 언어답게 동사(動詞)가 매우 발달했다. 완전한 구어체다.

뮈볋 쏜땨? 뮈쎘 땅쑬? 땨 녌쏠깺쏠쪘랲 쉽 쎕 뻹콣쪘쑬?
쏜쏻 럏쏠. 쪘랋녆 뎪럏럻 럏 녌쌰쑬. 엤럻 쏜넠 럏쭨 뮓쎄?
쉽 뮈뮈? 럏 럏 쌰쑬? 쭕뻹 뗾쏠. 쉽럏 뺐 뤜뮈쎘쑬? 뗺 럒쪘
쪧쌌. 쎘 땅 쇕쌌쎹쑬? 쏜뮈 럏 뗾텟쎕럏땅 뮈.

다음 현대어로 옮겨 뜻을 알고 위의 소리로 조상의 숨결을 다시 느껴 보자.

무얼 쏜난? 무엇 다오? 난 없소했소지배. 원 즉 해코지요? 쏜진 말소. 지고선 적절해. 배 없지요. 제발 쏜질 말지 뭐지? 원 뭐뭐? 내 배 다오? 물배 없소. 원고 배 얼마치요? 해어졌겠지. 쳇 다 깨졌말오? 쏜은 것 죽었었겠다 뭐.

아마도 피고가 원고 배를 손상(損傷)시켜 송사가 붙은 것 같다. 원고는 배를 물어달라고 했으나 패소한 것 같다. 미안한 피

고는 산 물고기 같은 것을 담아 준 것 같은데 원고가 바로 쏟아 버렸다. 그다음에 피고가 쏟아 낸 말이 가감 없이 기록되어 있다. '~지배'하는 함경도 사투리가 보이는가 하면 '~제(지)'라는 전라도 말투도 있다. '쳇!' 하는 화날 때 내는 감탄사도 있다. '치!'. '체!'라고 하는데 당시도 '쳇!' 했으니, 사람이 기본적으로 감정적으로 내뱉는 말은 만년이 지나도 같은 모양이다.

이 81자를 해석하지 못하고 심지어 마고천부경(麻姑天符經)으로 보고자 하는 사람도 있었다. 철학적인 심오한 어떤 것을 기대한다. 그러나 해독을 마치고 보면 지금 시중에서 바로 벌어진 다툼의 말이다. 완전한 구어체(口語體) 입말이다. 생생한 우리들의 삶과 말의 기록이다. 수미일관 말의 흐름이 정확하고 한 치의 어긋남이 없다. 그냥 따지고 대드는 말을 마치 녹음하여 그대로 글로 옮긴 듯하다. 이것들이 이 문자를 정확하게 해석했음을 스스로 입증한다. 오늘날 한국말을 한글로 다 담아 기록하듯 아주 정밀하고 세밀하게 글로 정음(正音)으로 일음(一音) 일자(一字)로 표현하고 있어 놀랍다. 어문(語文)이 완벽하게 일치하고 있다. 원래 뮈 문자와 해당 갑골문 그리고 정음(正音) 해석분 그리고 현대어 해석문을 아래 싣는다.

兒	丄	圓	麻	實	兆	魚	申	麻
麻	屮	魚	台	兒	小	夕	屮	實
夕	三	船	夕	朽	幻	又	日	兒
昉	値	賠	彡	柔	日	兒	屮	明
愈	磨	麻	乂	主	夕	冠	夕	麻
蘇	屯	値	賠	麻	申	柔	船	丄
夕	三	乂	船	茶	彡	屮	圓	彡
磨	柔	日	无	圓	乂	夕	昉	乂
麻	乂	朽	屮	麻	三	魚	日	明

쏜	쎘	씰	뮈	벴	쎙	룲	넓	뮈
뮈	꼅	뢚	롅	쏜	뗘	쎘	숥	벴
뢌	옜	뼀	꼅	넌	뢨	숥	쎘	쏜
뗈	쎘	꼜	썄	뢒	뼕	쏜	숥	딴
텟	땋	뮈	숥	쎈	뢨	꽌	쎘	뮈
쎘	섈	쎘	꿂	뮈	넓	뢨	뢺	쎘
뢌	여	숥	뼐	쎄	썄	숥	씰	땋
땋	뼜	뎉	뗈	씰	숥	쎘	쎙	숥
뮈	숥	벻	숥	뮈	엤	뢚	뼕	딴

쏜	졌	원	뭐	발	선	코	없	무
은	겠	고	내	쏜	적	지	소	얼
것	지	배	배	질	절	요	했	쏜
죽	쳇	얼	다	말	해	쏜	소	난
었	다	마	오	지	배	진	지	무
었	깨	치	물	뭐	없	말	배	었
겠	졌	요	배	지	지	소	원	다
다	말	해	없	원	요	지	즉	오
뭐	오	어	소	뭐	제	고	해	난

또 우리말 우리글 정음과 한글로 완벽하게 해석됨은 대만 근처 그 수몰된 땅이 우리 조상 우리 민족이 우리 말을 쓰고 살던 우리 땅이었음을 입증한다. 사료는 가감이나 해석의 상이 등이 있을 수 있다. 그러나 말과 글의 문화는 우리 역사임을 그대로 드러내는 가장 확실한 사료(史料)다. 어떤 목적으로 그냥 흘려 보낼 수 있는 이런 사항들을 굳이 바위에 깊게 새겨 기록했을

까? 의문이 남는다. 송사 판결을 따르지 않고 사적 행위를 강력하게 규제하여 사법적 권위를 세우려 했을까?

(14) 뮈 대륙의 언어들

지금 대만 섬 부근 수몰되기 전에 한민족의 직계 조상들이 문화를 이루고 살았음을 증명하고 있다. 그림문자로 직관적으로 개는 개 모양 해는 해 등으로 나타내고 있다. 그런데 자세히 보면 같은 열매라도 얼이 찬 것, 비인 것 등 서로 다른 것이 6종류나 된다. 획수도 다르고 생김새도 달라 서로 다른 말을 표시하고 있다. 지금 남아있는 뮈 대륙의 여나문(與那文) 해독을 통해 당시의 언어를 살펴볼 수 있다.

위와 같이 살핀 대로 뮈 대륙의 언어는 고대 한국어임이 틀림없다. 현대 한국어로 말끔하게 문맥이 통한다. 아주 정확한 입말로 이뤄졌다. 한 치도 어긋남이 없이 입말의 매끄러운 흐름이 정확한 해석임을 스스로 담보한다.

옛 한글이 복자음, 복모음에서 단자음, 단모음으로 크게 변화한 흐름과도 일치한다. 특히 3 자음 ᄴ이나 지금 사라진 초성 ㅹ(훈민정음엔 존재) 종성 ᄭ ㄹ ㅅ 등 3 자음 각자병서 등의 존재 그리고 사라진 종성 등도 옛 우리 한글임을 드러낸다. 난감한 부분도 있다. 현재의 자모 체계상 한 글자로 도저히 표시할 수 없는 글자도 아주 많다. 가장 간단해 보이는 [소]의 경우 초성을 다 표시하면 [(ᅶ)ᄙ ᄙ ᄊ]로 총 6 낱자이고 모아 써도 3자다. 중성 모음 (ᅶ)도 함께 그려져 있다. 소 그림을 한글 낱자로 표시하자면 [(ᅶ)ᄙ ᄙ ᄻᆫ ㅅ(ᅶ)]인데 과연 어떻게 발음해야 할지?

모든 글자를 초성 종성 다 표기하되 발음이 약하게 무늬 등으로 표시된 것을 생략하고 한 글자 [쇪]으로 표기했다. 쌔은 ㅅ으로, 쇪는 ㅗ로 간략화되고 ㅀ 종성이 사라져 오늘날 [소]다. 물론 쇪에서 쇼의 ㅛ가 ㅗ로 되기 전에 ㅚ로 되면 [쇠]다. 24번 말(馬)은 [(ㅑㅕㅑㅕ)ㄸㄹㅼㅅ쨣ㄸ(ㅑㅕ)]이나 [쨣]으로 표기된다. ㄹㅁ에서 무늬 ㄹ을 생략하면 ㅁ으로 뫏 > 몰 > 말이다. 또 쇠락한 71번 말은 [쎯]이다.

우리 현대인들이 고대의 발음을 매우 하기 어렵다. 그 미묘한 발음 소리 차이를 어떻게 구현했는지? 배에서 15번 [쨺], 57번 [쪘]과 52번 [쪦] 의 발음을 어떻게 구분해 내는가? 오늘날 배는 구분이 없지만 당시는 차이가 있다. 15번은 항해 중인 배, 57번은 정박한 배, 52번은 정박을 위해 닻을 던지는 배다.

해도 마찬가지다. 12번 [쨌]은 지는 해요, 62번 [쪻]은 돋는 해요, 18번 [쮏]은 낮때의 해다. 해의 경우는 발음이 뚜렷하게 다르나 그림은 모두 해 모양이다.

옛사람들은 참 딱딱하게도 혀를 내밀고 힘들게 발음한 것 같다. 특히 주로 생략되고 있지만 ㄹ이 많아 또 혀를 마구 굴리기도 한다. 오늘날 혀를 많이 말아 굴리는 영어에서 r, l로 많이 살아 있다. 또 ㅎ도 많으니 산스크리트어 h나 영어의 h로 많이 남아 있다. 두음법칙이라 해서 초성 ㄹ도 ㄴ, ㅇ으로 바꾸어 편하게 발음하려는 요즘 세태로 보면 옛사람들은 발음도 에너지를 참 많이 들여 정성껏 한 것 같다.

각자병서 초성에서 잘못된 열매의 58번 [쿫] 51번 [쭒] 39번 [녋]에서 보면 현재 사라진 종성 ㅭ이 있다. 열매가 터진 순간을 표현한 58번 [쿫]은 원음이 [ㄸㄸ쿫ㅆㄷㅀ]이니 ㄹ이 모두 5개가 들어 있다. 날카롭게 표시되어 생명 탄생 고통의 전율(戰慄)을 마음껏 표시하고 있다. 한글 자모로 번역함에는 그런 아날로그적 감성을 다 표시할 수 없이 그냥 ㄹ로 표시되는 아쉬움이 있다. 그림과 글자가 함께 표시된 여나문과 글자만을 표시하는 정음 한글과 미묘한 차이는 있을 수밖에 없다.

말(馬)도 24번 [랋] 40번 [럃] 71번 [렯]처럼 발음이 다른데 지금은 모두 같은 [말]이다. 아래 아(ㆍ)도 없애 버리고 제주어나 남해안 사투리 일부에만 쓰는 현대인이 [ㅅㄷ뮈ㄹㄹ ᆢ ㆍ]에서 ᆢ과 ㆍ의 발음은? 열매로 표시된 석 삼(參)에서 36번 [엤]과 66번 [옜]을 구분해 발음하기 어렵다. 또 70번 [엱]은 66번과 비슷하나 빈 것이 하나도 없는 쌩쌩한 열매다.

현재 합용병서(合用並書)인 쌍자음은 5개 남아 있다(ㄲ, ㄸ, ㅃ, ㅆ, ㅉ) 훈민정음 초성의 각자병서(各字並書)에는 ㅳ, ㅄ, ㅴ, ㅵ, ㅺ, ㅼ, ㅽ, �이 있고 3개의 자음으로 된 ㅴ, ㅵ이 있다. 2개 자음 각자병서는 ㅸ의 ㅎ에서 ㅂ ㅅ ㅈ ㅌ가 나오고 ㅻ에서 ㄱ ㄴ ㄷ ㅂ이 나오는 것으로 해석한다. 결국 모두 ㆅ에서 나온 것으로 보인다.

뮈 대륙 글자 48자의 대표 철자를 보면 2자 초성 병서로 훈민정음에서 보이는 ㅳ 이외에도 ㄲ(2) ㄴㄱ(1) ㄴㄷ(2) ㄴㅎ(1) ㄸ(2) ㄸ(3) ㄸ(1) ㄹㄱ(3) ㄹㄴ(1) ㄹㅁ(2) ㄹㅐ(2) ㄹㅉ(1) ㅂㄷ(2) �(3) �(1) �(4) ㅆ(3) ㅉ(2) ㅆ(2) ㅇ싀(1) ㅇㅇ(1) ㅇㅎ(1) 등이 보인다. 종성으로 ㄹㄹ(7) 이외에도 ㄱㅎ(1) ㄴㄷ(3) ㄴ싀(1) ㄴㅎ(2) ㄸ(1) ㄹㄱ(3) ㄹㄴ(1) ㄹㄷ(1) ㄹ싀(3) ㄹㅎ(8) ㅂ싀(2) �(1) ㅆ(11) ㅆ(1) 등이 있다. 특히 쓰인 글자 종류 48자 중 종성 ㅆ(11) ㄹㅎ(8) ㄹㄹ(7)이 사용 빈도가 높다. 지금 쓰이고 있는 ㄴㅎ은 1개가 쓰였다. ㅆ 같

은 쌍자음 이외에도 초성이나 종성에 2자 각자병서가 널리 쓰였음을 알 수 있다.

3개 자음 경우에도 현재 ㅄ, ㅴ이 남아 있다. ㅂ을 생략하면 ㅅㄱ ㅺ이다. ㅺ ㅽ이 있으므로 역으로 ㅴ ㅃ도 있었을 것이다. ㅄ에 3개의 합용병서 ㅄㄱ ㅄㄴ ㅴ ㅃ이 나올 수 있다. 이렇듯 3개 병서 초성 수도 도출이 되는데 실제 뮈 대륙 글자엔 2개의 초성 병서 ㄲ, ㅴ가 있고 종성에 ㄽ이 쓰였다. 이를 확대해 보면 ㄲㄱ부터 ㆅㅎ까지 수많은 3개의 병서를 산정해 볼 수 있다.

현재 볼 수 있는 최고 많은 병서는 3자 병서다. 그러나 여나문(與那文)의 초성 병서 낱자는 무려 14개까지 있어 상상을 초월한다. 41번 질(쩚)은 [(ㅔㅔㅔㅔㅔ)ㅼㅼㄿㄿㄸㅼㅆㄿㄷㅋ(ㅔㅔ)]로 초성이 14자다. 43번 글자 [지(쩨)]가 [(ㅔㅔㅔ)ㄸㄽㅼㄽㅼㅼㅔㄿㅼㅅ(ㅔㅔㅔ)]이니 초성 [ㄸㄽㅼㄽㅼㅆ]으로 12자다. 63번 글자도 [(ㅔㅔㅔ)ㄸㄹㄴㄸㅅ뺋ㄷ셔(ㅔㅔ)]으로 [뺋]인데 생략 전 초성은 [(ㄸㄹㄴㄸㅅㆁ]로 11개다. 52번 배(뼳)는 [(ㅔㅔㅔ)ㄸㄹㄽㅆ뼳ㄴㆁㄷㄲ(ㅔㅔㅔ)]으로 초성 10자 종성 7자다. 14번 쥐(쩼)는 [(ㅔㅔㅔ)ㄸㄸㅆㄸ쩼ㅼㆁㄹ(ㅔㅔㅔ)]으로 초성 10자 종성 8자다. 40번 말(럃)은 [(ㅑㅑㅑㅑ)ㅅㄽㄽ럃ㄸㄹㄹㅆㄷ(ㅑㅑㅑ)]으로 초성은 7자이지만 종성이 11자다. 종성 11자 중 7자가 ㄹ이다. 특히 ㄹ이 많다는 것을 알 수 있다. 이 ㄹ이 종주국인 우리나라는 두음법칙 등으로 다 사라져 가는 상황이다. 외려 2천여 년 전에 영어가 만들어지면서 영어에 r, l, ll로 많이 남아 있다.

이 수많은 초성 종성은 다 한 글자로 표시할 수 없어 기본적인 형태소인 2~3자의 철자로 줄여서 표시했다. 단자음 단모음이 거의 없다. 이들 초성 종성 복자음도 계속 단순화하여 단자음으로 되고 있다. 삐니 > 삐니 > 끼니와 같이 3 자음에서 ㅂ이 탈락 2 자음이 되고 쌍자음이 되는 것을 볼 수 있다. ㅂ은 밥, 반(飯)이고 ㅅ에서 ㄱ은 곡, ㅅ은 식이 된다. 뻬 > 띠, 쌔 > 때에서도 용례를 볼 수 있다.

특히 종성은 아예 전체가 사라져 초성(자음) + 중성(모음) + 종성(자음)의 틀이 깨지고 초성(자음) + 중성(모음)으로 끝나기도 한다. 초성, 중성, 종성은 천지인(天地人) 삼재의 삼 요소로 본다면 현재 종성 받침이 사라지는 것은 천지(天地)의 음만 있고 인(人)이 사라지는 것이다.

모음도 ·ㅔ ㅖㆈ ㅖ ㅒ ㆌ ㅑ ㅛ 같은 복모음이 대다수이다. 이것도 단순화 단모음화되는 방향이다. 이 48자의 여나문(與那文) 철자에는 현재 한글 자음 ㄱㄴㄷㄹㅁㅂㅅㅇㅈㅊㅋㅌㅍㅎ 어느 하나도 빠짐없이 다 사용되었다. 모음은 거의 모두 곧은 직선으로 표시하여 구분케 하였다. ㅑ를 표시한다면 ㅣ는 길고 ㅕ는 짧게 표현하거나 ㅣ 표면에 작은 두 돌기를 주어 ㅑ를 표시하고 있다.

비록 상형문자 그림의 요소로 철자가 사용되어 구분하기 어렵지만 가림토나 칼돈글보다 더 현재 한글 모양 그대로 모습이 보인다. 세종대왕이 정리한 한글의 자모(子母)도 처음부터 있었고 천인(하늘 사람)이신 신(神)께서 쓰시던 글자임을 알 수 있다. 현재 과학 상식으로는 1.2만 년 전이면 글이 없는 선사(先史)시대인데 이를 정면으로 부정하는 옛 문자 사료가 아닐 수 없다.

내용을 보면 매우 사적인 것으로 지배자 등 특수 계층이 아닌 일반인이 쓰던 것임을 알 수 있다. 이 정도 글과 말이 있었다면 매우 발달한 문명과 문화가 있었을 것이다.

(15) 여나문(與那文) 해독의 의미

해석 불가 같은 상형문자를 우리말 우리글로 전부 해독하였다. 옛 뮈 문자를 최대한 복원하였다. 지금 현대어로 뜻이 잘 통한다. 뮈문(麻文)인 여나문(與那文)은 상형의 꼴을 그림처럼 유지하되 표음의 고대 한글 정음(正音)을 다 표시하여 소리 내도록 하였다. 고대 한국어를 표기하는 글자임이 분명하다.

이번 현재 문명 이전에도, 수몰(水沒)된, 이 여나문이 발견된 곳은 마고지나(麻姑支那)로 우리 땅이었다. 우리 땅에서 우리 민족이 우리 말과 우리 문자를 쓰면서 우리 문화를 일구고 우리 역사를 가꾸어 왔음을 알 수 있다. 만여 년 전부터 우리말 우리글을 쓴 우리 조상이 지구상의 주인으로 문화와 문명을 일구고 살아왔음을 증명한다.

말과 글은 다른 역사 유물이나 사료와 달리 거짓이 없다. 조작이 불가하다. 확실히 이어져 지금까지 쓰는 말이다.

필자가 뜻밖에 해독(解讀)한 것은 필시 하늘의 뜻이 있었을 것이다. 사명이 주어지면 사명자(使命者)는 그 사명을 다해야 한다. 세상에 널리 알려야 한다. 열릴 원시반본(原始返本)의 새 시대를 미리 대비해야 한다. 지축이 바로 서는 등 지구 대변혁을 앞둔 시기다. 그 시기가 빠르면 2~3년 내다. 다시 옛날로 돌아가니 가라앉았던 뮈 대륙이 융기하여 모습을 드러낼 수도 있다.

현재 문명인 1.2만 년 문명과 역사 문화 언어 문자도 더 밝혀져 갈 것이다. 필자는 그 이전의 문명인 여나문의 해독 방법까지 상세히 해독하여 함께 하고자 했다. 이전 문명까지 알게 되는 일은 다음 문명을 예측할 힘을 준다고 생각한다.

신교총화(神敎叢話)에서 "장차 가려진 옛 문자가 다시 나오면 천하가 하나로 되리라 [將蒙 古文字 復生, 天下一統]" 라고 했는 바, 가려진 옛 문자가 이런 '여나문(與那文)' 같은 것 아닐까? 한다. '몽(蒙)' 자를 파자 풀이해 보자. '하나(一) 된(豕, 돼지 > 된) 것 (여기서는 문자) 을 덮어 가리는(冖) 것이 (풀처럼) 많다(卄)' 이다. 많은 옛 문자들이 파묻혀 해독되지 않고 널리 알려지지 않는 것을 잘 나타낸 말이다.

'여나문(與那文)'의 발굴과 해독을 계기로 더욱더 많은 연구가 활발하게 일어나기를 기대한다. 찬란했던 우리 역사 문화를 찾는 데 도움이 되었으면 한다. 지금까지 상극시대를 끝내고 영적인 시대인 보병궁 시대를 맞아 상생세계(相生世界)를 열어 갔으면 한다.

현 문명 최고(最古)의 문자,
신지 녹도문(鹿圖文)

3마디 : 현 문명 최고(最古)의 문자, 신지 녹도문(鹿圖文)

1. 신지(神誌) 녹도문(鹿圖文)

16,15,14,13,12,11,10, 9
8, 7, 6, 5, 4, 3, 2, 1

[그림1] 신(新)·영변지 신지·필적

　　환단고기에는 BC 3898년 배달국을 건국한 거발한 환웅께서 신지[1]에게 녹도문 창안을 명하고, 배달국 역사 기록을 담당시킨다. 이 녹도문은 평양[2]과 우리 청구국이 있었던 창힐의 고향, 산동반도 백수현 사관촌 창성조적서비에서도 발견되었다.

---

1) 안경전, 환단고기, 상생출판사, 2012, p.550. 신지는 사람 이름이 아니라 지금의 교육부 장관 또는 문화부 장관 격에 해당하는 배달, 단군조선 때의 관직명이다.

2) 평양 법수교(法首橋) 옛 비석에서 발견된 16자 전고문(篆古文). 1942년 판 <(구)영변지>에 실렸으며, 1971년 재발간한 <(신)영변지>에 [그림1]과 같이 신지 필적이란 이름으로 실렸다. 1974년 판 안영태의 <현대정치철학>의 속 표지에 16자를 싣고 있다. 또 이유립은 1978년 판 <대배달민족사(1)>에 법수교고비(평양 소재)로 싣고 있다. 이 모두 16자는 그대로 있으나 배열순서는 하나도 같은 것이 없다.

[그림1]은 1971년 재발행된 (신)영변지에 실려 있는 신지 녹도문이다. 구길수 씨는 우측에서 아래로 내려써야 하므로 [그림2]와 같이 세워놓고 해독한다. 필자가 대응 숫자를 붙여 순서 바뀜을 알 수 있게 했다. '하나, 둘, 셋, 넷, 다섯, 여섯, 일곱, 여덟, 아홉, 열'이라고 한다. 뜻은 열이고 글자 수는 16자다. 진본 천부경(天符經)으로 주장하고 있다. '구'의 해석 들을 다음에서 본다.

"【하나】 하늘의 빛인 **한**이 【둘】 물질인 누리에 **둘**리워 【셋】 사내를 **세**웠고 【넷】 너(女)인 **네**를 세웠나니 【다섯】 **다**(땅) 위에 서서 【여섯】 **어슷**(여섯, 母, 번성)하여라 【일곱】 사내는 **일구**어 【여덟】 **여덟**(果, 처자식)의 집이 되니 【아홉】 **압**(아비, 남근)의 울타리(씨족)가 완성되면 【열】 열고 나가리로다."

[그림3] 창힐(蒼頡)의 창성조적서비[3] 해석은 다음과 같다. "비는(기도하는, 바라는) 개울과(여음, 겨집) 비는(기도하는, 바라는) 뱀(男根, 사내)을 땅 위에 세워 어루도다. 빛을 향하여 둘이 열고 나아가 씨를 심고, 둘이서 비니 빛과 땅과 어루어, 아기

9,1
10,2
11,3
12,4
13,5
14,6
15,7
16,8

[그림2]

[그림3]

---

3) 본래 <섬서성 고대 서법 유적 종술(1)>에 실린 것을 <환단지 제10호>(1993)에서 인용한 것이다(구길수, 진본 천부경(상), 가림다, 2011. p.194) 16자를 모두 포함한 28자로 창힐이 신지한테 글을 배워 추가한 것으로 보인다.

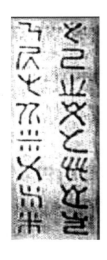

14,13	
6, 5	
16,15	
8, 7	
10, 9	
2, 1	
12,11	
4, 3	

[그림4]

가 나오네. 열고 나가 어미 되니, 새끼 낳고 씻기어 터에 세우고, 곡식을 갈무리하여 달아매니, 빛 받는 밝달(배달)에, 집(나라)을 세우도다."

[그림4]의 평양 법수교 아래 기천문(祈天文) 해독은 다음과 같다.

"비나이다. 계집과 사내가, 땅 위에서 얼렸(성교)나이다. 비나이다. 빛님께 둘이서 비나이다. 땅(겨집)과 뱀(사내)가, 땅에 서서, 열고 나가겠나이다. 둘이 하나 되어 씨를 뿌렸사오니, 빛님이시어! 곡간에 가득하게 세워주소서"

거의 대부분 성(性) 예찬문이고 가족을 이루고 번성하기를 바라는 기원문이다. 소박했던 신석기시대의 생활과 생각을 엿볼 수 있다. 그들은 이미 농경사회를 이루고 있다. 환한 햇살을 숭상하는 환한 무리들은 하늘 위 환인(桓因)을 모시고 환국(桓國)을 이루고 살았다. 환인은 '환한 님'이니 화나님, 하나님, 하느님이 되었다. 빛을 가져다주고 추위를 물리치는 '햇빛'은 그들에게 매우 중요한 절대적인 존재였다. 또 '햇빛'은 먹거리 열매를 여물게 하여 익게 하니 먹고 살게 하는 원천이었다. 여물게 하는 것이 '여름'이고 계절 '여름'이다. '열은' 것이 '열매'다. 그래서 풍년(豊年, 豐釜) 드는 걸 '여름 좋다'고 한다. [녀름 좋을 풍(豊) : 훈몽자회(訓蒙字會)]

햇빛(ㅅ른)은 해(ㄱ른)에서 나오고 해는 하늘에서 사니 해는 바로 하느님과 마찬가지였다. 그러니 해를 숭배하고 아침저녁으로 절했다. "해님 안녕히 주무시고 낼 아침 제발 꼭 동쪽 하늘에서 떠 주세요" 하였다. 이런 생활을 알려주는 기록도 있다.

[환국본기] '조대기(朝代紀)'에 말하되 "옛 풍습은 빛을 숭상하여 해로써 신을 삼고 하늘로써 조상을 삼았으니, 만방의 백성들이 믿고 의심치 않아 환한 무리 방식[환식(桓式)]으로 아침저녁으로 경배하였다." 그래서 그들이 질그릇을 구울 때도 당연히 신앙 대상인 햇빛무늬인 빗살 무늬를 그렸으니 빗살무늬 토기다. 신지 녹도문에서도 빛님을 향한 기도와 하늘의 빛 하나로부터 출발한 이야기가 서려 있다.

구길수 씨가 정리한 [그림2]와 같은 녹도문을 기준으로 해독과 자세히 해설한다. 해독하지 못한 상태에서 이 녹도문을 그저 한자가 나오는 것으로 생각한다. 그러나 한자로만 보아서는 해독할 수 없다. 한자와 관련이 없는 것은 아니나, 고대 한글과 더 가깝다는 것을 알 수 있을 것이다. 구체적으로 하나하나 보기로 한다.

2. 하나 ㅛㅅ

[하나]는 당시 한글 자모로는 【ㄱㄴ】이다. 원편은 【하】로 읽히는 신지 녹도문이다. [혀] > [ㅎ]로 ㅣ가 붙으면 히 > '해'(日)가 될 수 있다. (가가 > 까 > 햐 > 혀 > ㅎ > 히 > 해) 당시 모음조차 뚜렷이 없었으니 오늘날 자모로는 【ㅎ】이다. 당시 음으로 보면

[그림5] 하

[ㄲ] [까]로 【ㄱ】 쪽이다. 오늘날 ㄱ처럼 꺾인 ㄱ이 아니고 둥 그런 ㄴ이다. 오늘날 한글 상형으로 보면 ㄴ 형상을 180도로 돌 리어 (𝕩) ㄱ으로 봐야 하니 [나] 형태[나나, ㄴㄴ, ㄸ, 따]가 아닌 【가】 형태 [가가, ㄱㄱ, ㄲ, 까] 이다. '하나'가 '아시'(처음)이고 '하나'의 '하'는 당시 ㄱ이니 현재 한글 자모에서 순서와 같이 처음 나온 ㄱ이다. ㄱ 자체를 더 분해해 해석하면 하늘(一)의 빛이 굽어(ㄱ) 땅으로 내리는(ㅣ) 표시로 볼 수도 있다.

[그림5]는 그림으로 보면 '해를 향해 벌리고 있는 풀들'이다. 가까운 한자는 초【艸, ㅛ : Ψ】다. 두 개를 그린다는 것은 '많다'이니 불어나 무성한 풀의 특성이다. '햇빛이 풀들(누리)에 빛이 내린다'를 나타내고 싶었던 그림이다.4) 이같이 구길수 씨는 한자와 연관성을 풀 초(艸)로 보고 있다. 꼴이 비슷한 한자인 점은 동의한다. 그러나 필자는 기본적으로 한자(韓字)보다도 전술한 대로 한글 하(하하 > 햐 > 하)의 옛 음 가(가가 > 까 > 가)를 나타내는 '고대 상형 한글'이라고 주장한다.

[그림6] 나

[그림6]은 【나】로 읽히는 신지(神誌) 녹도(鹿圖) 전자(篆字)다. [ㄴ] [나]이고 【ㄴ】 이다. 누리(ㄴ)에 있는 나(ㄴ)에게 하늘의 빛이 내리는(/) 모습이다.5) 180도 회전하면 [Ⅹ]로 꼴로만 보면 한자 예 【乂】 와 비슷하나 뜻이 다르고 관련성이 없다. ㄴ의 핵 단위 요소를 분해하면 하늘에서 내리는(ㅣ) 빛이 누리에 퍼지는(一) 모습이다. 현재 한글 상형으로 보면 ㄴ과 /의

---

4) 구길수, 진본 천부경(상), 가림다. 2011. p. 221, 241
5) 구길수, 전게서. p.242

결합으로 [니]이니 [ㄴ(나)] 음이다. [그림6] '나'는 X형으로 [그림7]과 같이 생명체의 기본인 X염색체의 모습과도 흡사하다. 아미노산 단백질 등 물질로 된 우리 몸도 하늘의 정기인 빛을 받는다. '하'는 하늘의 햇빛이고 '나'는 누리에 내린 햇빛으로 모든 생명체가 '나'[생(生)]는 것이다. '나다/낳다(産), 나투다(現), 나오다(出)'이다.

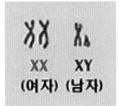

[그림7]

하(YY)는 누(ㄴ)리들 온 세상이 하늘의 빛이 많이 내리는 (//) 모습의 상형이요, 나(X)는 나(ㄴ)에게도 빛이 내리는(/) 모습이다. 온 세상과 사람 등 생명체 모두가 하늘의 빛을 받아 탄생했음을 나타내는 글자다.

'하나'는 하늘의 빛이 나에게 내림이니 나와 세상 만물의 비롯함이다. 그래서 '하나'는 맨 처음으로 일(一)이다. '하나'를 줄이면 '한'이다. 나라로는 환(桓)이고 한(韓)이다. 갑골음은【ᄀᆞᆯ】다. (ᄀᆞᆯ > 가라 > 하나) '하'는 스스로 빛을 내는 구체인 [ᄀᆞᆯ]이다.

이 [ᄀᆞᆯ]를 국호로 삼으니 환(桓), 한(韓) 등 우리나라다. 그러니 녹도문 처음에 나오는 하나(YY X)는 곧 대대로 우리나라 이름이 되기도 한다. [하나]는 매우 신성하여 [님]을 붙여 존칭하여 부르니 곧 [하나님]이시다.

[하]에 접미어 ㅣ가 붙으면 [해](日) 다. 해의 갑골음은 물론 [ᄀᆞᆯ]요 [ᄀᆞᆯ]이다. [ᄀᆞᆯ]은 '눈ᄀᆞᆯ(알)'처럼 둥근 [알]이다. [ᄀᆞᆯ]의 ㄱ(k)이 마찰음으로 ㅎ(h)으로 변천한 ᄀᆞᆯ > ᄒᆞᆯ > 홀

> ㅎ ㅣ > 하ㅣ > 해(日)이다.

해를 그대로 국호로 삼은 나라가 일본(日本)이다. 햇빛의 나
라, 해의 나라는 당연히 우리나라다. 옛적에 우리 선조들이 일본
(서양 열강)으로 많이 건너가 '해의 뿌리'로 넛본[일본(日本)]
이라 부른 연유다. 일본어로 '히'와 '닛'은 해다.

[ㅎㄴ] 또는 [흔]은 오늘날 [하나] [한]이다. 이 '한'은 바로
진정한 한민족의 뿌리다. 당시는 하늘과 해와 햇빛과 하늘의 주
인 하느님 등이 구분되지 않고 모두 [흔]이라 불렀을 것이다. 따
라서 '한'은 오늘날 여러 가지 뜻으로 분화되었지만 아래 여러
가지를 온통 그저 【한】 이라 불렀다고 볼 수 있다. 하늘, 하느
님, 하나님, 환하다(밝다), 하나[일(一)], 한밭[대전(大田)], 한
길(큰실), 한물(홍수), 한결같이(해는 같다), 한 가지(해는 모두
같아), 한결(해는 최고이므로 좀 더), 한동안(해는 항상 있어 그
중 어느 때), 한눈팔다(햇빛은 여러 군데 비치므로 여럿), 한복
판(해는 가운데) 한평생, 한가득, 한나다(많다), 하나차다(가득
하다, 해는 온 세상 가득하므로), 한더위(해는 왕성하므로), 한
데(해는 방 밖 넓은 곳), 혼자(해는 혼자 있으므로), 하다 많다,
하고 많다, 흔하다(햇빛은 많으므로), 훈훈하다(햇빛은 훈훈하
다), 헌 것(해는 오래됐다) 등이 모두 해와 햇빛에서 비롯된 말
이다.

한자(韓字)는 [일](一)이니 해 [일](日)에서 온 것은 당연하
다. 하나로 이루다의 옛말은 '[일]우다'이다. 갑골음도 일(一)이
고 갖은 자는 일(壹)이다. 일(壹)은 [그림8]과 같이 뚜껑이 있
는 신줏(神主)단지로 제[일] 중요하다.

[그림8] 일(壹)의 여러 모습들

속말로 "하나를 알면 열을 안다." 하는 이야기가 있다. 하나는 처음이고 열은 끝이다. 하나의 '하'는 하늘이요 '나'는 나다. 우리가 겪는 모든 세상이 하늘과 나로부터 비롯되니 '하나'를 알면 열을 알 수 있다는 말이 과장된 것만은 아닐 것이다.

하나는 가나에서 일(一) 원(one)까지 음운변화를 보인다. ㄱㄴ > 구ㄴ > 가나 > 하나 > 한 > 히(힌디어) 흔의 ㅎ 음가는 ㅇ으로 변해 영어의 원(one) 한자어 일(一)이 된다. 일에서 ㄹ이 탈락 이(북경어)가 되고 이찌(일어) 가 된다. 엑(힌디어), 역(펠시라), 에이스(그리스), 우누스(라틴어), 아인스(독일어) 등 세계 각국의 언어가 되니 녹도문에서 나타난 우리말 '가나(하나)'에서 비롯한 것이다.

ㄱ이 ㅎ으로 변하는 것은 꽃 화(花)에서도 볼 수 있다. 곳 > 꽃 > 화이다. 일어로는 꽃이 '하나'(はな 花, 華)다. '하나'(はな)의 뜻에 코 비(鼻)도 있으니 '높다'의 뜻이고, 처음의 뜻이 있으니 단(端)이다.

3. 둘

[그림9] 둘

[그림9] 글자는 무엇일까? '둘'로 해독된다. 한글 자모로는 【ㄷ】【ㄹ】이다. 녹도문이 자연을 그린 것이니 위는 산(山) 모양이다. 산(山)의 갑골문은 산(⛰)인데 나중에 삼지창 모양의 산(山)으로 바뀌었다.6) 엄밀히 들여다보면 오늘날 산(山) 모습과는 좀 차이가 있다. 획도 3획이 아닌 2획이다. 눕힌 C와 같은 ㄴ에 비스듬히 비치는 빗살(/)이 누리 땅에 닿는 모습인데 높은 땅의 대표로 '땅이 쌓인' 산으로 대표했다 볼 수 있다. 또는 우주와 교신하는 접시 안테나 모습 같기도 하다.

다음 아래에 'ㄹ, 을(乙)'처럼 구부러진 것은 개울, 내 천(川, ⫲)이다. 산을 [둘러] 내려오는 내이다. [두르는 내]이나 '두르네(내)'이다. 상형을 그 한자의 뜻으로 새겨 산천(山川)인 산 내 등 자연으로 해석할 수 있으나 그보다는 '산을 [둘]러 내려오는 내'로서 우리말 [둘(두르, 드르)]을 표시하고자 하는 글자다. [둘]은 비수 비(匕)와 비슷한 꼴은 [ㄴ]에 [/]을 그렸으니, 현재 정돈된 꼴은 【ㄷ】이다. 또 새 을(乙)처럼 구부려 내려가는 꼴은 현재는 【ㄹ】이다.

글 자모로 치면 하나는 ㄱ ㄴ이고 둘은 ㄷ이다. ㄷ은 땅인데 땅의 뜻이 강한 땅[달(達), 산(山)]이다. [땅]의 옛말은 [따]이고 더 이전은 [다]다. [드]이고 [ㄷ]이다. 원래 땅의 대표는

---

6) 구길수, 전게서. p. 262

원방각(圓方角○□△) 중 방(方□)으로 ㅁ이다. ㄷ은 ㅁ에서 분해된 자로 땅 천부인 ㄱ ㄴ ㄹ ㅁ ㅂ ㅍ 중에서도 땅의 뜻이 강하다.

[둘]은 무엇일까? [들]로 초음은 【ᄃᆞᄅ】다. 앞에서 살핀 바와 같이 [ᄃᆞᄅ]계 땅이름도 많다. [들]은 강한 땅 ㄷ에 부드러운 흐름을 나타내는 ㄹ이 붙어있다.

아사달과 같은 높은 땅 달(達)이 있다. 하늘의 달(月)도 땅이나 하늘에 있는 또 다른 땅이다. 하늘의 해가 양이라면 달은 음이다. 해가 양달이면 달은 응달이다. 해나 첫째이면 달은 둘째다. 해는 스스로 빛을 내는 빛별이요 달은 비추어 따라서 빛을 내는 딸림 별이다. 아들은 양이고 딸은 음이다. 딸은 달이다. 달(땅)을 딛고 다니는 '다리'(脚)도 달에서 왔다. 다리(橋)도 마찬가지다.

두메산골, 들판, 둔덕, 흙덩이 등이 [ㄷ, 들, ᄃᆞᄅ]에서 비롯된다. 하늘이 무형인 정신이 된다면 땅은 유형의 물질이다. 이 누리 땅(ㄴ)에 빛이 내려(/) 둘러서(ㄹ) 땅이 완성된다. 동사는 [두르다]이고 명사는 [둘]이다. 그것이 녹도문에서 말하고 싶은 '두 번째 일어난 일'이다. 하늘의 일을 사람에게 알려준다고 생각하는 새(鳥)도 하늘에 이어 두 번째다. 새는 예전에 닭(ᄃᆞᆰ)이라고 했으니 [ᄃᆞᄅ]에서 비롯됐다. 지금도 닭도리탕처럼 닭은 [도리]라 한다.

녹도문 둘 [ᄔ] 에서 현재 한글 [둘]의 모습을 볼 수 있다. 자연 상형으로 산과 내를 표시하였다. 소리로는 【둘】이니 산(山, 屵) 모양은 땅을 강하게 나타내는 ㄷ이고, 내는 ㄹ이다. 산천(山川)을 하늘의 빛과 땅의 물이 두 (ㄷ) 르고 흘러 (ㄹ) 내린다.

[그림10]

한자로는 이(二)이고 갑골문은 이(=)이고 갖은 자는 이(貳)이다. 이(貳)의 금문은 [그림 10]과 같이 조개(돈, 여음)를 가지고 둘이 창과(戈)를 들고 싸우는 모습이다. 원시 공동체 사회를 벗어나 사유재산제도가 생긴 사회다.

둘/두 이(二)이고 둘의 옛말은 [둟]이다. 여기서 [이] 음이 나온다. 둟 > 둘히 > -히 > △ㅣ > 이. 세계 각국의 언어도 둘/두에서 듀(그리스어), 두오(라틴어), 도(힌두어), 드바(러시아어), 투(영어)가 나오고 이(二)에서 얼(북경어), 니(일어)가 나온다. 둘을 합한 말로 '이(二)라는 둘/두'로 '이란두'라는 타밀어가 있다. ㄷ이 ㅂ으로 변해 바이(bi)가 있고 ㄷ은 ㅈ으로 잘 변하니 독일어로는 '쯔바이'다.

4. 셋 ₩

[그림11] 셋

셋은 한글 자모로는 【ㅅ】이고 형상은 【ㅿ】 "(솟)"이다. 현재 음도 상형 그대로 [셋](ㅅ > 싯 > 셋) 이다. 여나문은 옛(ⅩⅩ) 이니 옛 > 셋 > 셋 > 셋이다. 왼편 녹도문 상형은 위아래 두 삼지창(三枝槍, ₩+巾) 모습이다. 무속의 무구(巫具) 같다. 위는 산(山)자 모형이고 산(山)은 세모꼴(△)이다. 아래는 청동기 솥의 세다리 같고 나무뿌리 같다. 한자로는 풀 초 (卝)와 나무 목(木, 朩)과 상형이 제일 비슷하다. 자연적으로 자라는 나무 목

[그림12] 홍살문

(朩)보다는 인위적으로 하늘을 향해 세운 【솟대】다. 현재 솟대는 삼지창 대신 오리가 대신하여 하늘의 뜻을 전한다. [그림12] 한산도 충무사 홍살문을 보면 태극 문양 위에 卝 문양이 뚜렷이 살아 있다. 이 셋으로 세운 솟대가 현재 홍살문에 잘 셋(set) 되었다.

우리 한글로는 ㅅ이다. 천부인 ○□△ 중 △이다. 세 번째로 나온 '사람'이다. 사람은 '서' 있는 것이다. '서'에 'ㅣ'가 붙고 다시 'ㅅ'을 붙이면 '셋'이다. 서 있는 것을 갖춘 이는 '사내'다. [사내]는 [ㅅㄴ]에 [ㅣ]가 붙은 것이고 [ㅅㄴ]는 축약하면 [ㅅ][산(山)]이다.

숫컷의 [숫]이고 솟대의 [솟]이다. 卝은 '셋'으로 새기나 위의 ㅅ과 아래의 ㅅ이 ·로 결합된 【ㅼ】이 더 원형에 가까운 한글이다. 원형 음은 하나 [ㄱㄹ]에서 둘 [ㄷㄹ] 이어 셋은 [ㅅㄹ]다. 날카롭게 햇살이 비치는 것은 [ㅅㄹ]다. 햇살, 솔, 술 등 뾰쪽하고 긴 것의 명칭이다.

숫은 숫컷이고 숫응 > 스승, 숫님 > 스님이 나오는 매우 존귀한 존칭이었다고 볼 수 있다. 나라로는 조선의 [선(鮮)]이고, [신(진)한(辰韓)]이고 [신라(新羅)]다. 새롭게 세우는 것이다. 일어 [선] 다(立)의 [선]이다. 선돌은 입석(立石)이다.

여나문은 셌(🚶)이다. 셋은 삼(三)이요, 삼(參, 🚶)이다. 모습으로 빛을 받아 세 열매가 달렸다. 삼라만상(森羅萬象) 만물이고 생명이다. 하나, 둘은 결국 셋에 의해 세워져 1차 완성된다. 셋은 하나와 둘, 천지(天地)의 열매이니 인(人)이다. 셋은 한자어로는 삼(三)이다. 삼세번이어야 우리는 끝난다고 본다. 태극도 우리는 삼태극(三太極)이다. 천지인(天地人) 삼재(三才)가 곧 우주다. 삼시랑이요 삼신(三神)이고 삼위일체다.

셋은 [숫]의 원형에서 ㅅ 받침이 ㄱ, ㅁ으로 변해서 [석 삼(三)]이다. 또 ㅁ은 ㄴ, ㅇ, ㅂ으로 곧잘 변하니 산(북경어), 상(일어), 숨(티벳어)이다. 또 [숫]의 ㅅ은 ㄷ, ㅌ으로 변하니, 드라이(독어), 티나(힌디어), 트뤼아(그리스어), 트레스(라틴어), 트리(영어) 등이다.

5. 넷 ㄹ

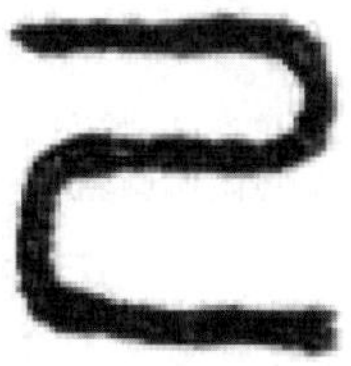

[그림13](ㄹ)은 딱 봐도 한글 자모로는 【ㄹ】이다. 한자로는 몸 기(己)를 닮았다. 이 넷은 둘의 2배이고 연관이 있다. 둘은 산(山) 모양의 땅(ㄷ)을 두르는(ㄹ) 내(川)로 보았는데 여기서는 그냥 '두르는' 내(川) 만 있다. 지금 숫자로 '넷'이라 발음하나 당시는 【륵】 음에 가까웠을 것이다. [나]는 최고의 해와 같으니, 사내의 대표자 임금이다. 이 사내 [나]의 상대가

[그림13] 넷

[너] 계집이다. [너]에 [ㅣ]가 붙으면 [네]요 ㅅ을 붙이면 [넷]으로 '계집(네)을 세우다(ㅅ)'이다. 그러나 필자가 보기엔 현재 [넷]은 잘못 부른 것으로 【뉟】이 맞을 것 같다. 셋과 같이 사내를 ㅅ으로 세움은 동의하나 [네]는 계집이므로 닌(뉘운 > 뉟) 같은 ㄴ으로 눕힘이 맞다. 【ㄹ > ㄹ > 리 > 린 > 닌 > 뉟】 사실 [넷]은 그 글자 모양처럼 처음은 【ㄹ, ㄹ】이었을 것이다. 이것이 다음과 같이 [넷]까지 변했을 것이다. 【ㄹ > ㄹ > 리 > 례 > 레 > 네 > 넷, 닉】

[너]가 여자(女子)인 것은 한자에도 그대로 드러난다. 논어에 '너'는 꼭 '여(女)'로 표현됐다. [너]에 [ㅣ]가 붙은 [네]는 여자의 뜻으로 쓰이니 하회탈 각시 이름이 '부[네]'이다. 배뱅이굿 등장 여인이 '세월[네], 네월[네]'다. 여자 이름으로 분네, 순네 등이 있으니, 한자로 분례(分禮), 순례(順禮)로 음차한다. 제주에선 해녀를 '줌네(녀)'라고 부른다.

여(女)의 갑문은 여(♀) 이다. 무릎 꿇고 두 손을 모으는 모습이다. (하늘에) 손을 비비며 빌며 기도하는 사람이다. 모(母)는 모(♀)로 아이를 키우는 젖꼭지를 그려 넣었다. 여(女)가 '너'에서 '여자'로 뜻이 바뀌자, [너]는 삼 수(水, 氵)를 더한 여(汝)자가 대신했다.

넷은 한자로 넉 사(四)다. 갑골문은 사(亖)이다. [그림14]와 같이 자궁과 질 등 여음으로 여자를 직접적으로 표시하는 사(♀♀)가 있어 '여자' 사(四)다. 넷의 ㄴ은 둘에 둘리어 육화(肉化)된 뉟(ㄴ) 누님(ㄴ)이고 여자(女子) (ㄴ)다. 넷은 기본적

[그림14]

으로 【ㅄㄴ】음가를 가지고 있다. ㄴ은 넷, 네, 넉이고, ㅅ의
사(四)는 시(일어) 쓰(북경어)이다. ㅅ이 ㅊ으로 변하면 차르
(힌두어)다. 서양은 ㅄ에서 ㅂ이 ㅍ으로 변하니 포(영어), 피어
(독어)이다.

6. 다섯 尺 大

[그림15] 다섯

[그림16] 구길수

한글로는 【ㄷㅅ】 이다. ㄷ은 현재와 방향이 반대로 돌려져 있다. 왼편 녹도문 '다'는 옆의 보완 그림과 같이 땅굴(尸)이라는 땅(다) 아래 사람(人)을 세운 모습이다. 땅굴 아래 ㅅ이니 여기서 땅은 '다'(다 地, 훈몽자회)이고 그 아래 ㅅ은 사람을 세웠다는 말이니 한울의 정기를 받는 사람은 땅위가 아니면 살 수가 없다는 말이다.[7] '다'는 전부라는 뜻도 있으니, 남녀를 다 세운다. 우리 선조들은 굴속이나 나무 위에서 살았다.[8] 진서 동이전에 의하면, 동이인 (東夷人)들은 '여름에는 나무 위에서[소거 (巢居)] 겨울에는 혈처(穴處, 굴속)에서 살았다.' 이른바 소굴 (巢窟)이다. 삼국지(三國誌)에서는 '보통 혈거(穴居) 큰 집은

---

7) 구길수, 전게서 p.309
8) 마고의 딸, 궁희(穹姬)의 후예는 뱀 족으로 굴속에서, 소희(巢姬)는 새 족으로 나무 위에서 사니 다 우리 민족이다.

사다리가 아홉 개인데 많을수록 좋다.' 매우 습기가 많고 비가 흔했기 때문이리라.

시(尸)의 갑골문은 사람인(人)과 같은 시(彳)였다. 나중에는 시체를 뜻하니 사람이 죽으면 굴 입구를 막아 시(尸)다. 우리 겨레는 여음(女陰)의 굴인 자궁(㞋㞋)에서 태어나 굴(尸)속에서 살다 죽으면 굴을 막아(尸) 굴속에 묻혔다. 그래서 종족 이름도 구리 = 고리였다.9) '굴'(窟)은 '구리'이니 구리 ('굴'에서 사는 '이') 족으로 불렀다. 구리(句麗), 고구리(高句麗)이며, 오늘날 코리아(KOREA)다.

녹도문 (尺)는 한자 니(尼)와 비슷하고 뜻까지 일치하는 것은 살 거(居)의 본 자인 【거(尻)】 자다. 파자해 보면 시(尸)가 시(尸)로 바뀌고 ∧자가 궤(几)로 바뀌었다. 같은 자라 해도 무방하다.

한글로는 尸가 ㄱ에서 ㄷ, ㄷ으로 바뀌고 ∧은 ㅅ이니 모음이 없는 [ㄷㅅ]이다. 합용병서가 당시는 상하로 쓰였다. 실제 거란(요, 916~1125)에서 쓰는 한글 역시 상하 쓰기 합용병서가 많다.10) ·를 넣어 현재 한글 상형으로 나타내면 【돗】 이다.

뒤의 ∧를 ㅏ로 하면 [다] 음이다. 녹도문 (尺)에서 한자 살 거(尻)와 한글 돗(다)이 나왔다. 녹도문에서 한자와 한글이 동시에 발생하였음을 증명하는 예다.

[그림17] 녹도문을 현재 한글로 표현하려면 거꾸로 세워야 하니 (✕) ∨ㅓㅈㅅ으로 【씄】 (씄 > 쏫 > 숫 > 섯)이다. 녹도

---

9) 구길수, 전게서 p.310

9) 구길수, 전게서 p.310

10) 채희석, 임진란 미국에서, 예서원, 2023 p.132 그림72. 모자를 거란 한글 쟈 (저냐)로, 그림73 나라 國을 겨 (겨마)로 쓰고 있다.

[그림17] 섯

문 (✖)은 ㅆ을 거꾸로 세워(∨∨) 교차시켜 '새싹'을 나타냈다. 비슷한 한자는 [그림18]과 같은 쑥 애(艾, 쑥쑥 자라서 쑥)이다. '밸'(胚)의 뜻과 쑥쑥 자람은 녹도문의 뜻을 잇고 있다.

[그림17] 녹도문 '솟(✖)'은 교차(交叉, 乂)해 서 있는 모습이다. 음과 양으로 교차하는 두 생명나무 끝에 1창 2기의 세 잎[역ㅈ(∨) : 한 줄기(─)에 붙은 여음 ∨]과 떡잎 같은 2잎[역ㅅ(∨) : 한 줄기에 붙은 양물 ㅣ)이 나왔다. 거꾸로 세워 한글로 쓰니【ㅅ ㅆ】이다.

[그림18]

'다섯'은 사람들을 동굴에서 살게 하고 따 먹을 수 있는 잎과 열매를 맺게 환경을 만들어 이 땅에 "다 세워줬다. (Set)"【다 셋】 따라서 '다섯'은 땅 위에 사람과 삼라만상을 다 세웠음을 말하는 글이다. 또 우리 민족 구려(九黎), 고리(藁離), 구이(九夷) 등 '구리'를 나타내는 글이다. 하늘빛을 둘러 사내와 계집과 그 집과 먹을 과실수까지 다 창조되니 '다섯'에 이르러 1차 하늘의 뜻이 완성된다.

다섯은 한자어로 오(五)다. 갑골문은 오(✕)로 역세모꼴 ▽과 세모꼴 △이 맞닿은 형태이고 ×로 교차 되고 있다. 원래 고조선 고대 한글은 [ㅎ]과 같이 ○이 상하로 있다. 갑골문 한자의 [✕]와 비교하면 세모(▽△)가 동그라미(○○)로 변한 모습이다. ·의 현재 음가 ㅗ로 하면 [옹]이다. 첫 자음 ㅇ은 ㅇ으로 변하고 받침 ㅇ은 음가 없으니, 현재의 [오]다. 거꾸로 고대 한글이

(ㅇ)에서 ㅇ이 △으로 변해 오(ㄨ)가 되었다고도 볼 수 있다. 여나문(與那文)은 셨(ㄓ) > 섯(立)[셨 > 쎴 > 섰 > 셌 > 섰 > 섯]이다. 오(ㄨ)의 전신이다. [다섯/다슱]의 음가는 [ㄸ] 이지만 원래 ㅲ에서 온다. ㄷ은 ㅍ으로 변하니 파이브(엉어), 퓐프(독어), 퓌트(러시아어), 판즈(힌두어) 다. ㄷ이 ㅇ, ㄴ으로 변해 한자어 오(五), 날(티벳어)이다.

7. 여섯

   [그림19] [여]는 현대 한글 자음 상형으로는 【ㄱㅈ】 이다. 생략된 모음을 넣어보면 [ㄱㅈ]다. 앞에 모음 ·를 ㅏ로, 뒤의 모음 ·를 ㅏ, ㅡ, ㅣ로 변화시켜 보면 '(여자를) 가자 (가즌, 가진, ㄱ즌)'이다. 앞 ㄱ은 [ㄱ]인 ㄱ, ㄱ인 계집, 뒤 ㅈ은 [ㅈ]이 있는 놈 ㅈ, 자(者) 사내다. 또 '사

[그림19] 여

내가 계집을 뒤에서 접하여 [ㄱ즌(가진)]'으로 해석된다. 뒤의 [ㄱㅣ]을 붙여 한 글자인 [ㅈ]으로 본 해석이다.

   오늘날 【여】는 【ㄲ】의 변음으로 본다. 앞엔 그대로 ㄱ, 뒤의 ㄱㅣ 꼴은 그대로 보는 해독이다. 곧 [그림19] 녹도문 (ㄲ)를 그대로 현재 한글로 하면 'ㄲㅣ'이니 'ㄲ'이다. 지금은 '여'다. [ㄲ > 껴 > 거 > 어(훈몽자회) > 여] '여섯'의 '여' 이나 훈몽자회(訓蒙字會, 1527)만 해도 '어슷륙(六, ☆)'의 '어'다. 하늘

의 뜻에 따라 사내는 어미를 달래고 놀리고 구슬려 [어]르고 [얼]루어 교접한다. 그 씨를 뒤에서 넣으니 바로 이 글자다. 현재 쾌락의 앞 성교를 배제하고 씨받이로 뒤로 씨를 넣는 성스러운 행위다.

이 녹도문 (𝕏)에 해당하는 꼴과 뜻을 가진 한자는 비(比)이다. 갑문은 비(𝕞)로서 두 사람이 나란히 향하고 있다. 비(𝕞)는 도석고한자(圖釋古漢字, 능국영 저, 제노서사 간)에서 '시 후체위 교합형(是後體位 交合形, 이는 후방체위 성교형)'이라고 설명하고 있다.11) 고대에서 남자가 뒤로 가서 하는 후방위 교합(𝕞)은 아주 정상이었고 자연스러운 것이었음을 알 수 있다. 남자를 이를 행하지 않고 뒤돌아서면(𝕝) 자연의 이치를 거스른 것이다. 배반(背反)한 것이다. 배(背)의 갑문은 배(𝕝)이니 지금의 북(北) 자다.

[그림20] 섯

사내가 계집을 [그림19]와 같이 [가진] 결과 [그림20]의 [𝘾]은 ∨ㄷ이 상하로 결합한 꼴이다. ∨는 돌려 ∧으로 ㅅ이 되고 만삭의 배 모양은 ㄷ꼴로 ㄷ이 된다. [ㅼ]이 상하로 있으니 【숟】(슷, 섯)이다. 애가 들어 '서서(숟)' 배가 부른 상태에서 무릎을 꿇고 팔을 들어 기도하는 모습이다. 꺾인 부분이 둥근 것은(둥근 ㄷ) 사내의 씨가 자라 '배가 부른 모습'으로 본다. 각이 제대로 진 [𝘾]모양 '여덟'의 [ㅈ]과 다르다. 하늘의 뜻에 따라 사내의 씨를 받은 계집은 밴 씨를 잘 낳아 기르기를 하늘에게 기도하는 글이다. '여섯(어슷)'을 현재 우리말로 풀면 '계

---

11) 구길수, 전게서. p.328

집을 가져 애가 들어선'이다. 일본어 도(と)
와 아주 비슷한 꼴로 도(と)는 문(門)의 뜻
이 있다.

　[그림19] [그림20]의 두 문자에 따라 음
운 변화 추이를 보면 다음과 같다. 겨슬 > 혀
섫 > 여섫 > 여섯. 한자는 육(六)으로 갑골
문은 육(𠆢)이다. 지붕(𠆢) 아래 무엇인가 나
오는 통로(八) 모습이다. 소전(小篆)에서 보
면 [그림21]과 같이 꼭지(丨)는 질 속으로
들어간 정자가 자궁에 착상(着床)한 배아(胚
兒)를 표현한다. 제주에서는 여섯 살 말을
'육수(六壽)'라 하고, 여섯 잎 산삼을 '육구
만'이라 한다. 제주말로 여섯은 [욧섯]이다.

　소전의 육(六)은 [그림22] 사(四, 🔲)와 기본적으로 같고
다만 위에 꼭지(丨)가 더 그려져 있을 뿐이다. 육(六)은 사내의
씨를 받은 '어미'이니 음(陰)의 가장 큰 수이며 음(陰)의 시작이
다. 드디어 새로운 육체(肉體)가 자라니 육(六)은 육(肉)과 통
한다. 또 어미는 이 육(肉)을 기르니 육(育)이다. '아버지 날 낳
으시고【어 𠂤】 어머니 날 기르시니【숫 乚】' 를 표현한 글
이 이 녹도문 (어숫)이다.

8. 일곱 ⋮⋮ 𠃌

　하늘의 '씨알'을 뜻하는 ·이 상하로 총 6개나 된다. ·은 ㅇ으

[그림23] 일

로 커지니 현재 한글로 나타내면 【응응응】이다. 현재 초성(...) 중성(一) 종성(...)을 하나로 합한 한 글자로 표기할 수 없다.

[...一...]이나 [ᅇ응ᅇ]이 되어 버린다.

3개씩 있는 ㅇ을 둘, 하나로 줄여서 한 글자로 나타내 보면 【ᅇᅇᅌ(응)】이다. [ᅌᅌᅌ]을 현재 【일】로 발음한 것으로 본다. (> ...一... > ᅇ응ᅇ >ᅌᅌᅌ > ᅌᅌ > ᅌ > 잉 > 일)

여기서 [일](事)은 무엇인가? 짐작대로 방사(房事)다. 요즘도 속말로 방사(房事)를 [일]한다고 하니 말의 생명력은 놀랍다. 녹도문도 환국부터 이어진 것이니 그 말의 뿌리는 무려 만 년이다. 하늘의 해 [일](日)이 하는 일은 해가 떠서 햇빛을 비추는 [일]이다. 해가 뜨면 사람들도 동굴에서 나와 밭을 일구고 씨를 뿌리니 사람의 [일]이다. 동굴에서 하는 일은 [응응응,]12) 하여 계집에 씨를 넣어 새로운 씨족(氏族,)을 만들어 가는 일이다. 그 결과 삼남삼녀(三男三女)를 얻었다.

[응응응]에서 상형으로 보면 지평선(一) 위는 들판으로 뛰어나가는 사내(...)요, 아래는 움집 속에서 머무는 계집(...)으로 볼 수 있다. 가로획 一은 사내와 계집을 나누어 생활함을 보인다. 아이에서 '사내'로 성장하면 집을 나가 다른 계집을 취하고, 계집은 집에 남아 '다른 사내'를 받아 근친상간(近親相姦)을 막는다.

---

12) 아리랑 가사에 '응응응' 아라리가 났네라는 구절이 있으니, 이의 해석과 관련이 있을 듯하다.

상형과 뜻이 비슷한 한자를 찾자면 흥할 '흥(興)'이다. 속자는 【흥(兴)】으로 모양도 비슷하다. '일어날 흥'으로 '흥겹다'의 뜻은 녹도문 [응]과 [흥]이 서로 통한다.

쌀 미(米)의 갑골문은 【미(⠶)】로 모양 자체로만 보면 녹도문 ⠶와 거의 같다. 그러나 쌀 미(⠶)는 밭에 씨를 뿌리는 모습이나 쌀알이 떨어지는 모습이다. 사람의 씨를 뿌리는 녹도문이 뜻이 변한 것으로 본다.

녹도문이 쌀알 미(⠶) 자가 아님을 알려주는 유물이 있다. [그림24][그림25][13)는 약 5천 년 전 중국 서안의 반파 유적지에서 나온 흑도(黑陶) 쪼가리다. [그림24] 수평선 위 그림이 【쓰】으로 쌀알이 아니다. 여러 사람 (사내, 아들)들을 나타내는 [人人人, ㅅㅅㅅ] 것으로 걸어 나가는 모습이다. 계집이나 딸들은 [그림25]와 같이 수평선 아래에 곡옥(曲玉, ') 형태로 표시되고 움집 아래에서 구물구물 산다. [,,,] 가(ㄱ) 장자리인 굽(ㄱ)은 ㄱ으로 사내의 숫을 두르는 계집의 '구무(여음)'로 본다. 작물로는 땅속의 감자(ㄱ), 고구마(ㄱ) 같은 뿌리 열매다.

[그림24]

[그림25]

[그림26] [곱 ⠶]은 거꾸로 돌리면 [⠶]이다. 비슷한 한글 모양은 【ㅆ】이다. 원모습 그대로 보면 앞 글자[ㅆ]는 배가 부른 어미(쌀)요, 뒤에서 있는 [ㅅ]은 사(ㅅ)

[그림26] 곱

---

13) 구길수, 전게서, p.355

내다. 이미 임신한 마누라를 뒤에서 또 하니 【곱】이다. '일'을 두 배로 하는 것이다.14)

한자로는 【비(比)】를 들 수 있다. 갑골문 형태는 사람을 나란히 세운 비(𠤈)다. '견주고 같다' 이외에 '친하고 잇닿아 즐거워하다'의 뜻이 있으니 그 뜻이 같은 종류다. [일곱]은 일을 곱으로 하여 일을 해내며 땀 흘려 [일군] 다는 뜻도 있다. 일곱은 중세 국어는 '닐굽', 고려 어는 '일급(一急)'이다.

[그림26] [곱 𠃬]을 돌린 글자 [又]는 현재 한글 [ㄱㄱㄱ ㄱ]이니 【끄】다. 현재의 [곱]으로 변화됐다. (又 > 끄 > 끄 > 급 > 굽 > 곱)

숫자로는 7이니 어미 자리인 가운데 수평선과 함께 일곱(7) 수(數)다. 칠(七)의 갑골문은 칠(十)이다. 갖은 자는 칠(𠂇), 칠(柒)이다. 칠(十)은 치다 [찌르다, 끊다(切)]의 뜻이 있고 갑골문 칠(十)은 열 십(十)과 혼동되어 '구부려' 칠(七)로 쓴다. '일급(굽)'으로 '구부려 일하다'의 뜻이 된다. 칠(七)이 셋이 모인 【칠(龖)】은 '기쁘다, 즐기다, 사랑하다.'의 뜻이 있어 녹도문 '일곱'과 뜻이 통한다. 일곱의 [일](ㅇ)은 ㄴ으로도 변하니 나나(일어)다.

우리말 [곱]이 나온 [끄] 이외에 일곱의 녹도문 [곱 𠃬]을 뒤집은 놓은 형상은 [又]으로 모양은 [쯔]꼴이나 실제 한글 [쓰]이니 ㅅ, ㅈ 음가가 유럽에서 발현된다. 세븐(영어), 셈(러시아), 사트(힌두어), 지번(독어) 등이다. 우리 녹도문이 직접적으로 발음에 영향을 미쳤음을 알 수 있다.

---

14) 구길수 씨는 [그림26]의 곱(𠃬) 상형을, 아이를 낳은 후 사내와 함께 기도하는 것으로 보았다.

9. 여덟 〈

[그림27]을 현재 한글 자모에서 찾자면 【ㅊ】이다. ㄱ을 좌로 돌리면 [ㅅ]인데 두 뿔(")이 달려 있으니 [ㅊ]이다. //은 ㅂ으로 한글 조형은 【칩】(> 집)이다. [그림28]과 같은

[그림27] 여   [그림28] 배달국 집

이층집이다.15) 아래층은 집 가(家, 갑골문은 𤤽) 글자처럼 돼지(㐬)가 산다. (돼지우리) 배달국과 단군조선 시대는 아열대 기후로 매우 다습(多濕)하고 홍수(洪水)가 많았다. 움집이나 혈거(穴居)가 아닌 번듯한 집은 이층집을 지었다. 위에는 다 큰 사내들은 나가고 마누라와 아이, 딸들만 산다.

[그림27] 녹도문(鹿圖文) '집 여()'을 이은 [그림29] 자모전(子母錢)에 나타난 단군조선 문자 '집 가(家)'도 [그림29]와 같이 사다리로 이은 이층집의 모습이다. ㅅ은 지붕이고 ㅣ는 벽이다. 두 사선 // 은 사다리

[그림29] 고조선 집

모양(ㅐ)으로 ㅂ 받침이다. 현대 한글로 하면 [십]이니 【집】이다. ∧은 돌려 ⌐]이고 ㅣ은 [ㅣ] //은 [=]로 하면 【갸】이니

---

15) 구길수, 전게서. p.362. 고구려 고분 '안악 제4호 고분'에서 나온 집이나 묘족의 집 모습이기도 하다.

'집【가】(家)' 음을 구성한다. [그림29] 고조선 옛 글자에서 '집 가(家)'의 훈과 음이 다 같이 생성되는 것을 확인했다. 또 녹도문 [그림27] [𣲖]에서도 집 가(家)의 훈(訓)이 되는 [집]이 생성됨을 보았다.

[그림27] [𣲖]의 7꼴을 그대로 ㄱ 자음으로 보면 ㄱㅕ【켜】 형태로 【여】 소리다. [𣲖 > ㄱㅕ > ㅋㅕ > 켜 > 겨 > 여] 【켜】에서 현재 【여】는 ㅋ, ㄱ이 ㅇ 변음(變音)으로 본다. 이처럼 녹도문에서 '집 여'가 다 나온다.

'다섯'의 다(𠂭)는 암혈(巖穴) 땅굴 尸 등 자연환경의 동굴 등에서 살았으나 이제 처자식이 살 집다운 집을 장만했다. 수확한 열매도 여물어 여름 지다. 집도 있으니 여름 지어 가멸진 부자 (富者)다. 여름내 햇빛과 물이 서로 어루어 열매가 여물 듯 사내들이 일군 계집에, 자식들이 열매처럼 열려 있는 집이 [여덟ㅂ] 이다. 이 집에는 계집 딸과 마누라가 산다. [계집]은 '[집]에 [계]시는 이'이다. '마누라'는 '맏오래(마누래)'로 '오래(오려 나?)'(門)에서 사내(아비)를 기다리는 '맏'이다. 아비는 남편, 젊은 사내, 아버지 등 두루 쓰이나 원래는 어룰 수 있는 젊은 사내다.

짝수로 보면 둘은 두르는 ㄹ 받침이고, 넷은 누은 ㄹ의 모양이다. 여섯은 '계집을 가지어 애가 들어[섰]다'로 여[섯] 이다. 여덟은 '여덜'로 ㄹ이다. [여(려)]는 동음 한자로는 오두막집 [려 (廬)]다. 집 [엄(广)]도 비슷한 음과 뜻을 지닌다.

[그림30] [㐅]을 뒤집어 한 자로 하면 [𠆢]이다. 현재의 한글 자형【ㅈ】에 가깝다. 물건이 우뚝 [서] 있는 사내가 ㅈ으로 표시된다. 또 [㐅]을 분해하면 ∨ ⟨ 로 볼 수 있으니 ∧∧로 돌리

면 ㅅ ㅅ이다. 현재 한글 쌍자음으로 나타
내면 【ㅆ】이다. 마누라가 사는 집에 아
비인 사내가 '오려나?'하고 '오래'인 문에
서 기다리는 마누라를 방문하여 [세(슷)]
우는 글자다. [그림30] [己]의 상형에 따
른 음은 [ㅈ ㅆ]로 현재 [덟(ㄷ)]과 다소

[그림30] 덟

거리가 있어 보인다.

　동작 상태 등을 나타내는 일어 도(と)는 [그림20] [己]과
더 닮았으나 [그림30] [己]과도 둥글지 않고 각이 진 차이를
빼고 비슷하다. 일어 발음 [도(と)]는 [덟(ㄷ)]과 음이 유사성
이 있다.

　당시 녹도문은 모음 표시가 뚜렷하지 않다. 일단 아래 아(·)
를 붙여본다. 현재 [덟] 음은 ㅆ, ㅈ의 ㅆ ㅈ에서 출발하여 변화
된 것으로 본다. [己 > ㅆ, ㅈ > ㅆ, ㅈ > ㄷ(더, 도) > 들(덜
ㅂ) > 덟]

　한편으로 이 글자의 음(音)은 '[절]을 하는 모습'에서 '절'의
음을 따면 【덜】이다. 쉽게 "여덟"을 해석하면 집에 있는 "여자
들(덜)"과 "ㅂ(ㅁ, 아이들)"이다. '일곱'에서 일구어 자식 농사짓
고 '여덟에서 계집과 자식의 집이라는 열매를 맺는다.' 예나제나
서민들은 제 가정 이루고 집 한 칸 마련하는 게 꿈이고 목표인가
싶다.

　한자로 보자. 여덟 팔(八)은 갑골문은 【팔(ノ乀)】이다. 아이
를 낳는 계집의 양 가랑이 상형이 아닌가? 나눌 팔(ノ乀)이라고
하는데 양쪽으로 나뉜 상형에서 나온 뜻이다. 원래 여덟 팔(ノ乀)
의 뜻과 가까운 것은 '나눌 분(分)'이다. 갑골문은 【분('ᾭ')】

으로 상형(象形)된다. '계집 양 가랑이(다리 :)() 사이로 아이(ㆍ)가 나오는 모습'이 분명하다.

'열매 실(實)' 자를 한번 보자. 집 면(宀) 아래 밭 전(田)과 조개 패(貝)로 이루어 있다. 집(宀)과 전답(田畓)의 부동산과 동산인 돈(貝)을 갖춘 부자이다. 5천 년 전 배달국 시대나 자본주의 시대인 지금이나 부자 되는 것은 똑같은 모양이다.

'여덟'이나 '집'에 ㅂ 음이 받침으로 숨어있다. ㅂ이 초성으로 나오는 보셈(러시아어), ㅂ괘ㄷ(괘, 티벳어)이 있다. 또 ㅂ이 ㅍ으로 변한 한자어 팔(八)이다. 여덟의 ㄷ이 ㅌ으로 변해 에이트(영어), 아흐트(독어)이다. ㅇ이 ㅎ으로, ㄷ이 ㅊ으로 변해서 하치(일어)다.

10. 아홉 ㅛ ㄴ

[그림31 아]

[그림31] ㄴ은 한글 글자 자형으로는 ㄱ에 다시 ㄱ을 이은 모습이다. 해당 한글 자형은 【ㄱㄱ, ㄲ】 이다. 모음까지 고려한 원형은 【ㄲ】 이다. 뒤에 이은 ㄱ은 ㅜ로도 볼 수 있으니 오늘날 해당하는 한 글자로는 【꾸】 이다. [꾸]불[꾸]불하게 생긴 [굵]은 [구]렁이다. 나중에 ㄱ은 ㅇ으로 변하니 【우】 다. 원음은 [ᄋᆞ]이고 【아, 어】 로 모음이 변화된다.

[ㄴ > ㄲ > ㄲ > 꾸 > 구 > 우 > 아]

상형으로 보면 구(ㄱ)렁이가 꾸(ㄲ)불 꾸(ㄲ)불 "기(ㄱ)어 오르는 모습(ㄱ)"이다. 부단한 노력으로 한 단계 한 단계 상승하는 사람의 상징이다. 진보(進步), 상승 의지와 이를 실현하는 힘이 느껴지는 그림이다. "꾸"다. 꾸물꾸물 힘을 키워 오른다. 결혼 제도도 없고 계집과 사내가 뒤엉켜 사는 원시시대에 힘센 숫, 큰 숫이 [압]도하는 [압], 바로 [왕]이다. 굵고 긴 거대한 뱀(업구렁이)으로 상징된다. 상형으로 보면 이제 사내가 계집의 집을 오르는 모습이다.

[그림32] [Ш]글자의 한글 글자 자형은 【ㅗㅗㅗ】다. 축약해 보면 【ㅛ, ㅗ, 오, 호】다. 여기에 하늘 (ㅇ, ㅎ)의 씨(·)를 담는(ㄴ) ㅂ(불알)이 추가되면 【옵, 흡】이니 [아홉, 압(앞)이요, 업(구렁이)]이다.

[그림32] 홉

【압】은 [앞(前)]에 있다. [Ш > ㅗㅗㅗ > ㅛㅗ > ㅛ > ㅗ >오 > 으 > 옵(압, 업) > 흡 > 홉] 앞에 달린 '남근'이다. 숫이 설 수 있는 젊은 사내다. ㅂ은 담는 것이니 하늘(ㅇ)을 담는(ㅂ)[으+ㅂ] 것으로 '압'이고 '아비, 아버지'이다. 자기(지) 아비이니 지아비(夫)요, 이른 아비는 오라

[그림33] 왕관

비(올압이)다. [압]이 더 크고 세면 【업】이다. '어비, 에비'라 한다. 엄한 아비요, 무서우니 '에비'라 한다. 크고 굵은 '업'구렁이다. 초가지붕에 큰 구렁이가 살면 업(業)구렁이라 하고 부자

가 된다고 믿었다. 하늘(ㅇ)의 씨(ㆍ)를 담는(ㅂ) 【읍】이 크면 복(福)이고 부자다.

山(홉)의 상형을 본다. 윗부분은 '셋'의 삼지창 철(屮) 과 비슷한데 더 길고 확실하다. 위로 삼신(三神)과 통하고 삼신을 받드는 형상의 문자로 보인다. [압]은 이 땅(一) 위에 삼신의 빛(川)을 받아 구현시키고 완성해 나가는 이로 왕(王)이다. 모양이 비슷한 한자는 산 【山】 이다. [그림33]은 경주 교동 고분에서 출토된 왕관이다. 이 형상은 왕이 쓰는 금관(金冠)에 잘 구현되어 나타난다. [읍](山)이 하늘의 뜻을 받아 다스리는 왕임을 나타낸다. 사내(사람)가 이 땅에서 해야 할 업(業)이다. 업(業)의 간체자는 업 【业】 으로 (읍)과 꼴이 비슷하다. 업[业]은 '두려워한다'라는 뜻과 '업으로 일 삼다'의 뜻이 있다.

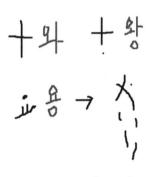

[그림34] 왕

한자로는 【구(九)】 다. 갑문은 구( )다. [구]불[구]불 기어가는 [구]렁이다. 이 구렁이는 나중에 구룡(九龍)으로 상상의 동물, [ ] 용(龍)으로 상징된다. 남자가 올라가는 최고의 위치, 왕(王, 큼)이다. [그림34]16)와 같이 +은 고대 한글 음은 [ㅗ+ㅏ]十 로 [와]가 된다. [十]는 [왕]이다. 그리고 [용]( )은 하늘을 나는 모습이다.

[그림35] 임금

---

16) [그림34] 출처 : 허대동

[그림35]17) 임금은 금관이나 조익관(鳥翼冠)을 쓴 모습이 형상화되어 있다. '임군(君)'이 '임금'이며 '임금 왕(王)'이다. 왕(王)에서 우리말로 '군'이 나온다. [군]은 [구](九), 업구렁이의 [구]와 관계된다. 한자 구(九, 𤤴)의 [구] 음도 녹도문 [그림31] [ᄀ]의 꾸불꾸불(ㄱ)에서 [구] (ㄱ> ㄲ> 꾸 > 구) 가 나왔음을 알 수 있다. 대표적인 상징 동물이 구불구불한 구렁이다. 아홉의 원래 ㄱ은 구(九), 구(티벳어), 규(일어) 음으로 그대로 남았다. ㅇ은 비슷한 음 ㄴ으로 바뀌어 나인(영어), 노인(독어), 뇨(힌두어) 이다.

11. 열 ¥

한글 자음으로는 정확하게 일치하지 않으니, ㄴ보다 더 구부려져 있는 ∨형태다. 거꾸로 세우면(ᄉ) 【ㅅ】이다. [그림36] 상형은 무엇을 나타내는가? ∨형태는 씨를 담을 수 있는 그릇 ㅂ의 다른 모습이다. 그 ∨를 뚫을 곤(ㅣ)이 뚫고 있다. 완전한 삽입(揷入) 상태이다.

[그림36] 열

곤(ㅣ)이 씨를 담을 수 있는 ᄉ(습)을 뚫어 【열】어 나가는 【십】 (十)이다. 십(十)의 갑골문은 십(ㅣ)이니 곤(ㅣ) 과 형상이 같다. [십]은 매우 강렬한 체험이므로 ᄉ이 ᄊ이 되어 【씹】

---

17) [그림35] 출처 : 허대동

이다. 옛 그리스문자 Ψ 꼴이다.

[그림36] [Ψ]는 ∨에 곤(\ )이 관통한 모습이다. ∨는 ㄴ, \ 은 칼돈글에서 ㄹ이니 한글 자음으로 【ㄴㄹ】이다. ㄴ을 열어 곤(\ ) 뚫어 오르니 뜻은 열어나갈 [열]이다. [Ψ > ㄴㄹ > 눌 > 녈 > 열]

[그림36] [Ψ]은 또 [십]으로 발음된다. [Ψ > ∨ \ Ѡ > ∧ ㅣ Ѡ > ㅅㅣㅂ > 십] Ѡ은 ∪가 씨(시, ·)를 받으니 ᄇ, Ѡ으로 한글 상형은 [ㅂ]이다. [Ψ]은 훈과 음이 '열 십'이 된다. 오늘날 한자는 열 십(十)이다. 녹도문에서 여성의 상징 ∨는 한자에서는 일(一)이 되고, \ 은 세워(l) 결합하여, 십(十)이다. 십(十) 갑문은 더 간략한 남성의 모습 십(l)이다.

지금까지 여섯, 일곱은 일방적인 씨받이로 뒤로 받아들인 수동적인 여성이 능동적으로 바뀐다. 음(陰)이 위로 오르는 여성 상위(上位)로 양(陽)이 아래에 있는다. 뜨거운 양기가 솟구치고 강한 음기가 내려오니 진정한 에너지 교류(交流)로 음양화합과 희열(喜悅)의 극치에 이른다. [열](悅)도 '열 십'의 [열] 음이다. 지천태(地天泰 : ䷊ : Ψ)로 이상 세계를 열어나간다. 지금의 통상적인 정상위인 천지비(天地否 : ䷋ : 人)의 막힘과 단절의 세상과 반대다. [열]린 부드러운 세상, 억강부약(抑强扶弱)의 후천(後天) 세계다. 인류가 막힌 문(門, 오래)을 [열]고 들어가야 하는 새 누리집이다. [새 하늘, 새 땅, 새 사람]이니 [신천지인(新天地人)]이다.

'하나'를 알면 '열'을 안다고 했으니 [그림37] '하나'의 '하'를 보자. 풀잎에 내리는 햇살들 같은데 열(Ψ)의 모습과 비슷해 보

이지만 다른 형태다. 오늘날 한글로 치면
[까 ] 발음인데 [햐]로 음이 바뀐다. 하
늘에서 시작된 빛은 사람에게 이르러 완전
한 음양화합과 깨달음으로 새 생명 탄생에
이른다.

[그림37] 햐

　한자어 '열 십(十)'도 양물(陽物) 곤
(ㅣ)과 여음(女陰, ∨)을 편 수평선(一)이 가운데에서 만나 교합
(交合)하는 모습이다. 사랑의 행위에서 새 생명이 태어나듯 사
내도 계집도 이 완벽한 결합으로 거듭나서 새로운 세계로 나갈
수 있다.

　십(十)에서 ∨형을 180도 돌리면 ∧으로 ㅅ이 되고 ㅅ은 ㅈ이
된다. 젠(독어), ㅂ쥬(테벳어), 쥬(일어)이다. ∨를 90도 돌리면
< 으로 ㄷ, ㅌ 발음도 나온다. 다스(린두어), 데세트(러시아), 텐
(영어)이다.

12. 녹도문 해독 정리

녹도문	숫자	한자	자모	고대음	현대음	뜻	비고
(기호)	1	艸 丫	ㄱ	ㄲ	하	한, 해	艸艸 > 가가 > ㄲ > 까 > 햐 > 하 艸艸 > 가가 > 까 > 햐 > 햬 > 하 > 히 > 해
(기호)	1	乂 出	ㄴ	ㄴ	나	나	乂 > ㄴ > 나 ㄱㄴ > ㄱㄴ > 가나 > 하나 > 한
(기호)	2	山 乙	ㄷㄹ	둘	둘	두르 따	쓸 > ㄷㄹ > 두르, 둘 > 둘 둛 > 둘히 > -히 > △ㅣ > 이(二)
(기호)	3	朮 屮	ㅅ	숫	셋	섯석 숫	朮 > 숫 > 싯 > 셋, 세 Ⅲ > 옛 > 쎗 > 쎗 > 셋
(기호)	4	己 四	ㄹ	ㄹ	넷	넉 넌	己 > ㄹ > ㄹ > 릭 > 레 > 레 > 네 > 넷넉 ㄹ > ㄹ > 릭 > 린 > 닌 > 넌
(기호)	5	尻 尸	ㄷㅅ	ㄷ	다	모두	尻 > 둤 > ㄷㅅ > ㄷㅣ > 다
(기호)	5	艾 爻	ㅅㅈ	슜	섯	세움	爻 > 丛 > 슢 > 쏬 > 슛 > 섯 爻 > 쎘 > 쪘 > 썼 > 쎘 > 섰 > 섯
(기호)	6	艸艸	ㄱㅈ	ㄲ	여	가진	艸 > ㄲ > 꺼 > 거 > 어(훈몽자회) > 여 艸 > ㄱㅈ > ㄱㅈ > ㄱ준, 가즌, 가진
(기호)	6	仐 仐	ㅅㄷ	숟	섯	선胚	仐 > ㅅㄷ > 숟 > 숫, 섯 겨숟 > 혀섫 > 여섫 > 여섯.

녹도문	숫자	한자	자모	고대음	현대음	뜻	비고
⋮	⋮ 兴	· ㅇ	·ᅌ	일	아이들	아이들	⋮ > ...—... > ᅌᅌ응ᅌᅌ > ᅌ응 > ᅌᅌ > ᅌ > 잉 > 일
??	?? 㐡	ㅅ ㅈ	ㅺ	곱	곱	곱	ㄨ > ㅉ > ㅺ > ㄲ > 급 > 굽 > 곱
氺	廬 家	ㅊ ㅋ	ㅋㅕ	여	집	집	氺 > ㄱㅕ > ㅋㅕ > ㅋㅕ > ㄱㅕ > 여
✗	と 八	ㅆ ㅈ	ㅈ	덟	들	들	✗ > ㅆ, ㅈ > ㅆ, ㅈ > ㄷ(더, 도) > 들(덜ㅂ) > 덟]
?	九 ?	ㄲ	ㅺ 아	구 불	구불		ㄱ > ㄲ > ㅺ > 꾸 > 구 > 우 > 아 ㄱ > ㄲ > 꾸 > 구
业	业	ㅛ	옹 흡	업	업		业 > ㅗㅗㅗ > ㅛㅗ > 쑈 > ㅗ > 오 > ᄋ > 욥(압, 업) > 흡 > 홉
ㅂ	十 一	ㄴ ㄹ	늘	열	열 십	열 십	ㅂ > ㄴㄹ > 늘 > 녈 > 열 ㅂ > ∨ \ ᄡ > ∧ ᅵ ᄡ > ㅅㅣㅂ > 십

13. 우리말 녹도문

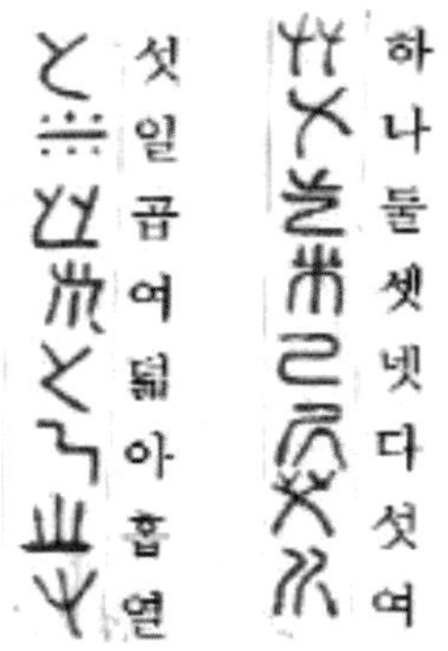

[그림38] 녹도문

"하늘에서 나투어(하나) 이 땅에 두르어(둘) 사내를 세우고(셋) 계집을 눕히고(네) 땅 굴속에서 살게 하고 싹이 나게 하여 먹게 한다. (다섯) 계집을 뒤에서 가지니 애가 들어서고(여섯) 임신 중에도 곱으로 일해 씨알들이 태어난다. (일곱) 집을 여름 지어 아녀자들을 살게 하고 세운다. (여덟) 더욱더 크고 높게 업(業)을 지어 큰 사람이 되어 하늘의 뜻을 지상에 펼치고(아홉) 완벽한 결합으로 태평한 후천의 새 세상을 열어 간다. (열)"

[그림38] 녹도문 의역 말고 당시 음과 비슷하게 현재 한글로 표시해 보자.

ᄁᆞᄂᆞ ᄃᆞᆯ ᄉᆞ ᄅᆞ ᄃᆞᄉᆞᆺ ᄁᆞᄉᆞᆫ ᄋᆞᆼᄁᆞ 켜ᄌᆞ ᄁᆞ욘 ᄂᆞᆯ
하나 둘 셋 넷 다섯 여섯 일곱 여덟 아홉 열

하나에서 다섯까지는 신(神)께서 다스리는 천(天)의 시대로 천지인(天地人)을 창조한다. 여섯부터 열까지는 창조된 사람이 번성하고 영(靈)을 진보시켜 새 세상을 열어가야 하는 사명을 실천할 인(人)의 시대를 명(命)하고 있다. '널리 인간을 이롭게 하고 지상에 아름다운 사람들로 가득 차게 하라' 한다.

녹도문(鹿圖文)은 6천 년 전 배달국 환웅 시대 글자다. 단군조선의 가림토 문자와 자모전(子母錢)에 나타난 고대 한글의 모태(母胎)다. 녹도문을 이은 자모전의 고대 한글은 훈민정음과 현재 한글과 한자(韓字)의 출발이다. 따라서 녹도문에서 비롯된 우리 한글과 한자를 다 살필 수 있다.

우선 한글을 보면 하나에서 ㄱ ㄲ ㄴ이 나오고 둘에서 ㄷ ㄹ이 나온다. 셋에서는 ㅅ이, 넷에서는 ㄹ, 다섯에서는 ㄸ ㅉ, 여섯은 ㄱㅈ ㄲ ㄸ, 일곱은 · ㅆ ㄲ이 나온다. 여덟에서 ㅊ ㅋ ㅈ ㅆ, 아홉에서 ㄲ ㅿ ㅂ, 열에서 ㅅ ㄴㄹ 등을 볼 수 있다. (ㅁ, ㅌ, ㅍ만 보이지 않는다.)

한자는 하나는 초(艸), 초(屮) 둘은 예(乂), 산천(山川) 출(出), 셋은 철(屮) 목(木) 삼(三), 넷은 기(己) 사(四) 여(女), 다섯은 거(尻) 시(尸) 애(艾)이다. 여섯은 비(竹) 육(六), 일곱은 일(日) 흥(興) 미(灬) 비(比) 칠(七) 칠(疌), 여덟은 가(家) 팔(八), 아홉은 업(業) 구(九), 열 십(十)이 나온다.

녹도문 자형 순서는 상하(上下)가 많고, 현 한글은 좌우(左右)로 배치된다. 거꾸로 뒤집어서 보아야 하는 것도 많다. 다섯의 ㄷㅅ이 상하로 구성된 다(仄)는 현재는 옆으로 배치되어 【ㄸ】이다. 섯(乂)을 180도 거꾸로 뒤집으면(乂) 【ㅉ】이다. 일곱의 곱(乂)도 180도 뒤집어(仄) 【ㅉ】 꼴이 된다. ㄴ 형상은 돌려서 ㄱ이 되기도 하니 '하나'의 '하'(竹)도 [ㅃ]가 아니라 뒤집어(竹) 【ㄲ】이다. 여성 상위 체위인 '열십(丫)'도 180도 회전하여 오늘날 일반 형태인 정상위인 '열십(人)'으로 바뀐다. 문자도 ∨형태가 ∧형태인 ㅅ으로 바뀌니 【십, 씹】이다. 계단처럼 보이는 '아'(ㄱ)가 내려오는 것처럼(↘) 보인다. 당시는 세로

쓰기이니 왼편으로 오르는, 좌상(↖)으로 오르는 표시다. 감각도 반대다. 현재 가로쓰기 글쓰기로는 올라가는(↗) 형상은 이렇게 (♪) 표시해야 할 것이다.

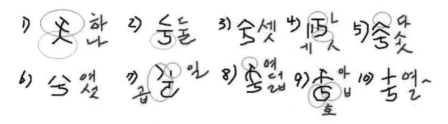

[그림39] 자모전 숫자(하나 ~ 열)

[그림39][18] 자모전에 나타난 하나에서 열까지 고대 한글은 녹도문 글자와 꼴이 매우 다르다. 16자가 아닌 숫자 그대로 10자이다. '하나'는 '하나'로 발음되고 그 형상은 '하늘 천(天)'이다. 하늘 천(天)의 한자(韓字) 조자(造字) 모습을 보인다. '열십(十)'도 조자(造字)도 마찬가지다. 우리 선조들께서 우리말로 한자(韓字)를 만들었음을 증명하는 글자들이다. ㄷ, ㅅ, ㄱ은 <, ∧, >형태이다. '여섯'은 한자 혜(兮) 꼴이다. 위는 팔(八)로 여음을 벌린 모습과 함께 두 획으로 【ㅕ(여)】 음이다. 받침에 쓰인 교(丂)자 모양은 '둘, 열(ㄹ), 셋, 넷(ㅅ), 일곱(ㅂ), 여덟(ㄼ)' 등 여러 받침에 쓰여 이채롭다. 오늘날 받침이 [ㄹ, ㅅ, ㅂ, ㄼ] 으로 모두 다르나 당시에 음이 비슷하여 같은 '丂'(일곱은 乙)로 꼴을 만들어 받치지 않았을까? 생각하게 하는 글자다.

녹도문은 6천 년 전 환웅 시대 문자다. 오늘날 한글과 한자가

18) [그림39] 출처 : 허대동

그 속에 들어있다. 아직 한자(정음을 생략한 상형문자)가 독립되어 나오지 않는 상태의 상형(象形) 정음(正音) 문자다. 한글과 한자가 미분화된 상태에서 하나로 되어 있다. 이 녹도문에서 한자와 한글이 동시에 나오는 것을 살펴보았다. 이번 문명의 글자가 나오는 모체(母體)이다. 16글자밖에 안 되어 부족하나 ㅁ, ㅌ, ㅍ을 제외한 한글 자음이 거의 다 들어있다. 모음 분화가 뚜렷하지 않다. 정음을 나타내면서도 간결하게 상형이 잘 표시된 글자이다.

먼저 해독의 길을 제시한 구길수 씨 해독을 바탕으로 녹도문을 완전히 해독(解讀)하였다. 특히 한자뿐 아니라 녹도문 자체가 '상형 한글'임을 하나하나 밝혔다. 이 녹도문(鹿圖文)은 정음(正音)이 거의 다 들어 있는 상고(上古) 시대 상형(象形) 한글(韓契)의 하나로 볼 수 있다.

내용은 오늘날 시각에서 보면 외설적(猥藝的)으로 생각되어 진실을 외면하고 싶을 수도 있다. 하지만 지금의 시각이 더 왜곡(歪曲)된 것이 아닐까? 당시 문명을 일으키는 때는 좋은 씨를 널리 퍼뜨리는 성(性)이 매우 중요했다 볼 수 있다. 다산(多産)을 장려하고 혈통(血統)을 잇고 힘이 센 숫으로 끌어나가는 환웅(桓雄)의 역할이 매우 중요했다고 볼 수 있다.

그리고 마지막 새로운 세계로 열고 나가는 십(十)의 이상향을 제시하여 가르쳐 주고 있다. 녹도문에서 이야기하는 마지막은 하늘의 뜻에 따라 강한 숫이 내려오고 약한 암이 위에 오르니 강자는 약자를 받드는 상생 세계다. 민인(民人)이 깨어나 진정한 주인이 되는 민주주의의 열린 복된 누리의 꿈으로 지금도 진보하고 있다. 비록 어느 때 잠시 뒤로 돌아가는 일이 있어도.

고대 한글로 쓴 삼신봉 암각 글자

4마디 : 고대 한글로 쓴 삼신봉 암각 글자

1. 고대 암각 글자 발견과 해석 문제

[그림1] 글자가 새겨진 삼신봉 돌 발견 당시 모습

지리산 삼신봉 아래 청학동 뒤편(청암면 묵계리 삼신봉 남사면 1,200m 지점)에서 2018년 10월 3일 한국전통심마니협회 정형범 회장이 고대 원시 문자가 새겨진 가로 50cm, 세로 40cm, 두께 20cm의 돌을 발견했다. [그림1] 하동군은 정 회장과 돌 발견 장소를 확인하고 위치를 보호하고 있다고 밝혔다. 정 회장이 가지고 내려온 돌은 반환받을 것이라고 밝혔다. (2019.1.24) 이 문자를 감정한 세계 문자연구소 신유승 소장은 "중국의 갑골문자보다 2천 년이 앞선 고대 원시 문자로 해당한다."라 견해를 밝혔다. [그림3]과 같이 52자를 채자(採字)하여 공표하였다.1) '삼신봉 스톤'이라 부르며 옛 문자 사료(史料)로 발굴하여 정성껏 채자하여 후학들이 쉽게 연구할 수 있도록 하였다. 감사를 드린다.

  삼신봉에서 발견된 이 '삼신봉 스톤'은 '한국의 로제타 스톤'이 될 수 있을까? 이집트 상형문자를 해독하게 하는 로제타스톤(Rosetta Stone)은 1799년 프랑스 나폴레옹 군이 이집트를 점령할 때 나일강 하구 로제타에서 발견, 1802년에 영국에 뺏겼다. 영국의 의사 토머스 영이 86가지 소리의 비밀을 밝혔으나 흥미를 잃고 20대의 프랑스 샹폴리옹에게 넘겨 1829년 해독에 성공한다. 1999년 발견 200주년 기념 때 이집트가 반환 요청했으나 영국은 거절했다. 지금 세계에서 가장 오래된(약 5천 년 전) 문자가 새겨진 돌로 인정되어 영국 대영박물관에 보관 중이다.

  지리산 청학동 뒤 삼신봉 아래 1,200고지 등산로 부근은 지리산 갓걸이재 근처다. 이 주변은 지리산에 있는 우리나라 배달겨레의 성지다. 잘 알려진 청학동과 천제단이 있고 지리산 삼성궁, 지리산 산천궁, 배달 성전 등이 있다. 우리는 예로부터 마고 시대부터 삼신(三神)을 숭배했다. '삼신봉 스톤'은 우리가 세계적으로 문자 문화가 강국이었음을 입증하는 하나의 문자 사료(史料)다. 우리 글과 문화가 원류임을 보여주는 유적이다. 최소 3천 년은 넘을 것으로 보이나 글을 새긴 시기는 과학적인 조사 연구를 통해 밝혀지길 기대한다.

---

1) https://www.newskr.kr/news/articleView.html?idxno=17097, 한국농어촌방송 2019.01.24.

[그림2] 삼신봉 스톤의 원시 문자

　필자가 생각하는 해독(解讀)은 첫째로 문장 전체를 해석할 수 있어야 한다. 둘째는 그 문장이 자연스럽게 말이 연결되어야 한다. 셋째 당연히 뜻이 통해야 한다. 어떤 사람이 어느 나라 말을 어떠한 글로 뜻을 나타내고자 썼을까?

　이 암각 글자(巖刻契字)를 보면 대부분 갑골문이나 원시적인 한자로 생각하기 쉽다. 실제 다음 13개의 칠(七), 복(卜), 재(才), 출(出), 초(屮), 기(己), 삼(三), 왕(王), 우(又), 십(十), 이(二), 사(舍), 곤(丨) 과 같은 한자와 비슷한 글이 있다. 이 한자(실재는 해당 한자와 '같은' 글자는 하나도 없다)에 나머지는 알 수 없으나 '자신이 모르는 옛 한자일 것'으로 보아 버리고 해석도 딱 거기까지다. 무리는 아니다. 가림토의 사용 예나 고대 한글에 대해 알지 못해서 그런 생각이 들 수 있다. 우리는 안타깝게 가림토(加臨土)나 자모전(子母錢) 글을 보거나 가르치지 않았다. 우리 문화 강국, 문자 강국 전통은 잘 이어지지 못했다. 안타깝고 슬픈 일이다.

여기서 한자는 해독할 수 있는 열쇠가 아니다. 한자가 아닌데 한자로 풀 수 있을까? 자물쇠는 오로지 맞는 열쇠로만 풀린다. 해독의 열쇠를 찾아야 풀 수 있다. 이 암각 글자는 한자 같은 상형으로 보이지만 한자가 아니다. 자모전 등에서 보는 '고대 한글'은 한자처럼 상형이 강하다. 고대 한글은 현재 한글 자모보다 형태나 배치가 더 자유롭게 해서 한자와 같은 상형 꼴을 갖췄다. 그래서 한자로 보일 뿐이다.

세종대왕께서는 '자방고전(字倣古篆, 옛 글자를 본떴다)'이라 했다. 이 고전(古篆)이라는 옛날 전서(글자)가 곧 '고대 한글'이라고 생각한다. 필자가 처음 이 암각 글자를 보고 직감한 대로 '고대 상형 한글'이다. 필자가 가림토와 자모전에서 볼 수 있는 '고대 한글'로 해석을 할 수 있었으니 썬 글씨가 바로 고대 한글임을 입증한다.

총 52자인데 놀랍게도 가로쓰기다. 오늘날 우리가 한글을 쓰는 방식이다. 이것 역시 한자 쓰기와 다르다. 훈민정음을 표기할

.때 세로쓰기는 당시의 한자 영향 때문이었을 것이다. 여기 암각 글자에서 보듯 정음(正音)인 고대 한글은 처음부터 가로쓰기였을 가능성도 있다.

삼신봉에서 채자(採字)한 52자는 다음과 같다. 9자 5줄로 45자는 본문이다. 마지막 7자는 이 글을 쓴 사람의 일기(日記, 一記)라고 적고 있다. 이 52자는 중복되는 글자가 한 자도 없다. 편의상 고유번호를 붙여 보면 다음과 같다.

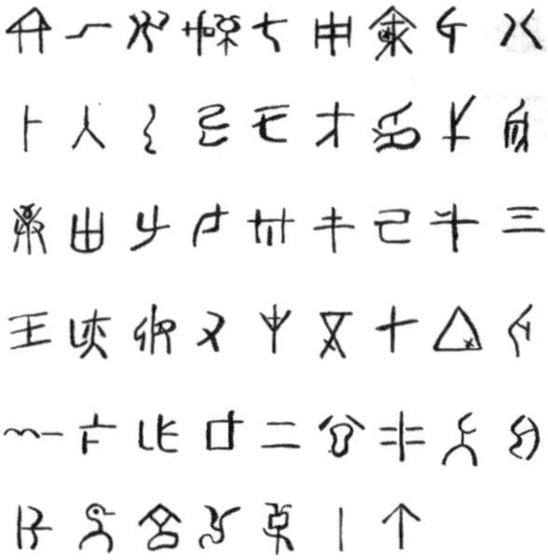

1	2	3	4	5	6	7	8	9
10	11	12	13	14	15	16	17	18
19	20	21	22	23	24	25	26	27
28	29	30	31	32	33	34	35	36
37	38	39	40	41	42	43	44	45
46	47	48	49	50	51	52		

[그림3] 삼신봉 암각 글자 52자

2. 삼신봉 암각 글자 해독

1	⋔	제	지:	∧은 ㅅ이다. ∧에 아래 ― 을 더한 △이다. 아래 ― 를 위로 올리면 ㅈ이니 ㅈ과 같다. ㅣㅣ는 ㅣ를 길게 내니 ∥(ㅣ:)로 표시했다.

△은 ㅅ보다는 ㅈ 음에 가깝다. ε, △, ㅈ 등이 ㅈ 음가로 사용되었다. △은 하늘에서는 삼성(三星)이다. 삼위일체로 삼신이 하나로 된 모습이다. 하늘에서 내려온 △ 은 '사람 인(人)'의 상징으로 쓰인다. 남자, 마늘 모(厶)의 모습이기도 하다. 여기서는 집의 특징으로 △는 지붕을 표시했다. 비슷한 모양과 뜻을 지닌 한자는 집(亼)이다. 비슷한 꼴 한자 마(亽)는 망치(亇)이다.

위의 1의 글자는 [집(⋔)]이다. 명도전의 [집](𠆢) 자는 △ 대신 ∧[ㅅ] 꼴에 기둥 ㅣ[ㅣ]에 사다리 ∥[ㅂ] 꼴이다. 첨수도 에시는 가(𠆢)다. 현글 싱형으로는 [십]이다. 지붕이 ∧이 이니라 삼각형(△) [ㅈ]이다. 사다리 ∥[ㅂ]가 없는 대신 두 벽(ㅣㅣ) [∥] 이 명확하다. [집]에서 사다리 ㅂ이 탈락한 [지]다.

△는 자음 [ㅈ], ㅣㅣ는 모음 ㅣ를 겹쳐 쓴 [∥]으로 장음(長音)을 나타낸다. 그대로 표기하면 [제]이나 중모음이 쓰이지 않으므로 지금은 [지]로 표시한다.

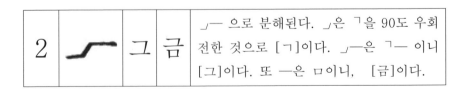

2	⌐	그	금	⌐― 으로 분해된다. ⌐은 ㄱ을 90도 우회 전한 것으로 [ㄱ]이다. ⌐―은 ㄱ― 이니 [그]이다. 또 ―은 ㅁ이니, [금]이다.

계단이나 언덕을 오르는 모습이다. 방향은 → 이다. 오르고 (↑) 있으니 ↗이다. 이 암각 글자(⌐, ↗)는 모양이 녹도문 [꾸](ᄀ, ↘)와 비슷하다. 오르는 방향이 반대이고 한 획이 줄 었다. (⌐)을 ╷─ 로 분해해서 철자로 바꾸면 '느' 같으나 실재 는 [그]다. 오른쪽 위로 계단이나 언덕을 오르게 표현하기 위해 ㄱ을 90도 우회전한 것이 ╷ 이다. ╷은 90도 좌회전한 ㄴ이 아 니다. 90도 우회전한 ㄱ이므로 2번은 [그] 자를 새긴 것이다. 지 금은 땅(언덕—)은 ㅁ을 환 획으로 표시되니 [금]이다.

2의 그(⌐)와 비슷한 꼴의 한자는 엄(厂) 같지만 다르다. 그 (⌐)는 사람이 다닐 수 있는 낮은 언덕이고 엄(厂)은 사람이 접근할 수 없는 낭떠러지다.

1번 집[지]을 나와 [그] 곳으로 가고 있다. 1, 2번을 연결하 여 관련 한자는 지금(至今, 至A)이다. 예로부터 오늘에 이르기 까지의 뜻이다. '이를 지(至)'의 갑문은 지(至)다. 새, 화살(箭, 至)이 하늘에서 땅(—)으로 내려오는 모습이다. 하늘에서 땅으 로 이른다. 금(今)의 갑문은 금(A)으로 집(亼) 안에 '이제' 머 물러 있는 꼴이다.

| 3 | 𜶲 | 껐 | 껏 | 좌우 ㄱ〉은 초성 [ㄲ], ∧은 중성 모음 [ㅓ], 가운데 ₃은 받침으로 [ㅆ]이니 [껐] 이다. 현재는 [껏]이다. |

'-껏'은 ~이 닿은 데까지, '지금(只今)껏'과 같이 '그때까지 내내'의 뜻이다. 3의 형상은 마치 팔과 허리를 [꺽(ㄱ)]지 모양

으로 [꺾] 고 지금(只今)[껏], 한(限)[껏] 춤을 추고 있는 모습 같다.

1의 [지(廾)]는 집이다. 출발점이다. '~에서부터' 이다. 2의 [금(⌒)] [그] 곳으로 오르며 이르는 모습이다. 3 [껏(𣥂)]은 목적지에 도착했다. 이 주 무대에서 마음껏 춤추며 일을 끝내는 모습이다. '~까지'이다.

'-껏'은 '것'에서 왔다고 본다. '것'은 또한 'ᄀᆞᆺ'(것, 갓(god), 곳)이니 신(神)을 직접 가리키는 말이 널리 일반화된 말이라 볼 수 있다. 신은 어느 곳이나 없는 곳이 없는 무소부재(無所不在), 어느 때나 없을 때가 없는 무시부재(無時不在)이니 딱히 틀린 말도 아니다. '공간적으로' 것은 소(所), (땅이름) 것(㞣)이다. 사람은 낮춰서 이것(놈), 저것(놈) 자(者)다. 가장 높은 신(神)의 뜻이 타락한 끝에 사람을 낮춰 부르는 데까지 왔다.

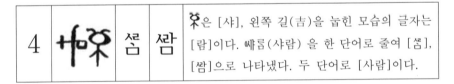

4의 오른쪽 그림은 사람(𡉚)을 그려냈다. 명도전의 '사람 인(𡗜)'과 비슷하나 더 간략한 모습이다. 얼굴의 ▽[ㅁ] 꼴은 ○으로 바뀌었고 다리ㅅ이 생략됐다. 머리 ᄇ는 [야]이고 팔과 몸통 ↑은 'ㅅㅣ'로 [시]이니 [썌]다. 간략하게 줄이면 [샤] (썌 > 얘 > 샤) 다. 자모전에서 【ᄇ】는 ㅁ 음가이다.

길(吉)을 눕힌 형상을 가진 왼쪽 글자는 [람]이다. 고대 한글에서는 ㅣ는 ㄹ, ㅜ는 단모음으로 ㄹㅜ(라, 러, 로, 루), ㅗ는 모음 ㅡ가 더 추가된 중모음 ㄹ~ (랴, 려, 료, 류) 등으로 발음한다. ㅁ 받침을 더 붙인 吂은 [름]이다. 쌔름[샤람] 으로 읽을 수 있는데 [사람]이다. 이를 축약해 한 글자로 [씀]으로 표시했다. (쌔름 > 샤람 > 사람 > 스름 > 씀 > 쌈)

사람을 나타내는데 오른쪽 그림과 글이면 되는데 왼쪽 길(吉)을 눕힌 모습을 더 그려낸 이유가 뭘까? 사람인데 '벌을 서고 있는 고통스러운' 사람을 표시하고자 한다고 생각된다. 왼쪽 글[람(仲)]은 나무 형틀에 매달아 놓은 '벌설 벌(伐)'의 갑문 벌(仹)과 비슷한 뜻을 지닌 상형으로 보인다. 길(吉) 자를 굳이 눕힌 이유일 것 같다. 여기서 글을 쓰는 사람은 딸을 잃고 고통 속에서 애가 타는 사람이다. 그러니 살맛 나는 사람이 아니다. 벌을 서듯 고통스러운 '쓰라린' [싹~람]이다.

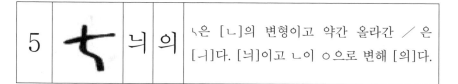

| 5 | 七 | 늬 | 의 | ㄴ은 [ㄴ]의 변형이고 약간 올라간 ╱ 은 [ㄴ]다. [늬]이고 ㄴ이 ㅇ으로 변해 [의]다. |

얼른 보면 한자의 칠(七) 자로 보인다. 그러나 획 모양이 전혀 다르고 기본적으로 한자를 쓰지 않았다. 옛 언문(諺文)으로 썼다. 언문은 한자에 대해 낮춰 부른 글이 돼버렸다. 원래 '언(彦)'은 '글을 쓰는 훌륭한, 큰선비다. 그 선비의 말이다.' 상민(常民)인 대중이 쓰는 속언(俗言), 속언(俗諺)이 우리말이다. 백성이 하늘이니 하늘 백성인 천민(天民)이 쓰는 하늘 말이다.

의자에 앉아 있는 모습 같은 글자(七)는 ㄹ로 보기보다 [ㄴ]의 변형으로 본다. 그리고 약간 올라간 /은 [ㅓ]를 하나로 표현한 글자로 읽는다. [늬]다. 지금은 ㄴ이 ㅇ으로 변해 [의]다. '~의'는 소유, 소속되거나 행동 작용의 주체를 드러내는 조사다. 상형으로 보자면 '사람이 앉아서 팔을 뻗어 관여하는 모습'이다.

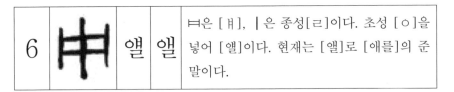

6		앨	앨	ㅐ은 [ㅐ], ㅣ은 종성[ㄹ]이다. 초성 [ㅇ]을 넣어 [앨]이다. 현재는 [앨]로 [애를]의 준말이다.

위 문자를 한자로 억지로 꿰맞춰 용(用)이라 하나 비슷해 보일 뿐 전혀 다르다. 고대 한글이다. 고대 한글로 보더라도 90도를 돌려보면 현재 한글 모양 꼴로 [표]자 같다. 그것도 아니다. 가운데 ㅐ꼴은 돌려 한글 ㅍ으로 보기 쉽다. 그러나 ㅐ은 중성 모음으로 [ㅐ]를 돌린 모양이다. 가운데 약간 굵기가 다른 ㅣ은 [ㄹ]이다. 따라서 초성에 음가가 없는 ㅇ을 넣어 현재 표기로 [앨]이다. [애]는 초조한 마음속을 나타낼 때 쓰는 창자 '장(腸)'이다. 배(腹), 마음(心)의 뜻도 있어, 몸의 중심이요 마음의 속, 핵(核)이다. 한자로는 모습이나 뜻이나 '가운데 중(中), 충(忠)'자와 가장 잘 통한다. 물론 갑골문 한자 중(中) 자는 배의 중앙이나 마음보다 '가운데에 깃발을 꽂는' 외부적인 중심의 뜻이다.

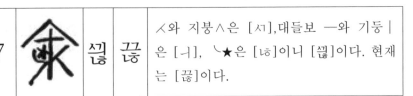

7		싏	끟	ㅅ와 지붕ㅅ은 [ㅅ],대들보 ─와 기둥 ㅣ은 [ㅓ], ⭐은 [ㅎ]이니 [싏]이다. 현재는 [끟]이다.

전체적으로 집 모양이다. 나무 위에 얽어 지은 집 같다. 보금자리는 별표(★)를 감싸고 있다. 여기서 별로 상징되는 것은, 하늘의 자손, 반짝반짝 빛나는 딸아이다. ∧와 지붕 ∧은 초성 [ㅅ]이다. 집(△)의 대들보 ─과 굵기가 같은 주 기둥 ㅣ은 [ㅓ]로 중성 모음이다. ＼은 [ㄴ]이고 ★은 [ㅎ]으로 종성은 [ㄶ]이다. 이를 결합하면 [섅]이다. [섅 > 끊 > 끊]으로 변화됐다. 금쪽같은 딸아이가 있었던 집을 형상화하고 있다. 당시 지리산 부근 숲속에 나무 위에 지은 작은 둥지(巢) 같은 집이었을 것이다. 덥고 습하고 맹수로부터 보호하기 위해서도 나무 위에 지은 요람 같다. 아이와 아이가 있었던 둥지를 떠올리며 딸아이를 잃은 아비가 애통해한다. 아이를 잃은 애끊는 단장(斷腸)의 아픔이 어린아이와 요람으로 역설적으로 표현되어 있다.

| 8 | 与 | 고 고 | (는 돌려 [ㄱ]이고 ㅜ는 돌려 ㅗ로 [ㄴ]이니 [고]다. 로마자 알파벳 G의 원형이다. |

(는 부드러운 꼴이나 각이 진 [ㄱ]이 변형된 꼴이다. 오른쪽 ㅜ와 그대로 결합하면 '구'이다. 문장의 흐름과 현재 맞춤법으로 보면 돌려 ㅗ[ㄴ]로 한 [고]가 맞다. 로마자 알파벳 G와 비슷한 꼴이고 발음도 ㄱ 음가가 있다. '귀'의 모습을 하고 '귀'로 발음이 난 자모전 '귀'(귀) 자와 비슷하다.

9	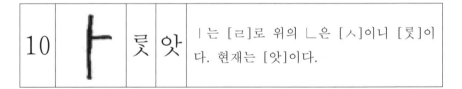 나 나	어긋나 버린 [나] 자다. 떨어져 나간 〈 은 [ㄴ], 틀어진 〉을 돌리면 ⌐로 [ㅏ]이니 [나]다.

그대로 보자면 ㄱ과 ㄴ이 서로 등 대고 있는 모습으로 보인다. 이를 정음(正音) 철자로 구성해 보면 ㄱㄴ, ㄴㄱ, ㄲ 으로 '근, 는, 늑' 등 글자를 생각해 볼 수 있다. 철자가 어긋나 멀리 흩어져 해독 순서도 어긋나게 반대로 해야 바로 잡힌다. 따라서 〈을 초성 [ㄴ]으로 삼는다. 앞 〉자는 종성 ㄱ이 아니다. 〉로 180도 우회전한 중성 모음 [ㅏ]로 본다. [나] 자다. 첨수도에서 나팔의 '나' 글자도 (✕) 9번 글자 '나'(✕)와 비슷한 꼴이다. 자식을 잃은 애끊는 마음으로 어긋 [나] 버린 [나] 다. [나] 빠져 버렸다. 어긋나 떨어져 나간 〈 은 [ㄴ], 틀어진 〉을 돌리면 ⌐로 [ㅏ] 이니 [나] 다. 통하는 한자를 찾자면 등질 배(背, ✕) 북(北, ✕) 등이다.

10	├	릇 앗	│는 [ㄹ]로 위의 ㄴ은 [ㅅ]이니 [릇]이 다. 현재는 [앗]이다.

굵기가 약간 다른 │는 [ㄹ]로 위의 ㄴ은 [ㅅ]이니 [ㄹㅅ]이 다. 중성 ·을 넣어 글자를 완성하면 [릇]이다. 현재 [앗] 음으로 변했다고 본다. (릇 > 랏 > 낫 > 앗) 비슷한 한자를 찾는 사람들은 복(卜)으로 볼 것이다. 그러나 하늘의 뜻을 알기 위해

점(·)을 치는(ㅣ) '점 복(卜)' 자가 아니다. 근원(根源)적인 한글 상형 [ㅏ]는 하늘빛이 내려와[ㅣ] 나아가[-]는 꼴이다. (구체적으로) 지상에서 찾으면 10번 ㅏ자는 한 길을 가다 갈래 길이 나와 (길을) 빼[앗]는 형상이다.

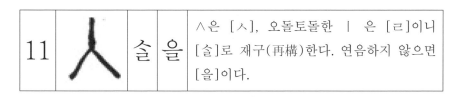

11	ㅅ	슬 을	∧은 [ㅅ], 오돌토돌한 ㅣ은 [ㄹ]이니 [슬]로 재구(再構)한다. 연음하지 않으면 [을]이다.

　10번 ㅏ자는 11번 ㅅ 모습으로 발전한다. '갈래 길'이라는 위상(位相)으로 보자면 각도 차이 외에는 없다. 그러나 '갈래 길'은 2갈래에서 3갈래로 더 나뉜다. 글자 획수도 2획에서 3획으로 늘었다. 11번 ㅅ은 전체 모습을 한글로 표시하면 그대로 자음 [ㅅ]이다. 또 ㅣ아래 ∧만으로도 [ㅅ]으로 볼 수 있다. 위 ㅣ은 쭉 뻗은 곤(ㅣ) 자가 아니다. 오돌토돌하다. [ㄹ]로 읽으라는 표시다. 아래에서 위로, 초성 [ㅅ] 종성 [ㄹ]이니 중성 ·을 넣어 한 글자로 하면 [슬]이다. '슬'은 빛나는 해에서 나온 햇살과 같이 아주 날카로운 것이다. 날카롭게 길게 셋으로 찢기는 모습 같다. 10 [릇] 와 11 [슬]은 현재 맞춤법으로는 [앗을]이다. 내 아이를 빼앗겼으니 [앗을] 이다. 글자 모양 상형으로 보는 상징을 읽어보자. 어긋나 버린 나(9번)의 마음을 앗아가니 (마음은) 두 갈래(10번) 세 갈래(11번) 찢긴다.

　비슷한 꼴의 한자를 고르자면 같은 위상의 가닥 아(丫) 다. 알파벳은 Y다. 또 자모전(子母錢)에 있는 아주 비슷한 꼴의 ㅅ는 디딜방아 모습이다. 방아(方牙)의 옛말 '방하(方下)'의 [하] 다.
모두 모양은 비슷하나 음과 뜻이 여기 암각 글자와 다르다.

| 12 | ⟨ | 글 | 걸 | ⟨은 ㄱ의 변형, 己은 종성 받침 [ㄹ]로 [글]이다. 현재는 [걸]로 독음한다. |

얼굴의 옆모습을 그린 것처럼 보인다. 필시 변을 당한 아이의
옆얼굴일 것이다. 약간 두툼(·)하다 길게 내려온 을(乙, ⟨) 모
양은 [ㄱ]의 변형으로 본다. 다음 흘려 쓴 己은 종성 받침 [ㄹ]
로 본다. [ㄱㄹ]인데 한 글자로 만들기 위해 두툼하게 알(·)을
배어 암시를 준 모음 ·을 넣으면 [글]이다. 첨수도에서는 갈대
를 그린 '글'자가 있다. ㄱ는 ·를 갈잎을 확실히 표시하여 (ㄐ)
꼴로 그렸다. ㄹ은 좀 더 늘어지고 좌우가 바뀐 S 꼴(ʃ)로 표
시하여 분리해서 12번 글자 [글]과 조금 다르다.
  '글'은 '올' '얼'로 발전된다. [글 > 올 > 얼] 하늘에서 내려온
'얼'이 들어있는 굴, '얼' 굴이다. 또 '글'은 [걸]이다. ~할 [것을,
것으로]을 축약해 ~할 [걸]로 적는다. 그리운 딸의 얼굴을 그린
[걸] 자인데 영어에는 소녀가 [걸(girl)]이다.
  '걸(girl)'이 영어로만 생각되지만 '걸' 또한 우리말이다. 위 12
번 그림을 그린 글에서 [글(걸)] 음이 나옴을 확인할 수 있다.
시집을 가면 'ㄱㅅ(가시)'이 된다. '글, ㄱㅅ'은 본디 신(神, god)의
뜻을 지닌 뿌리 말 중 하나다.

13	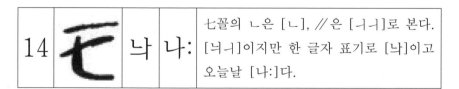	료 로	2은 그대로 [ㄹ], ㄴ은 (ㅗ)이고 끝을 /로 올렸으니(ㅗ) [료]다. 지금은 [로]다.

부드러운 2모양은 그대로 [ㄹ]이다. 로마자 알파벳은 방향만 바뀐 S다. 한자로는 을(乙, ⺄)이다. 지상의 강물 같은 것이 스리(ㄹ) 스리(ㄹ), 구불(ㄹ) 구불(ㄹ) 흘러내리는 모습의 상형이다. 아래 ㄴ/의 모습은 지상(―)에서 위로 나오(ㅣ /)는 모습 [ㅛ]다. '~으로' 로 움직임의 방향, 경로, 변화 등을 나타내는 조사로 쓰였다. 2번째 문장에서 10~13은 '앗을(은) 것으로'의 문장이다.

11에서 13까지 문자의 형상을 통해 나온 자식 잃은 아비의 심장은 두 갈래(11) 세 갈래(12) 찢어지고 딸의 모습이 선하게 흐르듯 보이다(13) 더 또렷하게 마음에 새겨진다(14). 당시의 상형 요소가 강한 정음(正音) 고대 한글은 말의 음을 나타내는 기본 기능 이외에 상형으로 은밀히 마음과 뜻을 모두 잘 표현하고 있다.

14		낙 나:	七꼴의 ㄴ은 [ㄴ], //은 [ㅓㅓ]로 본다. [ㅓㅓ]이지만 한 글자 표기로 [낙]이고 오늘날 [나:]다.

마치 한자로 일칠(一七)을 위아래로 붙여 쓰는 모습이다. ㄴ의 모습은 [ㄴ]이고 5번 글자와 같이 약간 올라간 /는 [ㅓ]로 본다. 그 위에도 정도는 덜하지만, 여전히 약간 오르는 /은 [ㅓ]

의 상형으로 본다. 지금 한글은 너무 간소화되어 장음(長音) 표현까지 사라졌다. 당시는 // [ㄴㄴ]를 써서 장음을 나타냈다. [ㄴㄴ] 자를 한 글자로 써보면 [나]다. 오늘날 [나(我)] 다. [ㄴㅣ > ㄴㅏ > 나 > 나] 'ㄴㅣ'를 길게 발음하는 "ㄴㅣㅏ"에서 마지막 모음 ㅏ만 남아 현재 '나'다.

'나'는 ㄴ과 ㅏ이니 하늘에서 내려와(ㅣ) 땅(ㅡ)에서 살아가는(ㅏ) 존재다. 그런데 여기서 (슬픈) '나'[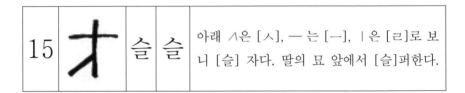]는 하늘도 땅도 기우는 듯(//) 느끼는, 하늘에서 내려온(ㅣ) 나:(ㅡ)다.

| 15 | [才] 슬 슬 | 아래 ㅅ은 [ㅅ], ㅡ는 [ㅡ], ㅣ은 [ㄹ]로 보니 [슬] 자다. 딸의 묘 앞에서 [슬]퍼한다. |

아래 ㅅ은 [ㅅ], ㅡ는 [ㅡ], ㅣ은 [ㄹ]로 보니 [슬] 자다. 상형은 한 발을 뻗고 있는 모습 같기도 하고 십(十)자가를 받쳐 놓은 것 같기도 하다. 이 문맥으로 봤을 때는 딸의 묘 앞에 세운 십자가(十字架) 모습이 상형이 어울린다. 그것을 바라보는 마음 역시 슬프니 발음과 상형에서 나오는 뜻이 맞다. 비슷한 한자는 재주 재(才) 자이나 음과 뜻은 연결성이 없다.

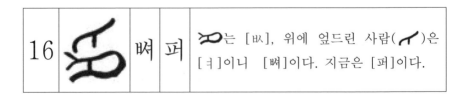

| 16 | [뼈] 펴 | [ ]는 [ㅄ], 위에 엎드린 사람( )은 [ㅕ]이니 [뼈]이다. 지금은 [펴]이다. |

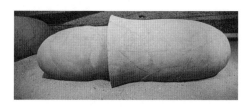

16번 아래 (⊃⊃)은 ㅂ을 길게 눕힌 꼴로 입구는 >으로 벌려 있으니 [ㅆ]으로 본다. 중성 모음은 옹관묘 위에서 엎드린 사람(아비) 모습(ㄱ)으로

[그림4] 옹관묘

[ㅕ]다. 따라서 [뼈]이다. 오늘날 [펴]이다. (뼈 > 펴 > 펴) 16번 아래 상형 글자(⊃⊃)는 [그림4]와 같이 고대 옹관묘(甕棺墓)를 연상시킨다. 16번 위의 엎드린 사람은 이 글을 쓰는 아비다. 엎드려 [슬][펴] 하는 모습이다.

2연은 딸아이의 무덤을 찾아가면서 그 심정을 그리고 있다. 11부터 13까지 찢어지는 마음을 달래가며 딸의 모습을 그려본다. (13) 더욱 마음에 흘러 새겨지고(14) 묘 앞 십자가(15) 앞에서 옹관묘를 보며 엎드려 슬퍼한다. (16)

17		갈	갔	위 ∨는 [ㄱ], 가운데 ─는 [ㅏ], ㅣ은 [ㄹ]이다. [갈]이다. 현재 [갔]으로 발음한다.

17위의 ∨는 돌려 [ㄱ]이다. ─는 중성 모음 [ㅏ]이다. 우둘투둘한 ㅣ은 [ㄹ]이니 [갈]이다. 갈라진 길을 '갈'로 현재 진행형이다. 비슷한 뜻을 지닌 한자는 '갈지(之, ㄴ)' 자다. '갈거(去, ㅎ)' 자다. 17번 이 글자는 15번 글자를 뒤집어 돌려놓은 꼴이다. 딸의 묘를 찾고 나서 묘 십자가(十)를 등에 지고 돌아가고 있는 모습이 잘 그려져 있다. 긴 / 의 모습은 하염없이 돌아가며 걷고 있는 모습이 연상된다.

| 18 | 龁 | 넷 | 네 | ⟩은 [ㄴ], Ⅱ(ㅕ) ㅓ(ㅖ)은 모음 [ㅖ], ∧은 종성 [ㅅ]이다. [넷]이다. 현재는 [네]다. |

위 ⟩ 같은 부드러운 ㄴ 꼴은 [ㄴ]의 변형으로 본다. 좀 굵게 표시된 왼쪽 Ⅱ은 [ㅕ]이고 오른쪽 ㅓ는 [ㅖ] 이니, 합하여 중성 모음 [ㅕㅖ]다. 아래 ∧은 종성 [ㅅ]이다. 따라서 [넷]으로 독음 한다. 현재는 모음 ㅖ가 ㅔ로 바뀌고 종성 ㅅ이 탈락하여 [네]로 발음한다. 한자는 그 모습으로는 질(質)의 속자 질(厔)이나 간 체자 질(质)과 유사하나 관련성을 발견할 수 없다. 18번 [넷] 자 의 상형은 무거운 짐을 지고 오른쪽으로 힘들게 걸어가는 모습 같다. 딸을 잃은 아비가 힘들게 살아가는 모습을 연상시키는 글 자다. 사(ㅅ)내인 아비가 지고 가는 [네, 네, 녀] 등은 모두 여자 (女子)를 나타내는 우리말이기도 하다. 남자의 숙명인가?

| 19 | 㸚 | 몂 | 몇 | ᕁ은 [ㅁ], Y 꼴은 [ㅕ], 쎠은 손 우(ㅈ)를 모은 모습이나 [ㅉ]으로 [몂]이다. 현재는 [몇]이다. |

ᕁ 자는 자모전에서 [ㅁ]으로 널리 쓰였다. Y 꼴은 [ㅕ] 자의 변형이다. 아래 공(廾, 쎠) 꼴은 받들고 있는 두 손을 그렸다. 철 자 [ㅉ]을 변형하여 두 손 모양으로 상형을 했다. [몂]자다. 받 침 ㅉ이 오늘날 ㅊㅊ으로 바뀌어 단모음화하니 [몇]이다.

19번 몂(㸚) 자는 '금이야 옥이야' 딸아이를 애지중지(愛之重

之)하는 모습이다. ४는 ㅁ(마)이다. '이 마, 저 마' 같이 맨
(man), 사람이다. ४는 자궁(子宮)의 모습이기도 하고 Y(와이)
는 여자의 상징이다. 한글 ㅁ은 원래 대지의 여신, 마고 시대 사
람(여성)이다. ㅁ은 [ㄴㄱ] 결합이요 Y는 [ㅕ]이니 '[녀(女)] 자'
요 '[겨]집'이다.

| 20 | 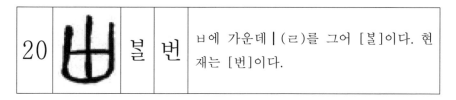 | 블 | 번 | ㅂ에 가운데 ㅣ(ㄹ)를 그어 [블]이다. 현재는 [번]이다. |

초성 ㅂ 가운데에 ㅣ을 그은 꼴이다. 굵기가 다른 ㅣ은 모음인
[ㅣ]가 아닌 종성[ㄹ]이다. [ㅂㄹ]이니 모음 ·을 넣어보면
[블]이다. 오늘날 발음은 [번]이다. [블 > 벌 > 번] 횟수를
세는 번(番)이다. 현재 '벌'은 옷이나 덩어리를 세는 단위이지만
아직도 전라도 사투리로는 '횟수[번]'를 셀 때 "몇 벌로 그러냐?"
식으로 쓴다. 여기서 쓰는 말과 같다. 그린 꼴은 한자 '날 출(出)'
을 상형화하여 닮았다. 글쓴이가 늘 아이 무덤을 찾아 몇 [번]이
고 '나가니(出)', [번]의 글자 모양을 '날 출(出)' 상형으로 잘 삼
았다고 생각한다.

| 21 | 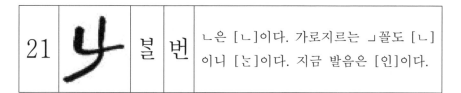 | 블 | 번 | ㄴ은 [ㄴ]이다. 가로지르는 ㄱ꼴도 [ㄴ]이니 [ㄴ]이다. 지금 발음은 [인]이다. |

ㄴ 꼴은 [ㄴ]이다. ㄴ을 가로지르는 ┘꼴도 [ㄴ]이다. 모음 표기가 없는 [ㄴㄴ]이다. 모음 ·를 상정해 넣어보면 [는]이다. 지금 발음은 [인]으로 되었다 [는 > 난 > 닌 > 인]

비슷한 뜻을 지닌 한자는 초목이 막 나는 모습을 그린 '초(屮, 丫)'다. 새싹이 땅을 뚫고 오르는 '둔(屯, ♦)' 자와 뜻이 통한다. 21번 고대 한글 글자인 [는(屮)] 자도 '나는 모습'을 잘 나타낸 훌륭한 상형문자이다. '칼돋글' 난(蘭, ↓)과 비슷하다. '나'의 [ㄴ]에 받침 [ㄴ]을 덧붙인 [는]은 계속 촉(↓)이 나는 난의 특성이다.

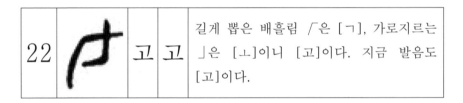

| 22 | (그림) | 고 고 | 길게 뽑은 배흘림 「은 [ㄱ], 가로지르는 ┘은 [ㅗ]이니 [고]이다. 지금 발음도 [고]이다. |

길게 배부르게 굽힌 「은 [ㄱ]이다. 한자 엄(厂) 자가 '배고픈' 삐침 별(丿)임과 반대로 '배부르게' 굽어있다. 가로지르는 ┘은 자음 ㄴ이 아니고 모음 [ㅗ]이니 [고]이다.

배흘림으로 배부른 「을 뚫고 높이 올라온 ┘은 고(高)이기도 하다. 한자 고(侖)와 같은 복잡한 상형이 아니다. 22번 고(그림)는 높은 언덕 같은 곳인 「을 뚫고 오르는 모습으로 간단히, 멋지게 '높음'을 표시했다. 사실 한자 고('侖')의 상형은 한글 높다 '높' 상형과 비슷한 꼴이다. 신은 '높'으시니 신(神)의 성은 고(高)이시다.

23	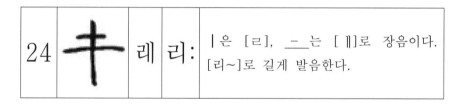	엘	열	짧고 긴 ㅣ ㅣ은 [ㅓ], ─ 은 [ㅣ], 굵기가 다른 ㅣ은 [ㄹ]이니 [엘] 이다. 지금은 [열]이다.

짧고 긴 ㅣ ㅣ은 [ㅓ], ─ 은 [ㅣ]이니 모음 [ㅔ]다. 초성이 없어 음가 없는 ㅇ을 붙이면 [에]이다. 왼쪽 수직선 굵기가 다른 ㅣ은 종성[ㄹ]이다. 따라서 조합된 글자는 [엘] 이다. 현재 발음은 [열]이다. (엘 > 열)

23번 엘(ㅐㅐ)은 바닥이 열린 상태를 나타내고 있다. 보통 우리가 화가 나면 (위의) 뚜껑이 열린다고 한다. '불 화(火)' 기운이 위로 오름을 잘 표현한 말이다. 여기서는 반대로 '아래' 바닥이 열렸다. 무거운 슬픔의 감정은 수(水)의 기운이다. 아래로, 아래로 향한다. 바닥이 없이 떨어지는 모습(ㅐㅐ)으로 이 감정을 잘 나타낸 글자다. 굳세게 억누르고 닫아놓았던 마음이 [열]려 슬픔이 내리누르는 상태를 나타낸 글이다.

24	╈	레	리:	ㅣ은 [ㄹ], ─은 [ㅔ]로 장음이다. [리~]로 길게 발음한다.

오돌토돌한 ㅣ은 [ㄹ]이다. 여기에 두 획 ─을 더하니 [ㅔ]로 장음(長音)이다. [레]로 기록한다. 현재는 장음을 구분하지 않으니 [리]다. [레]는 토(土) 꼴 고대 한글로 쓸 수 있으나 묘비 십(十)자 위에 ─ 로 기록해(╈) 딸아이를 기리고 있다.

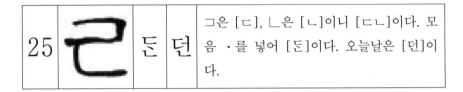

| 25 | **己** | 든 | 던 | ㄱ은 [ㄷ], ㄴ은 [ㄴ]이니 [ㄷㄴ]이다. 모음 ·를 넣어 [든]이다. 오늘날은 [던]이다. |

　얼핏 보면 현 한글로 그대로 [근] 자 같다. 유사한 꼴의 한자는 기(己)다. 그러나 자세히 보면 모양은 비슷하나 획을 쓰는 것이 다 아니다. 위의 그은 ㄷ을 돌려놓은 것으로 초성 [ㄷ]이다. 종성은 ㄴ꼴 그대로 [ㄴ]이다. 따라서 모음이 없는 [ㄷㄴ]의 한 글자다. [·] 자를 넣어 [든]으로 표기한다. 오늘날 [던]이다.

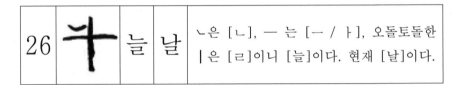

| 26 | **屮** | 늘 | 날 | ㄴ은 [ㄴ], — 는 [— / ㅏ], 오돌토돌한 ㅣ은 [ㄹ]이니 [늘]이다. 현재 [날]이다. |

　ㄴ꼴은 초성 [ㄴ]이다. — 을 그대로 보면 중성 모음 [—]다. 오돌토돌한 ㅣ는 종성 [ㄹ]이다. 따라서 이를 결합하면 [늘]이다. — 는 실제 ㅏ인데 ╋ 자를 만들기 위한 것이라면 중성 모음은 [ㅏ]여야 한다. 그 경우는 [날]이 된다.
　한자로 하면 '날 일(日)'이다. 위의 상형은 아이 십자가 ╋ 위에 떠 있는 해(⊟)를 ㄴ 형태인 ㄴ으로 표시하고 있다. 혹은 저녁이면 등잔(╋) 위 등불(丶) 상형이다.

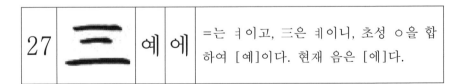

| 27 | **三** | 예 | 에 | =는 ㅕ이고, 三은 ㅖ이니, 초성 ㅇ을 합하여 [예]이다. 현재 음은 [에]다. |

27번 글자 삼(三)자 형은 한자 석 삼(三)을 매우 닮았다. 고대 한글로 보아야 하나 여러 가지로 풀 수 있어 어려운 글자다. '세' 등으로도 풀어진다. 모음으로만 보면 -이 [ㅓ], =가 [ㅕ], 三이 [ㅖ]로 장음이다. 초성 ㅇ을 붙여 현재 한글로 하면 [예]다. 지금은 단모음화되어 [에]다.

28	王 킐클	//는 [ㅋ], /는 [ㅓ], ㅣ은 [ㄹ]이니 합하여 [킐]이다. 현재 음은 [클]이다.

첨수도 문자 중 왕(王)의 모습을 한 글자가 많은데 조금씩 달라 제비, 둥지, 까치집, 까마귀, 거북 등, 갈매기, 독수리 등을 나타낸다. 여기 28번과 똑같은 글자는 없고 //// 같이 약간 상향(上向)이다. 위 / 과 중간 / 은 합하여 [ㄱ]이고 위 / 앞에 점(ㆍ)을 포함해 초성 [ㅋ]다. 맨 아래 / 를 중성 모음으로 보면 [ㅓ]다. 가운데 울퉁불퉁한 ㅣ은 종성 [ㄹ]이다. 따라서 [킐]로 새겨진다. [클]이다. 상향의 / 표시로 쑥쑥 자라 커나갈(클) 아이를 상징하는 글자다.

한자 왕(王)은 '클 왕(王)'인데 왕(王)자가 고대 한글 발음으로 [킐(클)]로 나니 한자 왕(王)이 우리글이 아닐 수 없다. 왕(王)을 =+로 분해된다. +는 ㅗㅏ로 [ㅘ]다. =는 ㆍㆍ이 늘어난 것이다. ㆍㆍ이 커져 [ㅇㅇ]이니 '우리말' [왕]이다.

29	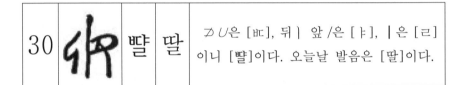	냇	내	ㄴ은 [ㄴ], 朮은 [ㅒ], 맨 아래 ㅅ은 [ㅅ]이니 [냇]이다. 현재 음은 [내]다.

ㄴ은 초성 [ㄴ]이다. 빈(朮) 모양은 중성 모음이니 팔(/ \ )은 =이고 十은 ㅔ이니 [ㅒ]다. 맨 아래 다리 ㅅ은 [ㅅ]이니 [냇]이다. 현재 음은 [내]다. (냇 > 내 > 내) 내(朮) 상형은 [내] 새끼 딸아이(朮)를 손잡고(ㄴ) 아장아장 걸리는(ㅅ) 모습이다.

30	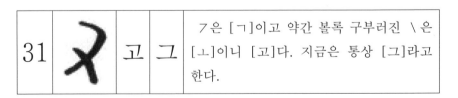	뺠	딸	⅁U은 [ㅃ], 뒤 ㅣ 앞 /은 [ㅑ], ㅣ은 [ㄹ]이니 [뺠]이다. 오늘날 발음은 [딸]이다.

뒤 ⅁ 은 [ㅂ]의 변형이고 앞의 U 은 [ㄷ]의 변형으로 초성 [ㅃ]이다. ㅣ는 [ㅏ]이고 앞에 / 은 [ㅡ]이니 중성 모음 [ㅑ]이다. 울퉁불퉁한 ㅣ은 종성 [ㄹ]이니 [뺠]이다. [딸]이다. (뺠 > 똴 > 쏼(용비어천가) > 딸) 딸 묘지와 그 위치를 상징한다. 왼편 ㄷ은 언덕이고 오른편 ⅁ 은 입구를 막은 옹관묘다. U 는 젖무덤이고 ⅁ 은 무덤이니 생과 사가 ㅣ좌우로 갈렸다.

31	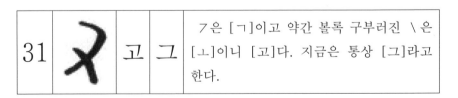	고	그	⁊은 [ㄱ]이고 약간 볼록 구부러진 \ 은 [ㅗ]이니 [고]다. 지금은 통상 [그]라고 한다.

ㄱ꼴은 모양 그대로 [ㄱ]이다. 약간 볼록하게 그린 사선 \은 [ㄴ]이다. 따라서 합하여 [고]이다. 볼록한 사선 \의 앞은 ─와 가까우니 [그]다. 지금도 '고'는 쓰인다. '고것'은 '그것'을 낮잡아 이르거나 귀엽게 이르는 말이다.

| 32 | | 늘 | 날 | ∨는 [ㄴ]이고 짧은 - 은 [·]이다. 긴 ⏐ 은 [ㄹ]이니 [늘]이다. 지금은 [날]이다. |

∨는 [ㄴ]이고 짧은 - 은 [·]이다. 약간 울퉁불퉁한 긴 ⏐ 은 [ㄹ]이다. 이 초성 중성 종성을 그대로 쓰면 [늘]이다. 오늘날은 [날(日)]이다. + 자 모양은 시공(時空)이 만나는 어떤 특정 시점과 장소를 나타내는 상징이다. 사건(事件)이 발생한다. 남녀의 만남을 비롯해 어떤 교합(交合)을 상징할 수 있는 글자다.

| 33 | | 블 | 벌 | ◁는 [ㅂ], 짧은 ` 은 [·]이고 / 은 [ㄹ]이니 [블]이다. 지금은 [벌]이다. |

X 에서 ◁모양은 영어 A를 돌린 모습인데 [ㅂ]을 날카롭게 형상화한 것으로 본다. 첨수도(尖首刀)에서 (⋗)와 같이 새의 부(ㅂ)리와 눈을 그린 글자와 비슷하다. 짧은 ` 은 [·]이고 / 은 [ㄹ]이니 [블]이다. 지금의 음운은 [벌]이다. '벌(ㅂ)어지는 일'로, 둥글거나 ㅁ 형태의 원만한 좋은 일이 아니다. 날카로운 삼

각(△)이니 나쁜 일이 일어났다. 사건도 ✗(X)로 그려 잘못된 일
이 벌어진 것을 표현하고 있다.

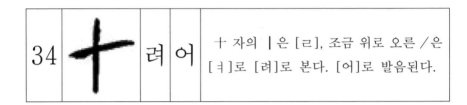

| 34 | | 려 어 | ＋ 자의 ｜은 [ㄹ], 조금 위로 오른 ／은 [ㅕ]로 [려]로 본다. [어]로 발음된다. |

단순한 글자인데 십(＋)자도 엑스(X)도 아닌 모습이다. 울퉁
불퉁한 ｜은 [ㄹ]이다. ＋는 ｜(ㄹ)에 ―라는 모음(ㅏ, ㅓ, ㅗ,
ㅜ)을 더한 것인데 ／모양으로 [ㅕ]로 읽는다. 벌[어]진 나쁜 일
이라 33번 글자와 같이 ＋에서 ―가 ／꼴로 X를 닮아간다.

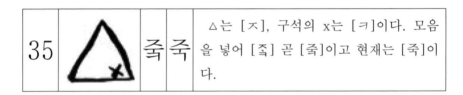

| 35 | | 죽 죽 | △는 [ㅈ], 구석의 x는 [ㅋ]이다. 모음을 넣어 [즉] 곧 [쥭]이고 현재는 [죽]이다. |

△는 현재 [ㅈ]과 가까운 발음이다. 피라미드(△) 안 구석에
작게 그려진 ×는 가림토에서 발음은 [ㅋ]이다. 초성 종성으로
[ㅈㅋ]다. 중성 모음 ·를 넣으면 [즉]이다. ·를 ―에서 밑으로
가장 하강(↓) 기운이 강한 모음 [ㅜ]로 대치해 보면 [쥭]이다.
오늘날 발음은 [죽]이다. △는 피라미드 삼각형 모양의 다른 장
소다. △ 안 구석에서 죽임(×)을 당한 것으로 상징된다. 딸아이
가 안타깝게 죽은 장소를 그리고 있다.

| 36 | ʃ | 교 | 고 | 구부정한 <은 [ㄱ]이다. ㅓ 는 [ㅛ]다. [교]이고 현재는 [고]로 발음된다. |

구부정한 <은 [ㄱ]이다. ㅓ에서 ㅡ가 \와 같이 약간 쳐들어지게 되어 있다. 따라서 ㅗ가 아닌 [ㅛ]로 보아 [교]다. 현재는 [고] 음이다. 35, 36은 '죽고'로 발음된다. 35번은 죽은 장소, 36은 죽임을 당한 상황을 그렸다. 36번 그림에서 구부정한, <은 습격을 당한 사람인 딸아이 모습이다. 딸아이가 칼에 의해 복부가 찔려 거꾸러지는 모습이 글자로 표현되어 있다. 너무 처참한 상황을 그대로 그림 같은 글자로 표현하고 있어서 충격이다.

'칼 도(刀)'는 갑문은 도(ʃ)이고 자모전에서도 (ㄱ)와 같이 쓴다. 자음인 ㄷ과 ㅗ로 보아 [도] 음이다. 여기서는 자음 ㄷ은 없고 칼을 ㅓ으로 표시하여 모음 [ㅛ] 자를 나타냈다.

| 37 | ∼ㅡ | 끼 | 기 | ㅆ는 [ㄲ]이다. ㅡ 는 [ㅣ]이니 [끼] 자이다. 현재는 쌍자음이 단자음으로 바뀌어 [기]다. |

개미 모습 같은 ㅆ는 ㄱ이 부드럽게 두 번 꺾여 연결된 모습으로 [ㄲ]이다. 명도전에서 ㅈ 음가인 [ɛ] 와 꼴에서 약간 차이가 있다. ㅡ 는 [ㅣ]이니 [끼] 자이다. 현재는 쌍자음이 단자음으로 바뀌어 [기]다. 바닥을 기어가는 모습을 그대로 나타내고 있다. 딸아이가 △ 안에서 크게 칼에 찔려 상처를 입고 밖으로 기어 나오는 상황을 묘사한 것으로 보인다.

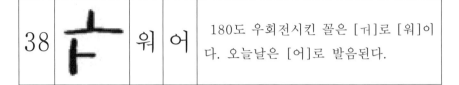

| 38 | (그림) | 워 | 어 | 180도 우회전시킨 꼴은 [ㅓ]로 [워]이다. 오늘날은 [어]로 발음된다. |

오늘날과 같은 모음 꼴이다. ㅗ 아래 왼편에 ㅏ를 놓았다. 왼편 ㅏ를 그대로 오른편으로 옮겨 올리면 [ㅘ]다. 초성 ㅇ을 붙여 주면 [와] 자다. 180도를 우회전시키면 ㅝ로 [워]다. 현재 ㅝ에서 ㅜ를 생략하고 ㅓ만 남으니 [어]다. ㅗㅏ로 위(ㅗ)로 옆(ㅏ)으로 상처를 입고 살려고 이리저리 기어가는 안타까운 모습을 그려냈다.

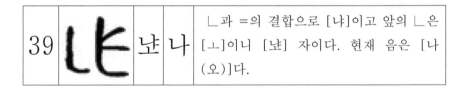

| 39 | (그림) | 냔 | 나 | ㄴ과 ㅑ의 결합으로 [냐]이고 앞의 ㄴ은 [ㅗ]이니 [냔] 자이다. 현재 음은 [나(오)]다. |

조(兆) 자의 뒷부분 같은 글자는 ㄴ과 ㅑ의 결합으로 [냐]이다 39번 앞의 ㄴ은 [ㅗ]로 글자를 현재 표기로 옮기면 [냔] 자이다. [냔]를 풀면 [냐오]다. [냐]의 ㅑ가 단모음 ㅏ로 바뀌면 [나]이다. [냔]는 '나오다 (出)'의 [나오]의 축약이다. [냔] 이니 '느'정도 발음된다. 오늘날 [나] 또는 [노]다. 39번 글자는 기어 나와 필사적으로 몸을 일으켜(ㄴ) 팔을 저으며(ㅑ) 구조를 요청하는 모습으로 보인다.

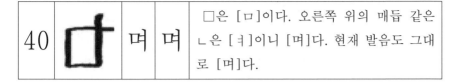

40	며	며	□은 [ㅁ]이다. 오른쪽 위의 매듭 같은 ㄴ은 [ㅕ]이니 [며]다. 현재 발음도 그대로 [며]다.

　　□은 모양 그대로 자음 [ㅁ]으로 초성이다. 오른쪽 위의 매듭 같은 ㄴ은 [ㅕ]로 중성 모음이니 [며]다. 너른 터 광장(□)의 모습이고 귀퉁이(ㄱ)에서 사건이 발생했다. (ㄴ)

41	여	두	二 는 =로 철자로는 ㅕ다. 초성 ㅇ을 붙여 현재 표기로 [여]다. [두]로 발음된다.

　　한자 '두 이(二)'와 같은 꼴이다. 자모전에서 이(二)는 [여] [리] 등으로 읽힌다. ― 자에 굵기가 다른 오돌토돌한 무늬 등이 없어 [르]로 보지 않고 복모음 [ㅕ] 로만 본다. 초성에 ㅇ을 붙여 현대식으로 나타내면 [여] 자다. [여] 음은 '두 이(二)'와 같이 [이] 음이나 [두] 음으로 발음된다.

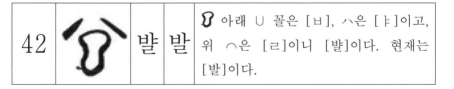

42	발	발	𝟂 아래 ∪ 꼴은 [ㅂ], ∧은 [ㅑ]이고, 위 ∩은 [ㄹ]이니 [발]이다. 현재는 [발]이다.

　　(𝟂)은 위 ∩ [ㄹ] 과 아래의 ∪ [ㅂ] 이 결합한 것 같다. 팔(∧) 모양은 =로 [ㅑ]이다. 오뚜기 꼴(𝟂)은 발자국 모양이다. 피를 흘리고(、) 두 팔을 벌리고(∧) 누워있다. 팔(∧)는 그대

로 '팔'이다. 철자 ㅂ은 본래 감(ㄴ) 틀 안에 ㅡ가 담긴 모습인데 여기서는 왼쪽으로 흘러나왔다. 피가 흘러나옴을 표현했을 것이다. 팔(八)은 나누어지거나 펼쳐진 것, 발(足)로 형상화된 '발'은 발(發)로 일이 발생한 것을 가리킨다.

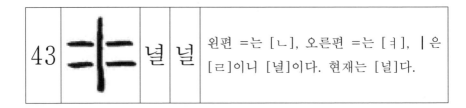

43		널	널	왼편 =는 [ㄴ], 오른편 =는 [ㅕ], ㅣ은 [ㄹ]이니 [녈]이다. 현재는 [널]다.

왼편 =는 [ㄴ]을 팔다리가 널브러진 상형을 위해 떼어 배치했다. 오른편 =는 [ㅕ]다. 굵기가 다른 ㅣ은 [ㄹ]이니 [녈]이다. 현재 발음은 [널]이다. 41, 42, 43을 연결하면 [두 발 널]인데 언뜻 다가오지 않는다. 생략된 말이 있어서다. 이(二)는 둘(두)이니 '두 발과 두 팔이 [사지(四肢)]가 [널]브러져 있다'이다. 43(丰)은 죽어서 사지가 축 늘어져 있는 모습이다.

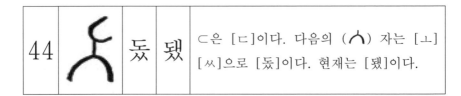

44		돘	됐	ㄷ은 [ㄷ]이다. 다음의 (ㅅ) 자는 [ㅗ] [ㅆ]으로 [돘]이다. 현재는 [됐]이다.

ㄷ은 [ㄷ]이다. 다음의 (ㅅ) 자는 단순히 [ㅗ]의 변형으로 보면 [도]다. ㅓ[ㅗ]와 연결된 아래 ∩은 구부린 ⌐[ㅅ]과 ⌐[ㅅ]을 연결로 [ㅆ]이니 [돘]이다. 현재 [됐]이다. 연음표기는 [도]

이고 (받침 ㅆ은 다음 글자에 있다) 모아 쓰기는 [돐]이다. 현재
는 ㅗ가 ㅙ로 변해 [됐]이다. 글자 상형은 고개가 [돌]리고 있는
모습이다. 고개가 돌려져 죽어 있는 것을 상형한다.

45		쎄 어	활 Ɛ는 [ㅆ], 화살과 시위는 [ㅖ]이니 [쎄]다. 현재는 [어]다.

활 Ɛ는 자모전에서 Ɛ의 음가는 ㅈ에 가까우나 여기서는 ㅅ
이 중첩된 [ㅆ]이다. 활줄 모양( ))은 [ㅔ]이고 화살 모양(／)
은 [ㅣ]이다. [ㅣㅔ]는 [ㅖ]다. [쎄]로 단음화 [써]다. 연음하지
않는 현재 표기는 [어]다. (쎄 > 써 > 서 > 어) 44, 45는 당시
에는 '돐쎄' 지금은 '됐어'다. 45 글자 ( ) 는 활을 시위에 메
겨 잔뜩 당기고 있다. 활시위를 팽팽하게 당긴 (감정) 긴장 상태
에서 본문이 끝나고 있다.

46		쏠 쏘	3 모양 활은 [ㅆ], —은 [ㅗ], 우둘투 둘한 ㅣ은 [ㄹ]이니 [쏠]이다. ㄹ이 탈 락, [쏘]다.

3 모양 활은 ㅅ이 중첩된 쌍시옷 [ㅆ], 시위에 메기는 화살 —
은 [ㅗ], 우둘투둘한 활시위는 ㅣ은 [ㄹ]이나 [쏠]이다. 활을
[쏘]려고 화살을 활시위에 메기고 있다.

47		곳 아	머리와 눈은 [ㄱ], 부리 목 몸통은 [ㅛ] [ㅆ] 이니 [ㄱ곳 / 곳]이다. [오/아]로도 새길 수 있다.

오리 모습이다. 한글 상형 그대로 [오/아]로도 읽힐 수 있는 글자다. ∩는 ㄹ로 [리]이니 [오리]라는 글자가 추출된다. 또 ∩ 부분을 (ᄇ) [ㅂ]으로 읽어 [압(鴨)]으로도 읽을 수 있다. 오리 압(鴨)이 나오는 고대 한글이다. 자세히 보면 오리의 눈, 부리 머리 등이 상세히 묘사되어 있다. 머리(∩)는 [ㄱ]의 변형이고 눈(·)은 [·]다. 부리(─)와 목(ㅣ)은 [ㅛ]이다. 44와 같이 몸 통(人)은 [ㅆ]이니 [ㄱ곳]이다. 한 글자로는 [곳]으로 보인다. '~하갔어' 등을 보면 [곳(갓)]은 북한 사투리를 듣는 것 같다. 현재는 '아' (·) 음이 남은 것으로 볼 때, ㅛ가 생략되었다고 본 다. 현재는 [아] 음이다. [ㄱ곳 > 곳 > ㄱ > ᄋ >아]

다음에 나오는 48과 같이 집(舍) 연못(ᗧ) 안에 날지 않는 오 리(𠆢)로 글쓴이를 상징하고 있는 것 같다. '오리, 압(鴨)'은 원 래 신(神)의 뜻을 지닌 말이다.

48		셩 서	지붕 ∧는 [ㅅ], Y는 [ㅕ], 아래 ㅇ 꼴은 [ㅇ]이니 [셩]이다. 현재는 [서]이다.

지붕의 ∧은 초성 [ㅅ], Y 꼴은 중성 모음 [ㅕ]이다. ㅇ 꼴은 [ㅇ]이니 [셩]이다. 한자 집 [사](舍)와 같이 간단한 모양의 집

이다. 48 (옹) 발음이 [서](성 > 셔 > 서)이고 모양 또한 사 (솸)와 유사하다. 아래 (ᄋ)은 오리가 노는 연못 같다. 연못 가 에 간단히 지어진 농막 같은 집이다.

49	ᄰ	릂 ᄙᄙ	날	머리는 [ᄅ] 양 날개는 [ᄙ] 이니 [릂]이 다. 지금은 [날]로 새겨진다.

약간 두껍게 그려진 (청둥오리) 새의 (녹색) 머리[·] 부분은 [ᄅ] 모양이고 [ᄅ]다. 한자로는 '새 을(乙)'이다. 갑문은 (로 한글 ᄅ과 비슷하다. 양 날개 모양은 ᄅ과 ᄅ의 형상이다. [릂] 으로 발음된다. 날개의 [날]이다. (릂 > 를 > 늘 > 날) (ᄰ)은 새가 날아가는 형상이다. 글쓴이가 모든 것을 털어 버리고 훨훨 날고 싶은 소망을 이름에 담지 않았을까? 고통에서 벗어나 자유 를 갈구하고 있다.

50	ᄍ	몃	면	머리와 깃털은 [ᄆ], ᄉ[=]과 ᅵ은 [ᅧ], 종성은 [ㄴ]의 변형으로 [몃], 현재는 [면]이다.

ᄆ 꼴은 위의 ᄀ 꼴과 합해 초성 [ᄆ] 이다. 머리 위 ᄉ[=]과 ᅵ은 [ᅧ]로 중성 모음이다. 종성은 [ㄴ]의 변형이니 [몃]이다. 새의 깃을 꽂은 동이 조이족(鳥夷族)의 높은 사람이다. ᄆ은 얼

굴이기도 하고 사람을 나타낸다. 맨(man), 민(民), 면 모두 사람
이고 남자이다. 그래서 여기 글쓴이가 딸은 잃은 어미가 아닌 아
비라는 것이 명확해진다. ㎜의 ㄱ도 '개', '가이(guy)'와 같이 사
람이다. 50의 면(𩇾)은 딸을 잃은 아비, 글쓴이 자신이다.

한자는 면(免, 𤝃)과 통한다. 여기 자신의 이름에 면(𩇾)을 넣
어 딸을 잃은 아비가 그 고통에서 벗어나 면(免)하고 싶은 마음
을 담은 것 같다.

46번부터 50번까지 긴 이름은 '쏠곬셩룗면'이다. 현재 발음
'쏘아서 날면'이라는 인디언식 이름이다. 글자의 상형에 따른 뜻
까지 살피면 '(활을) 쏘아서 (집의 오리가) 날게 하는 사람'의
속뜻이 읽힌다. 신을 나타내는 오리는 글쓴이 자신 같다. 오리가
창공에 나르듯 자유를 얻고 싶은 마음을 이름 속에 담아 별칭
(別稱)이 아닐까?

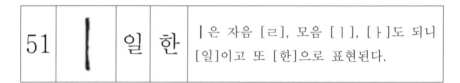

| 51 | ㅣ | 일 | 한 | ㅣ은 자음 [ㄹ], 모음 [ㅣ], [ㅏ]도 되니 [일]이고 또 [한]으로 표현된다. |

숫자 1을 [일]로 읽는 비밀이 여기 있다. '일'은 한자 일(一)의
음으로만 알지만 아라비아 숫자 1(일)의 음은 바로 고대 한글의
음이다. ㅣ은 자음 [ㄹ] 또는 모음 [ㅣ] 소리가 있으니 한글로
표시하면 [일]이다.

[일]은 1의 뜻인 '하나'와 (그 하나인) '그때 그날'의 뜻이
있다. ㅣ은 한자로는 '뚫을 곤(ㅣ)'으로 ↓의 방향성을 갖는다.
한글 ㅣ(일)은 해(日)가 솟는 것처럼 '(사건 등 무엇이) 일어

난다'로 ↑의 방향이다.

여기서는 (|) 을 '일'이 아닌 '한'으로 읽고자 한다. 한자로 '한 일(一)'이라 부르듯 '한 = 일'이기도 하다. | 이 ㄹ이 아닌 모음으로 발음될 때 | 이외에도 ㅏ로 볼 수 있다. ㅏ에 자음을 붙이면 '아'이고 '아'가 더 커진 것이 [하]다. 여기에 종성 [ㄴ]을 붙이면 [한]이다. '한'은 크고, 하늘이고, 나이고, 하나다.

52	↑	기	글	∧은 [ㄱ]이다.	는 [	] 또는 [ㄹ]이다. [기]나 ─ 모음을 넣은 [글]로 볼 수 있다.

고대 한글의 ∧은 ㅅ 또는 ㄱ으로 읽을 수 있다. 여기서는 문맥상 [ㄱ]으로 본다. | 은 그 모양대로 모음 '|'로도 읽을 수 있으니 [기]다. 도톰한 모양새를 고려해 자음 [ㄹ]로 본다. [ㄱㄹ]이니 적절한 모음을 넣어 결합하면 [글]이니 필자가 보고자 하는 음이다. '글'의 어원은 암석, 나무 등에 '긁'어 새겨서라 볼 수 있다.

51의 글자와 함께 [일기]로 보아도 뜻은 통한다. 한자로 구분해 보자면 일기(日記, 날마다 적은 개인 기록), 일기(一記, 한 사건의 기록) 정도다. 같은 뜻으로 지금 쓰는 말을 [한글]로 보기로 했으니 [한글]로 보자. 우리가 지금 한국말을 쓰는 한국어 글인 [한글(韓契)]과 음이 같다. '하나의 기록'이라는 뜻의 [한글]과 '고대 한글'이라는 [한글]의 중의(重義)를 지닌 말로 보자.

3. 삼신봉 암각 글자 해독의 의미

지금까지 52자를 하나하나 해독하고 해설을 붙였는데 다음과 같이 정리할 수 있다.

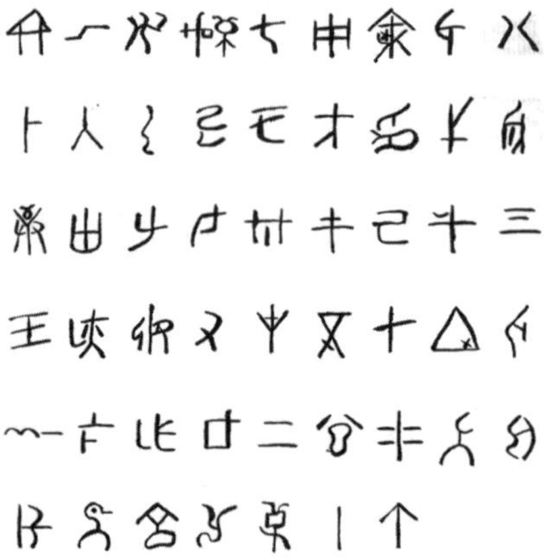

	1 제	2 그	3 졌	4 셈	5 늬	6 앨	7 싎	8 고	9 나
	10 룻	11 술	12 글	13 료	14 나	15 슬	16 랫	17 갈	18 넷
	19 몄	20 블	21 ᄂ	22 고	23 엘	24 레	25 든	26 늘	27 예
	28 킐	29 냇	30 딸	31 고	32 늘	33 블	34 려	35 죽	36 교
	37 끼	38 워	39 낞	40 며	41 여	42 밸	43 녈	44 돐	45 써
	46 쏼	47 ㄱㅈ	48 셩	49 ㄹㄹ	50 면	51 일	52 기		

[그림5] 채자한 여나문 52자

마치 시 한 편을 보는 듯하다. '쏘아서 날면' 아비의 슬픈 노래, 사비부비가(射飛父悲歌)다. 구언오구(九言五句) 정형시(定型詩) 같은 9자 5줄 45자 노래다. 본명(本名)이 없이 이 글을 쓰는 사람이 스스로 붙인 별칭(別稱), '쏘아서 날면'이 기록한 '하나의 글(한글)'이라는 설명을 남기고 있다.

당시의 말소리와 가깝게 구성된 위의 해석으로는 수 천 년이 흐른 지금에 와서 뜻을 알고 통하기가 쉽지 않다. 따라서 위를 현대어로 옮겨 보면 다음과 같다.

지금껏 사람 앨 끊고나.

앗을 걸로 나 슬퍼 갔네.

몇 번 인고? 열리던 날에

클 내 딸 그날 벌어 죽고

기어나와 두 발 널 됐어.

'쏘아서 날면' 한글

이 내용은 고도의 철학적인, 종교적인, 정치적인 어떤 내용을 기대하는 혹자에게는 실망을 안길 수도 있겠다. 그런데 기득권층이 아닌 서민 백성의 삶 속에서 애환을 그린 내용이기에 더 값질 수도 있다. 일반 민중(民衆)들에게까지 문자 생활을 영위할 만큼 문화가 발달했다고 생각되니 더 그렇다. 그들도 충분하게 삶과 뜻을 기록 보존하고 발전시켰음을 뜻한다. 세종대왕이 이야기한 '어린 백성'이 아니다. 몇천 년 전에도 그렇다.

우리말로 우리글로 당당히 새긴 암각 글자다. 한자를 쏙 빼닮은 상형 한글을 사용해 오늘날보다 더 세밀하게 자세하고 내밀한 마음속 뜻까지 잘 표현된 글자다. 형식을 잘 맞춘 지금의 한글은 매우 과학적이고 편리하다. 틀림없는 사실이다. 그런데 위 암각 글자를 보면 상형이 매우 발달했다. 음으로 전달하는 위의 현대어로 알 수 있는 메시지 이외에 아주 많은 사항이 표현되어 있다. 음이 전달하는 내용 이외에 고대 한글 상형 묘사는 절묘(絶妙)하여 탄복(歎服)하지 않을 수 없다. 이 부분은 한 자 한 자 해석하면서 이미 기술하였다.

고대 한글 암각 글자가 표현하는 내밀한 상징이나 상형을 따라가면 매우 놀랍다. 마치 한 편의 비디오를 보는 듯 글자로 묘사되어 있다. 당시의 글자는 소리와 그림이 한데 녹아 있어 녹음(錄音)뿐 아니라 녹화(錄畫)를 한 것이나 다름없다.

1연을 보면 '지금껏 사람의 애를 끊고나.'라고 말하면서 상형으로 이와 관련된 수많은 광경이 마치 영화처럼 등장한다. 사는 집(升)에서 나와 언덕을 올라(ᓂ) 목적지(겨)인 묘지까지 가는 모습이 그려져 있다. 다음으로 등장하는 사람은 형벌을 서는 것처럼 고통 속에 나 자신이 서 있다. (撰) 나의(七) 창자를 관통하는 애(申)를 태우며, 별 같이 빛나는 딸아이의 보금자리(象)를 그린다. 이제 잘못되어 가면서(午) 어긋나 버린 나(人) 자신을 바라본다.

2연은 '앗은 걸로 나 슬퍼 갔네'로 노래한다. '아이 생명을 앗아가 나 슬퍼서 묘지로 찾아갔네'의 뜻이다. 앗아가는 것의 문자를 두 갈래(ㅏ) 세 갈래(人)로 표현되어 마음이 두 갈래 세 갈래 찢어져 가는 아픔을 표시하고 있다. 이 갈라진 아픈 마음은 땅에 대한 그리움으로 흐르고(ᔋ) 흘러 굳어져 더 또렷하게 가슴속에 새긴다.(ᕉ) 하늘도 땅도 기우는 듯 슬픈 나(乇)는 묘지 십자가 앞에 서서(才) 슬퍼한다. 슬퍼하면서 아이가 묻힌 옹관묘 앞에서 엎드려서 운다. (ᕼ) 십자가를 등지고 하염없이 돌아오니(ᵏ) 무거운 짐을 지고 가는 것 같네. (ᅒ)

3연은 '몇 번인고? 열리던 날에'로 말한다. '금이야 옥이야' 애지중지하고 키웠던 계집아이(業)를 찾아 몇 번(出)이고 나섰던가? 난초의 촉이 나고 나듯 나와(ㅂ) 높은 언덕을 오르고(产)

올랐네. 감추고 억눌렀던 내 슬픔이 내려가다 내려가다 터져서 열(廾)려 버리면 마음이 무덤의 십자가 위에 걸렸네(十). 그러던(己) 날(十)은 십자가 위에 해가 걸렸는지에(三)

4연은 '클 내 딸 그날 (일이) 벌어(져) 죽고'라고 한다. 한창 클(王) 나이에 아장아장 걸리던 내(仸) 딸이 지금은 언덕 위의 옹관묘에 잠들어 있네(仦). 사고가 생긴 그(又) 날(屮) 잘못된 일이 벌(乂)어(十)져 버렸네. 피라미드 집의 구석에서 죽(△)었네. 칼에 찔려 죽었고(仅)

5연은 마지막 장면이다. 사고를 당한 이이가 '기어 나오며 두 발 두 팔 널브러져 죽게 됐어'라고 기술하고 있다. 바닥에 바싹 붙어 겨우겨우 기(〜一)어 나온다. 살려고 이리저리(亠) 기어가고 몸을 일으켜 팔을 저으며 살려달라(⺊) 한다. 넓은 광장에 있으며(屮) 두(二) 발(仒)과 두 팔이 다 널(卉)브러져서 늘어져 죽게 됐(仒)어(勹). 팽팽하게 활시위를 당기고 있는 마지막 글자(勹)는 고조된 감정의 상태를 잘 나타내고 있다.

다음은 이 글을 쓴 사람의 자칭 별칭의 이름이 있다. 글쓴이가 쓴 하나의 글인 '한글'이라고 하고 있다. 현대 말에 가깝게 구성해 보면 '쏘아서 날면'이 쓴 '한글'이다. 집안 연못(㲋)에 사는 오리(仒)에게 활을 매겨 쏘아(⻌) 날리듯(勹) 슬픔을 날려 버리는 사람, 면(奧)이 쓴 하나의(丨) 글(仐)이다. 오리도 사람도 모두 자기 자신이다. 자신의 마음속에 자리 잡은 집안 연못 오리로 상징되는 슬픔을 자신의 마음속에 활을 쏘아 훨훨 날아가게 한다. 날아가는 것은 슬픔을 잊고 새 세계로 향하는 자유다.

1연의 본래 한 글자인 '솝'은 한 글자로 표시할 수 없어 두 글자인 '사람'으로 했다. '솝의'는 '사람의'로 세 글자이지만 소유격인 '의'는 생략할 수 있어 9자를 맞추기 위해서 '의'를 생략했다.

2연도 그대로 축자(逐字) 해석한 9자를 맞추지 않고 '(딸 목숨을) 앗은 것으로 나 슬퍼서 (무덤에) 갔네.'라고 하면 더 뜻은 통할 것이다.

3연의 열리던 날에도 설명이 좀 필요하다. 군세게 닫아 놓았던 마음이 열려 슬픔이 몰려오는 그런 날이라는 뜻이다.

4연에서 '클 내 딸'은 한창 더 커야 할 아까운 내 딸이다. '벌어 죽고'는 (나쁜 일이나 사고가) '벌어져서 죽었고'인데 토씨들이 생략됐다.

5연의 '두 발 널 됐어'도 얼른 이해하기 어렵다. 원문 발(足)은 발과 팔을 다 가리키는 것이니 '두 발 두 팔 곧 사지(四肢)가 널브러져(축 늘어져) 죽게 됐어'라는 표현이다.

'쏘아서 날면'은 이 글을 새긴 사람의 이름 같다. 고유명사인 본명보다 염원이나 소망을 담아 스스로 부르는 별칭인 듯하다. 그 상형들을 보면 오리와 집, 연못이 나오고 활을 쏘고 (오리가) 날아 간다. 면(免)은 분명 자기 모습을 그렸다고 생각된다. 집, 연못에 있는 오리는 갇혀 있다. 마음의 활을 쏘아 훨훨 창공을 날게 하고픈 마음 아닐까 한다. 그랬을 때 슬픔과 고통 등에서 '벗어나는 사람'[면(免)]이 된다. 딸을 잃은 슬픔을 이겨내려는 의지를 그 이름에 담아 돌에 '한글'로 아로새겨 수 천 년이 지난 지금 보게 된다.

이 '하나의 글'인 '한글'이 고대 한국어로 된 우리 고대 한글의 참모습을 드러내게 하고 있다. 우리 한글이 세종대왕 때부터 비롯됐다는 믿음이 결코 세종이나 우리를 빛나게 하는 것이 아니라 믿는다. 이 글에서 보듯 가림토 같은 고대 한글이 쓰였다. 침수도 첨수도 명도전 같은 자모전에도 고대 한글은 많다.

삼신봉 '한글'은 이런 자모전의 낱말만이 아닌 문장 형태다. 정형시(定型詩) 같은 문학 작품으로 일관적인 이야기가 담겨 있어 중요하다. 칼돈에 새겨진 문자 이외의 돌에 새겨진 암각(巖刻) 문자라는 것에도 의미가 있다.

칼돈에 새겨진 문자는 주로 낱말 위주다. 일종의 단어장 같다. 칼돈에 새겨 화폐를 통용시키면서 글자 교육하고 있다. 이에 비해 이 삼신봉 암각 52자의 본문 45자는 완전한 시가(詩歌) 형태다. 불의의 사고로 애지중지하던 딸을 잃고 애통해하는 아비의 슬픈 노래다. '쏘아서 날면'이라 부르는, 인디언식 이름을 가진, 아비의 이 '한글'은 우리 고대 한글의 진수를 맛보게 하는 데에 부족함이 없다. 상형(象形)과 표음(表音)이 일체화된 간결한 고대 한글. 한자로 보이지만 실속은 한글 쪽이다. 좀 더 명확히 말하면 오늘날 한자와 한글이 하나로 융합된 글(契)이다.

한자가 세로쓰기를 기본으로 한 데 비해 이 삼신봉 고대 상형한글은 '가로쓰기'다. 훈민정음 당시에 세로쓰기인데 훨씬 이전인 이 고대 한글이 오늘날 한글 쓰기와 같다.

이 해독을 계기로 고대 한글이 더 활발히 연구 보급되길 바란다. 잃어버린 우리의 고대 문자 '한글'을 되찾고 우리 훌륭한 문화유산이 더욱 계승 발전되기를 기원한다. 이러한 사항이 교과서에서도 정식 수록되어 우리 문자 우리 문화의 우수성을 널리 교육되기를 희망한다.

자모전(子母錢) 글자,
고대 한글

5 마디 : 자모전(子母錢) 글자, 고대 한글

침수도 첨수도 명도전이라고 부르는 칼돈에 새겨진 칼돈글은 우리 고대 한글이다. 고대 한글 자모(子母)가 새겨져 있다. 여기서는 쓰인 문자를 강조하여 자모전(子母錢)으로 통칭한다.

이 마디 자모전 글자는 허대동 님의 그림 자료를 인용했다. 대부분 비밀에 부친 듯 생략한, 풀이 과정은 필자가 새롭게 상세히 연구해 전부 공개했다. 필자의 연구와 의견도 덧붙였다. 이로써 독자가 자연스럽게 산책하듯 즐거운 마음으로 해석 사례를 따라가면 고대 한글의 꽃과 향기를 맡을 수 있을 것이다.

쉽게 찾도록 자음을 ㄱ ㄴ 순으로 정리했다. 해독 교본이 되어 활용되기를 기대한다. 이 해석 연습으로 원리를 잘 파악하고 충분히 상상력을 발휘하자. 여기에 소개되지 않는 다른 고대 한글도 해석할 수 있으리라.

정음 가림토 한글 자모는 상형을 동시에 그려내기 위해 여러 가지로 변형한 모습이다. 지금같이 정형화된 부호 이전에는 모양이나 배치 등을 매우 자유롭게 하여 형상을 구성한 것을 볼 수 있다.

한자의 훈과 음이 동시에 한 글자에서 나오는 것이 많다. 우리말과 우리말 중에서 한자어의 생성을 보여준다. 기본적으로 고대 한글에서 한글과 한자가 출발함을 볼 수 있다.

고대 글자는 한자는 상형문자 한글을 표음문자라는 이분법이 통하지 않는다. 한글은 발생할 때부터 상형으로 출발했다. 한자어 정음을 표시하는 한글도 표음과 동시에 훌륭한 상형문자이다. 심지어 필자가 분석해 보면 일부 갑골문 같은 초기 한자에 고대 한글의 정음도 들어 있다.

자모전에 새겨진 글은 고대 한글 계통 우리글이다. 자모전이 나온 중국 땅도 우리 민족이 살던 우리 땅임을 알 수 있다.

1. 굽어진 첫 자음 ㄱ

(1) ㄱ

ㄱ은 처음이다. 녹도문에서 첫 [햐] 음이 [까] 음이었을 것이라고 밝혔다. 세종께서 훈민정음 ㄱ을 만들었을까? 그렇다면 그 이전에 ㄱ이 없어야 한다. 그런데 [그림1][1]의 자모전인 1. 침수도에

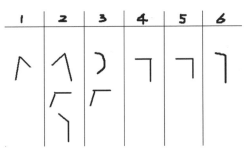

[그림1] 고조선 문자 계통도-1(ㄱ)

【ᐱ】 이 나온다. ㄱ 음가다. 2. 첨수도에도 여러 방향의 ᐱ이 나온다. 3. 고조선 칼돈인 명도전(明刀錢)에서는 현재 ㄱ과 달리

1) 허대동, 고조선 문자 2, 도서 출판 경진, 2013, p.115. [범례 : 1. 침수도 2, 첨수도 3, 명도전 4. 훈민정음 5. 현대 6. 기타]

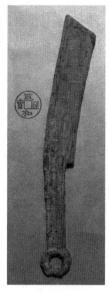

270도 회전한 모양으로 【ㄱ】 왼편이 꺾였다. ([그림2][2]) 고천원지 사진이 증거) 4. 훈민정음 ㄱ이다. 5. 현재 ㄱ이다. 6. 아라가야 함안 토기 문자 ㄱ이다.

현재의 오른쪽 구석으로 표시된 ㄱ은 왼쪽으로 ㄱ 꼴이나 ∧꼴, ∧같은 예각이나 ⌐ 같은 둔각 등 다양하게 쓰였다. 휘어지는 갈대를 표시하듯 부드러운 곡선())도 다 ㄱ이다. 갈 (대), 공, 갈매기, 그림, 구리, 귀, 갓, 개 견, 길, 그럭(기러기), 까치 등에서 고조선 자모전에서 모두 ㄱ을 창제해 쓰고 있다. 세종은 훈민정음을 창제한 것이 아니다.

[그림2] ㄱ

이 모든 ㄱ 음가의 다른 형태를 다만 ㄱ 꼴 하나로 정리했다. 그림 같은 직접 상형을 희생하고 대표 꼴로 정음을 정리했다. 이것은 정음을 향한 문자의 큰 발전이었다.

(2) 갈대

1	2	3	4	5	6
)))	)))	글	갈 대		

[그림3] 고조선 문자 계통도-2(갈대)

[그림3] [글](대)의 글자 변천을 보면 초기의 2. 첨수도 【)】은 [ㄱ]으로 길게 뺀 갈대 줄기다. [ㆍ]와 [ㄹ]은 \\이 되어 잎을 표시한다. [글]이다. 또 긴 갈대)는 펴 ㅣ로 [ㄹ]이고 \\

---

2) 출처 : 고천원지(古泉園地) http://www.chcoin.com, 고조선 화폐(명도전, 첨수도) 사진이 올라 있는 곳

는 ⊥로 결합 [ㅗ]인 [로]다. [글 로(蘆)]가 생성된다. 3. 명도전에서 아래 丿은 [ㄱ] ＼은 점(·)으로 축소하여 [·], S 모양은 [ㄹ]이니 [귿]이다. 위로부터 S[ㄹ] 이다. 아래 ㅋ모양에서 가운데 - 를 세우고 ㄱ를 ―로 펴서 결합하면 ⊥로 [ㅗ]다.

[그림4]3)는 갈대의 모양(<고천원지> 사진 [ ]이나 선진화폐 문자 편 274쪽의 그림 [ ])에서 귿(갈) 과 같은 글자가 만들어지는 과정과 원리를 나타낸다.

훈민정음
갈대 노(蘆)
reed

원리

선진화폐문자편 274쪽

고천원지 사진

[그림4] 갈대의 귿이 만들어지는 원리

(3) 공

[그림5] 2. 첨수도 '공'은 '공을 차는' 재밌는 모습이다. 간략하게 공차는 모습을 그리면서 정음의 자모를 표시한 놀라운 글자다. (￪) 아래 ㅅ에서 [ㄱ] 위의 기운 ⊥꼴은 [ㅗ] 공 · 은 [ㅇ]이니 [공]이다. 아래

1	2	3	4	5	6
￪	송	긍	곰		

[그림5] 공

3) https://daesabu.tistory.com/m/18298105

ㅅ에서 [ㄱ] ㅗ꼴은 이제 뒤집어 ㅜ이니 [ㅜ]이고 · 은 음가가 없는 [ㅇ]이니 [구]다. [공 구(球)]다. 3. 명도전은 '송'이 아니고 [공]이다. 【ㅅ】 그 자체는 오늘날 ㅅ과 비슷하나 ㅅ을 45도 우회전한 [ㄱ]이다. ㅗ는 2획(二)으로 [오~]음으로 [공~] 장음이다. 받침[ㅇ]은 '공' 꼴이다. ㅅ은 [ㄱ]이고 ㅗ를 돌려 ㅜ로 하면 [ㅜ]이니 [구]다. 한자어 훈과 음 [공 구(球)]다. 예전에 공은 짚으로 만들었거나 돼지 오줌보로 만들었다. 어렸을 때 오줌보로 만든 공을 찼던 기억이 있다.

(4) 갈매기

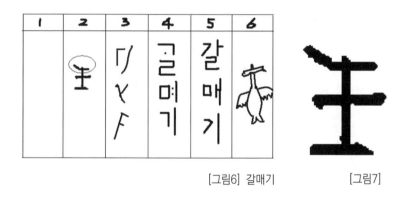

[그림6] 갈매기   [그림7]

[그림6] '갈(ㄱ)매기' 예다. 2. 첨수도는 (王)이 아니고 물고기(〜)를 물고 가는 갈매기(土)다. 확대한 [그림7]과 같이 굽은 물고기는 [ㄱ] 土의 丨은 [ㄹ]이고 丨아래 왼쪽에 붙은 작은 점(·)은 [·]이니 [굴]이다. 가운데 ─은 오른쪽 ∏ㄴ 무늬는 돌려 ㄷㄱ이고, 이를 합한 □으로 [ㅁ]이다. 왼쪽 ㅓㅜ무늬의 ─로

보아 [ㅕ]이니 [며]다. 꼬리 부근 오른쪽 ㅗ형 돌기와 ―은 ㅗ
꼴로 [ㄱ], 맨 밑에 긴 ― 은 [ㅣ]이니 [기]다. 곧 [ㄱㄹ며기]다.
王 꼴에서 「은 [ㄱ] 위 \ 와 중간 ―은 합해 (―) 맨 밑의 ―
은 (ㅣ) 로 하면 [ㅜ]이니 [구](鷗)다.

　3. 명도전은 해독이 더 쉽다. 갈(ㄱ)매기의 ㄱ은 좌우 대칭 모
습【「】 이다. 긴 ƽ 꼴은 [ㄹ]이니 [ㄹ]이다. 갈매기 날아가는
모습은 몸통의 [ㅁ]을 풀어 늘인 것으로 본다. 퍼덕이는 날개 /
는 [ㅕ]로 보니 [며]다. 【「】은 [ㄱ] ―은 [ㅣ]로 [기]이니
[ㄱㄹ며기]다. (ㄱㄹ며기 > 갈며기 > 갈매기) 4. 훈민정음에 이르
러 오늘날 한글 [ㄱ] 꼴이 확정된다. 6은 울산 반구대 그림문자
모습이다.

(5) 귀

　[그림7] 1) 귀【ㄱ】 모양과 소리를
동시에 표현한다. 한글 '귀'의 ㄱ이 귀
형태에서 나왔음을 보여준다. 영어 G 출
처다. '귀' 글자(ᄀ)와 위상만 다르고
좌우가 바뀐 형태다. 발음도 같은 ㄱ 음
이다. ㄱ은 [ㄱ], 귓바퀴 ᄀ는 ∩(ㅜ) /
(ㅣ)로 [ㅟ]이니 [귀]다. ᄀ은 ○으로 하
여 [ㅇ], ㅜ꼴은 펴면 | [ㅣ]이니 [귀]
이(耳)다.

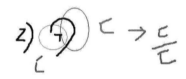

[그림7] 귀

[그림8] 귀(듣)

　[그림8] 2)의 해석같이 '[듣]다'도 나오니 절묘하다. 영어에서
ear와 hear로 ear가 동시에 있음과 비슷하다. 귀로 들으니, 귀의
동사는 '듣다'이고 같은 글자이다. 또 필자가 보면 귀를 '귀때'

(기)라고도 하니 ㄱ은 ㅁㄱ꼴로 [ㄸ] ㅜ꼴은 [ㅐ]로 새기면 [때]다. 또 ㅜ는 [ㅓ] 귓바퀴 ㄱ은 ㅣ[ㅣ]로 펴니 [기]다.

(6) 갓

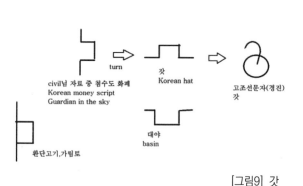

civil님 자료 중 첨수도 화폐
Korean money script
Guardian in the sky

turn

갓
Korean hat

대야
basin

고조선문자(경전)
갓

환단고기,가림토

[그림9] 갓

[그림9] 왼편 첨수도 (ᄀ)를 270도 돌리면 갓의 옆 모습이다 (ᄀᄂ). 위아래 ㅣ은 ㅓ로 결합하면 [ㄱ] ㄱ은 [ㄷ]이니 [ㄹ]이다. 아래 「은 [ㄱ] ㅣ는 [ㆍ] ㄴ은 [ㄴ]으로 [ㄹ]이니 [ㄹ, ㄹ > 관(冠)]이다. [그림9] 오른쪽 자모전 둥근 갓(훈민정음은 갇)의 ㄱ은 상형을 위해 변형된 자못 둥근 [ㄱ]【ᄀ】이다. 원 ○은 ㄷㄱ로 분해, ㄷ[ㄷ]와 ㄱ[ㅏ]로 [갇]이다. 위 (ᄀ)은 [ㄱ], 이어지는 ∕은 [ㅗ] ○은 (ᄀ)[ㅏ]과 ᄂ [ㄴ]로 분해하니 [관(冠)]이다.

갓의 동사는 '가리다'이다. 둥근 갓은 하늘을 상징한다. 하늘님 = 둥근 갓 = God이다. 위대한 하늘님 부호 [ᄀ]이다. (ᄒ > ᄒ > ㄹ > ᄀ > 갓) 하늘은 ㅇ으로 둥글고 회전한다. 회전 단면은 ─ 이고, 하늘 부호 三과 같다. '그'는 화폐문에 있고, 익산 부호의 점은 별에서 나오니 개수는 관계없다. (ᄒ ᄀ ≛) 가림토, 고(코)는 ㄱ 안에 점인데, 역시 '갓'의 둥근 원(○)이 점(ㆍ)이 된 것뿐이다. (ᄒ ᄀ) 그, 고, 굼(검 감, 곰), 강을 표현하는 우리 가림토 문자다.4)

(7) 개 견(犬)

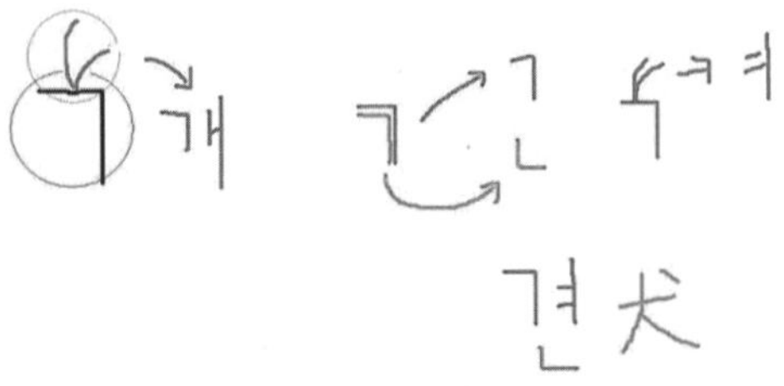

[그림10] '개 견(犬)'은 우리말 한자 조어(造語)를 잘 나타낸다. 【ㄱ】은 그대로 ㄱ 음가이다. 개 머리 [ㄱ]에 붙은 두 줄은 [ㅐ]이며 개의 귀를 나타낸다.

[그림10] 개 견(犬)

[ㅕ]이고 [ㄱ]과 ㄱ을 180도 돌린 받침[ㄴ]이니 [견](犬)이다. 개는 사람 '가(ㄱ)히'에 있는 애이니 [개]이다. 견(犬)은 '컹컹(켠켠)' 짖으니 [견]이다.

(8) 기러기

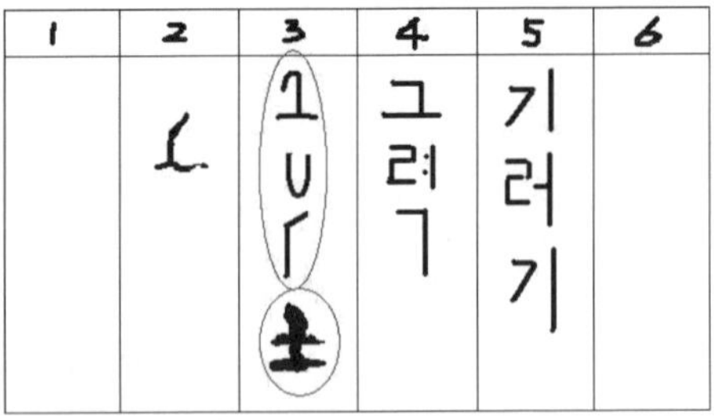

[그림11] 첨수도 2.5) 는 기러기 얼굴 부분이다. 3. 명도전은 [그럭]이고 사(士)형은 기러기가 나는 모습이다. +은 나는 기러기이고 아래 ─은 입에 문 물고기 형상이다. ㄱ은 【ㄱ】 이고, ─는 [ㅡ]이니

[그림11] 기러기

[그]다. ∪에서 ㅣ은 [ㄹ] ∫꼴은 [ㅕ], 【ㄱ】 은 [ㄱ]이다. (그럭 > 그려기 > 그러기, 기려기 > 기러기) 그럭은 '끄륵, 끼룩' 같은 기러기 울음소리이기도 하다.

---

4) https://daesabu.tistory.com/m/18298581
5) 오량보(吳良寶) 선진화폐문자편(先秦貨幣文字編), 복건인민출판사, 2006. p.69

2. 눕거나 펼치는 ㄴ

(1) ㄴ

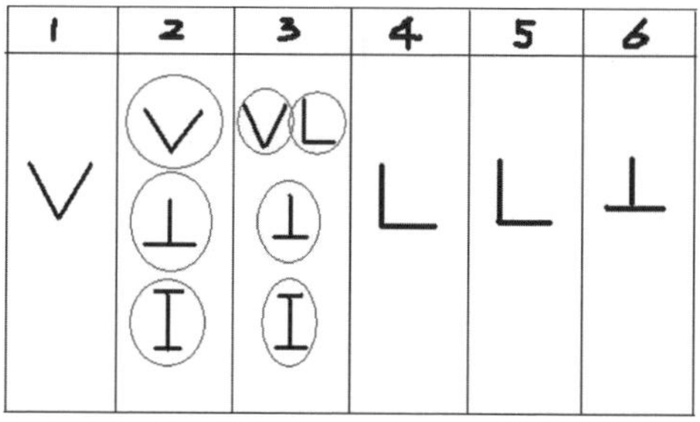

[그림12] ㄴ

ㄴ은 형상으로는 사실 위상만 다를 뿐 ㄱ과 같다. ㄱ을 180도 돌리면 ㄴ이다. 135도 돌리면 【V】다. ㄱ으로 분류되는 ∧는 ㄱ을 315도 돌린 모양이다. [그림12]

1. 선진화폐문자편 220쪽에서 중국학자들이 육(六)으로 주장하나, [ㄴ]이다. 2. 첨수도와 3. 명도전에서 ㄴ뿐 아니라 【ㅗ】와 【工】도 ㄴ이다. 이 중에서 4. 의 세종대왕은 ㄴ꼴만 ㄴ으로 했다. 6. 함안 아라가야 토기 문자도 ㄴ을 [ㅗ]로 표시하였다. 나무, 날개, 낚시, 나물, 날, 노, 니~, 누예, 나비, 난, 낮, 눈썹 등에 쓰인 ㄴ을 살핀다.

(2) 나무

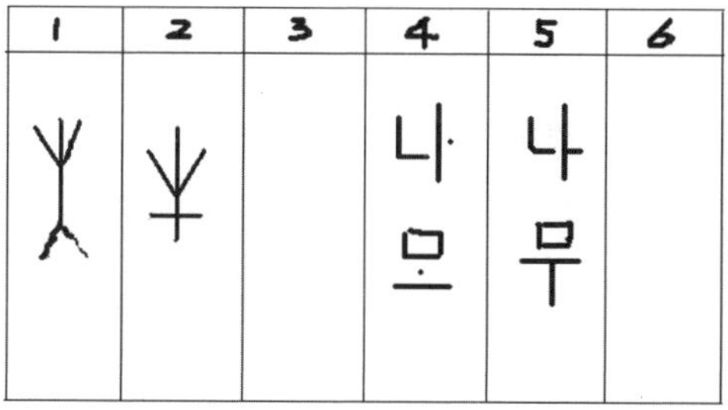

[그림13] 나무

[그림13] 1. 침수도 '나(ㄴ)무'다. (ㄨ)형상은 나무 갑문 목(木)과 닮았다. 【V】는 [ㄴ] ㅣ는 [ㅏ] ∧는 [ㄱ]으로 [낙]이다. ㄱ은 나무를 심어놓은 구

(ㄱ)석진 돋은(∧) 땅이다. 그 땅은 현재 ㅁ(뭍)으로 변했다. (낙 > 낡 > 남 > 나모 > 나무) 2. 첨수도와 <고천원지> 사진 자료 나무로 땅은 ―로 표시되었다. (¥)은 180도 돌리면 (朩) 이니 한자인 '목(木)'과 비슷하다. ―는 ㅁ(땅)이니 [남]이다. 가지가 '나'는 것이 '남'이다. 1을 거꾸로 읽으면 ㄱ[ㅁ] ㅣ[ㅗ] ∨ [ㄱ]으로 [목](木)이다. 한글은 나는 놈(눔)의 [눔]을 거꾸로 읽으면 [목]이다. 신묘한 글자들의 상형이다.

(3) 날개

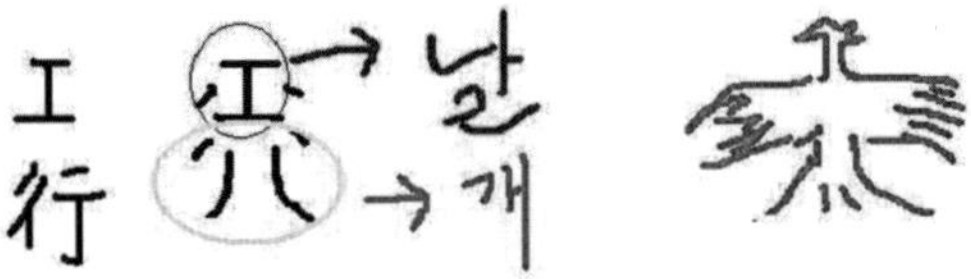

[그림14] 날개

[그림14] 중국 학자들의 공행(工行) 해석은 오류다. 【工】 6)은 ㄴ[ㄴ] 위 ― 와 아래 _는 [·/ㅏ] 이니 [ᄂᆞ/나]다. 날개 / \는 이으면 ㅣ로 [ㄹ]이니 [ᄂᆞᆯ/날]이다. 아래 ′ ⌐ 꼴은 합해 [ㄱ], 、은 [·] (은 ㅣ로 펴 [ㅣ]이니 [ᄀᆡ]로 [ᄂᆞᆯ/날 ᄀᆡ]다. (ᄂᆞᆯᄀᆡ > 날긔 > 날개) 영어는 I(나)다.

(4) 낚시

[그림15] 침수도 첨수도 (卝)은 행(行)이 아니다. ┘꼴만 ㄴ으로 돌린 그대로 고대 한글 [낛]이다. 1)의 【T】 는 180도 돌리면 【ㅗ】 로 [ㄴ]이다. 앞 낚싯줄과 합해 [낙]이다. 아래

6) 工을 천지인으로 풀어보면 하늘(―)과 땅 (_) 사이에 나(ㅣ)가 있다.

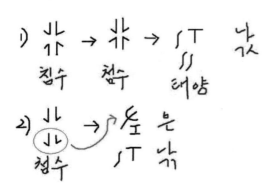

[ㅅ]은 두 줄(SS) 강물이
니 낚의 옛말(훈민정음)
[낛]이다. 2)는 아래 낚시
바늘을 돌렸다. 아래에서
위로, 낚의 동사 [나근(낚
은)] 이다.

(나근 > 나끈 > 낚은)

[그림15] 낛, 낚

(5) 나모, 나물

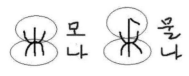

[그림16] 나모, 나물

[그림16]은 목(木, ⽊)의 ⽊
과 비슷하나, 가운데 목(ㅣ)만
없다. 【∩】 [ㄴ] ㅣ [ㅏ] ∪
[ㅁ] ㅣ [ㅗ], ∪[ㅁ] ㅣ [ㅗ]∩
[ㄱ]로 [나모, 목]이다.

오른쪽 위 \ 은 [ㄹ]이니 [나물]이다. (ㄴ믏 > ㄴ믈 > ㄴ믈
> ㄴ물 > 나물) 한자에서 비슷한 꼴은 벼 화(禾, ⽲)이다.

(6) 날, 노

니   노

[그림17] 날, 놀

[그림17][7)]   <선진화폐문자
편> 277쪽 '니'는 [나] 음이고
'ㅣ'는 [ㄹ]이니 '(칼)[날]'이다.
돌리면 갈(칼)이다. <선진화폐

---

7) https://daesabu.tistory.com/m/18298097

문자편> 276쪽 첨수도 '노'(櫓)는 그대로 [노]다. 중국 학자들
은 한글로 읽지 못하니 '十氏'로 보거나 모르겠다 한다. 한글을
쓰는 우리 한글을 쓰는 한국 사람이라면 그냥 보면 안다. [노]
자라는 것을. 고대 한글인 자모전이 현재 한글과 완전히 일치하
는 드문 글자다.

(7) 난

[그림18] ∨[ㄴ]이며 동시에
난초 잎을 절묘하게 그렸다. 난
촉 |은 [ㄹ], 오른쪽 끝 꺾인 잎
【ㅅ】의 짧은 잎 ㅣ은 –이니
[ㅏ] 잎 ∨는 [ㄴ]이니 [란]으
로 오늘날 [난]이다.

[그림18] 난

(8) 낯

[그림19]는 고조선 우리 선
조의 얼굴 글자다. '낯(얼굴)'이
다. 여기서 (ㄱ)은 ㄱ이 아니
라 돌려서 [ㄴ]이다. /은 [ㅏ],
○은 ㄷ으로 [ㄷ]이니 [낟]이
다. (낟 > 낫 > 낯) 아래에서
위로 ○는 ㅇ, □으로 [ㅁ], /는
[ㅕ], (ㄱ)는 [ㄴ]으로 [면]

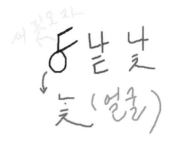

[그림19] 낯

이니 [낯 면(面)]이다. 【ㄱ】은 '새 깃 모자' 조우관(鳥羽冠)이
다. 270도 돌리면 ㄴ으로 [ㄴ] 발음이다.

(12) 거울, 눈썹

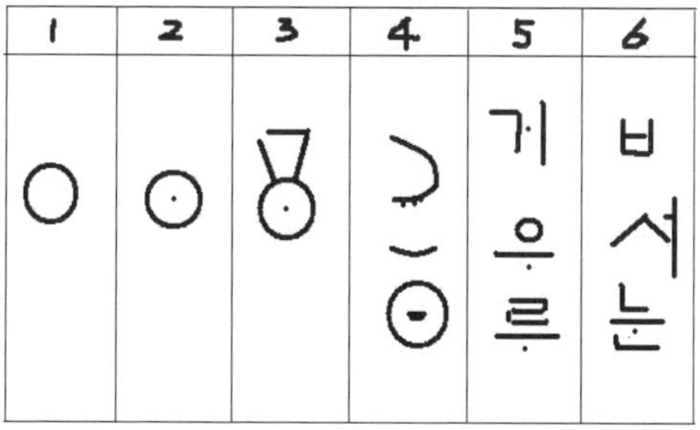

l	2	3	4	5	6
○	⊙	⊙	⌣⊙	거울루	ㅂㅅㄴ

[그림20] 거울, 눈썹

[그림20] 1. 첨수도 ○은 [오, 우] 소리로 해(日), 얼굴 같은 둥근 모양이다. 하늘의 해인데 ·이나 가운데 ㅡ이 없다. 고대 한글로는 ○을 ⌢ → ⌣⌣ 분해하니 [ㄴㄴ] 곧 [는/눈]이다. 2. 첨수도 ⊙ 모양은 ⌣·⌣으로 분해하면 [는/눈]이다. 상형으로는 눈(目, 👁)이다. ⊙을 그대로 ○[ㅇ], ·을 늘려 ㅣ로 하면 [ㄹ]이니 [울/울]이다. [울](타리)다. 3. 첨수도 [거울], 눈썹이다. ㄱ[ㄱ] ○[ㅇ] ·[ㅜ] \[ㄹ]로 [거울]이다. ㄱ[ㄱ] \[ㅕ] ⊙[ㅇ] 로 [경]이니 [거울 경(鏡)]이다. ㄱ [ㄱ] \[ㅏ]로 하고 ⊙을 ○ → ㅇ → □[ㅁ]으로 변화시키면 [감]이니 [거울 감(鑑)]이다. 4. 명도전으로 거울, 아래로부터 위로 [눈썹]이다. ㄴ은 '누은 것'이다.

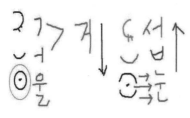

[그림21] 거울, 눈썹

[그림21]같이 [ㄱ, ㅕ, 울]로 보았으나 필자는 ㄱ(ㄱ)에 ﹑, (ㅕ)이 있으므로 [거]로 본다. ○은 [ㅇ] ⌣은 [ㅜ] ·은 ㅣ로 늘려 [ㄹ]로 보아 [울]이니 [거울]이다. 아래부터 [ㄴㅜ ㄴ,ㅂㅅ]로 [눈섭](눈썹)이다. '위【⌢】아래【⌣】'는 눈

꺼풀 모습이고 [ㄴ]이다. ·은 [ㅜ]다. [?]은 ㄱ과 ㅅ으로 읽힌다. 아래 작은 두 줄(")은 눈썹이다. [﹀]은 ㅂ이다.

3. 두 번 굽은 ㄷ

(1) ㄷ

지말(池末, 디끝)이라는 억지 한자음 때문에 '디귿'으로 굳어졌다. '디은(딛)'이 맞겠다. 3. 자모전에서는 【ᄃ】 와 【ᄉ】 【ㄱ】 【ᄀ】 가 ㄷ이다. ᄃ 는 ㄷ가 둥근 모습이다. [ㄱ]을 180도 돌리면 오늘날 ㄷ자가 나온다. ㄷ은 주로 높은 땅을 나타낸다. 돈, 도(刀), 달 월(月), 닭 계(鷄), 돌 돈, 따비, 도라지, 등, 다리 등 첫음이 ㄷ으로 이뤄진 낱말이다.

(2) 돈

[그림22] 돈(ㄷ)에서 ㄷ이 【ᄃ】와 같은 부드러운 모습과 [그림23] 【ᄃ】 과 같은 모습이 있다. 칼돈에 [돈]이란 문구가 직접 새겨져 있다.[8] 임(壬)이라는 간지는 발행 연도 표시이고, 5(×, Ⴟ)는 화폐 액수다. 5돈, 5천 돈이다. 지금 과연 몇 원(돈)이나 될까?

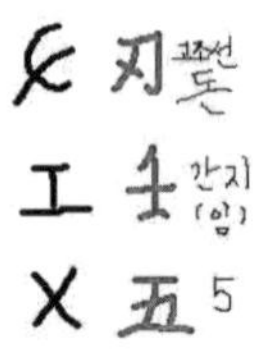

[그림22] 5돈 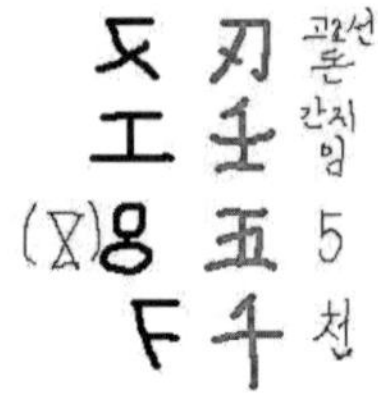   [그림23] 5천 돈

[그림24] 칼에 새긴 돈, '칼돈'이 나오므로 칼 [도(刀)]가

---

8) 이에 대한 자세한 언급은 이찬구, 전게서. p.144~167 참조

[그림24] ㄹ 돈

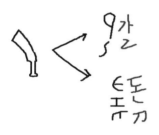

[그림25] ㅊ   [그림26] 돈

[그림27] 칼돈 → 칼, 돈

[돈]의 어원이다. 아래 ⟨은 [ㄱ] \은 [ㄹ]이니 [글]이다. 위 ㅋ 꼴의)는 돌려 【ℂ】가 되어 [ㄷ]이다. ／는 [ㅗ] 이니 [도]이고 칼의 모습이다. '돈 돈' 【双】 은 우리 한자다.9) 파임 불(\) 은 [ㄴ]이다.

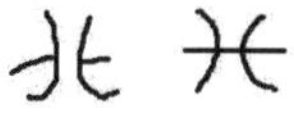

[그림25] 제나라 화폐는 화(貨)의 약자 '화(ㅊ, ㅊ)'가, [그림26] 고조선 화폐는 좌우 대칭 꼴 '돈(ℓ ℤ)'이 새겨져 있다. 비슷해 보이지만 [그림25]는 한자이고 [그림26]은 우리 고대 한글이다.

[그림27]과 같이 첨수도에서는 칼 돈 모양(ᄀ)을 따서 '갈(칼)'이며 '돈' 이다. 명도전에서 '갈(칼)'과 '돈'으로 분리된다. ㅌ모양은 【ℂ】 [ㄷ]과 가운데 —[ㅗ]로 [도]다. ㅗ는 [ㄴ]이니 [돈]이다. (ᅲ)를 90도 돌리면(ᄀ) ㄱㅣ[도] 자로 '돈 도(刀)'이다. [돈] 이 '칼[도]'에서 비롯함을 보이는 문자다.

(3) 닭

[그림28] 부리 【ㄴ】 는 [ㄷ]이다. —는 [ㅏ], ㄹ 꼴은 [ㄹㅅ] 으로 [닭]이다. 전남 사투리 [달구세끼]에 남아 있다. (닳 > 닭

9) https://naver.me/FIoOqRS8 및 민중서림, 최신홍자옥편, 2005, p.23 참조

> 닭) Z에서 ⁄은 [ㄱ] /은 [-]이고 ~는 [ㅓ]이다. 부리 ⁄는 펴서 세우면 | [ㅣ] 이니 [계]다. '닭 계(鷄)'의 설계도이다.

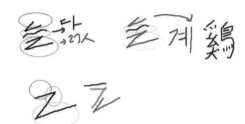

[그림28] 닭 계

(4) 따보

[그림29] 【≪】는 [ㅉ]이다. 쟁기날 모양의 ㅁ는 [ㅂ], ㅣ는 [ㅗ]으로 [보] (습)이다. [ㅉ보]로 새긴다. (ㅉ보 > 짜보/짜

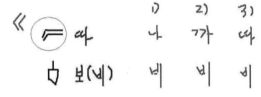

[그림29] 따보(비)

부 > 짜븨 > 따비) ㅁ 꼴을 [ㄹ] 변형, ≪는 펴서 조합해 (ㅗ) ㅣ는 (ㅣ)이니 [뢰](耒)다. 한자 뢰 (耒)에서도 고대 한글을 추출할 수 있으니 아래 ∪∩[ㅉ] ㅣ [ㅏ], ≡은 [ㅂ] \ [ㅗ]로 [짜보]다. 논농사가 활발한 단군 시대에 이미 '따비'라는 농기구가 있었음을 알 수 있는 글자다.[10]

[그림30]은 [짜보] 글자 상형과 비슷하다. 우리나라 특유의(중국은 V형) 덕적도 U자형 말굽 쇠 형 보습의 따비다. 두 꺾쇠 모양(≪)은 손잡이와 발판 상형으로 보인다.

[그림30] 따비

---

10) 따비는 청동기 시대 유물로 발견되는 것으로 보아 인류 농경 시작 때부터 사용된 것으로 본다.

(7) 도라지

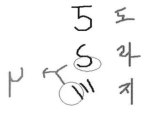

[그림31] 도라지

[그림31] 【ㄱ】 자는 [ㄷ]이고 丁는 가림 부호 [ㅗ]가 회전하니 [도]다. S[ㄹ]는 하늘님 태극 모양이다. [라]다. \ \ \ 는 ㄷ의 변형으로 [디] > [지]로 본다. \ \ \ 는 밭 속에 도라지가 많다. 우리 민족은 도라지를 매우 즐겨 하는데 단군 조선에도 도라지를 키워 상용했던 것을 알 수 있다.

(8) 등, 눈 설(雪)

 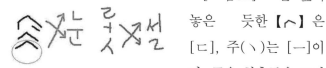

[그림32] 등, 눈 설(雪)

[그림32] ㄷ을 엎어 놓은 듯한 【ᄉ】은 [ㄷ], 주(ヽ)는 [ㅡ]다. 굽은 척추들을 표시 하기 위해 [ㅇ]을 분해 하여 두 개의 꺾기(≪)로 표시했으니 [등]이다. 등이 산[등] 성처럼 표현됐고 제일 위는 어깨 부위다. 또 [ㄷㅡㄴㄱ]으로 조합하면 [듬]이고 ㅁ은 조합하여 ㅁ이니 ㅇ이 될 수 있으므로 [등]이다.

'눈 설(雪)'은 아래에서 위로 [ㄴㄴㅡㄷ]으로 [뜬] > [뜬] > [눈]이다. [ㅅ][ㅓ][ㅡㄷ] > [서][ㄹ] > [설]이다. 상형으로는 등 같다. 눈은 많이 쌓여 있는 눈 모습 같기도 하다.

4. 구불구불한 ㄹ

(1) ㄹ

[그림33] 1) 침수도의 ㄹ이다. 옆으로 늘여 누인 모습 (〜)이나 더 늘어져 (〜) 【一】에 가깝게도 표시된다. 2) 침수도의 ㄹ 모양은 >과 ∨이 결합하거나(ㄹ) ㄱ과 ㄴ이 결합(ㄨ)한 모습이다. 3) ㄱ는 ㄱ 음가이고 위의 긴 【S】형은 ㄹ 음가다. 혹은 【ㅣ】이 ㄹ 음가다. 침수도 구불구불한 [〜, ㇉] 등 ㄹ 이 모음과 구별되지 않아 [S]로 변화

[그림33] ㄹ 유형

된 것으로 보인다. 현 영어에서 ㅅ 음가다. 훈민정음과 현재는 ㄹ로 정착됐다. 현재 ㄹ은 가장 이른 시기인 녹도문 (넷)과 모양이 거의 같다.

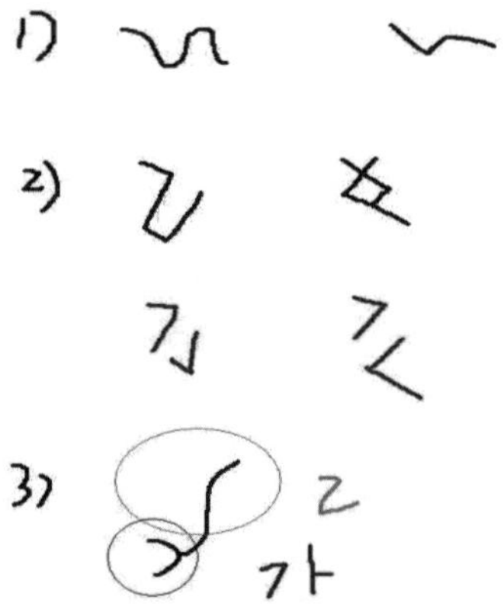

(2) ㄹ, ㄹ, 라~, 람

[그림34] 【ㅣ】 은 [ㄹ]이니 모음 ─가 추가된 十은 [ㄹ(라, 러, 로, 루)]다. 모음 ─가 더 추가되면 복모음이니 [라~(랴, 려, 료, 류)]다. 거기에 ㅁ 받침이 더해지

[그림34] ㄹ, ㄹ, 라~, 람

면 [람]이다. ㄹ은 글자 생김 그대로 구불(ㄹ)구불(ㄹ)한 모양이다.

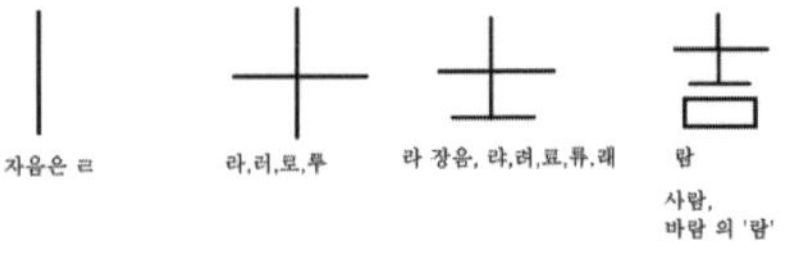

(3) 절

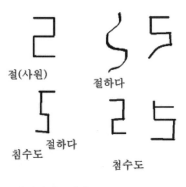

절(사원)

절하다

절하다
침수도

첨수도

선진화폐문자편 228-229쪽

[그림35] 절

한글도 글자 형상을 따른 부호이고 기본적으로 상형이다. [그림35] ㄹ은 글자 생김대로 구불구불하다. 사람은 몸을 굽혀 절을 할 때 모습이다. 그래서 절(ㄹ)을 하는 절[뎔]이 된다. 불교 전래 전에도 삼신을 모시던 고대 신앙 중심지 뎔(ㄹ)이 있었다. 한자는 몸 기(己)와 비슷한 꼴이다. 절하는 몸을 표현한 것으로 절은 빠지고 절은 하는 몸만 남았다.

5. 닫힌 꼴 ㅁ

(1) ㅁ

1	2	3	4	5	6
	⑧ ⬜	⑧	⬜	⬜	

[그림36] ㅁ

[그림36] ㅁ 음가는 【ㅂ, ㅁ, ㅇ, ▽】 등 여러 도형이 있다. 원래 ㅁ 음가는 ㅂ였으나 훈민정음 만들 때 ㅁ으로 통일했다. ㄱ ㄴ ㄷ ㄹ 등과 달리 대부분 닫힌 꼴이 특징이다. 때에 따라서는 적합한 상형을 위해 풀어 열기도 한다. 2 첨수도에서 물(ㅁ)고기 형상

이 ㅁ 음가다. 3. 자모전에서는 차츰 두 줄이 휘어지고 있다. 중국에서는 中으로 억지 해석한다.

(2) 무소

[그림37] '무소'다. 6 모양은 [무소] 뿔이 달린 얼굴이다. 얼굴 **【ㅇ】**은 ㅁ 음가다. 무소의 옛말 [므쇼](무소) 곧 코뿔소다. ∧ 는 무소뿔이다. 당시 고조선(요동 반도와 한반도)은 무소, 기린, 코끼리 등이 사는 아열대 기후였다. 당시 기후를 증명한다. 물론 [소]를 나타내는 'ㅿ'는 서양으로 건너가 첫 번째 알파벳 'A'가 되었다.

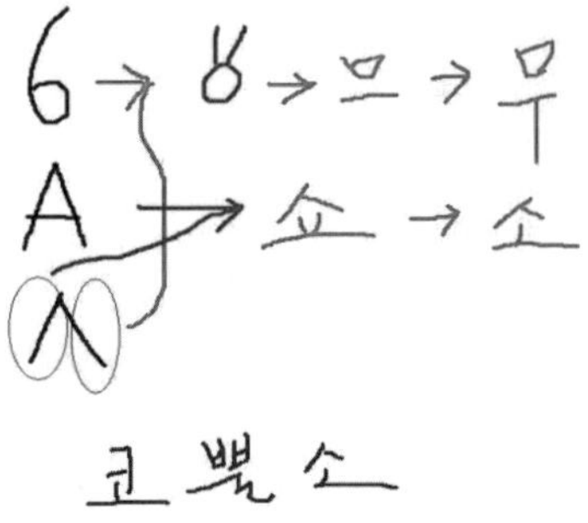

[그림37] 무소

(3) 메뚜기

[그림38] 메뚜기 머리 특징을 잘 표현한 **【▽】**(상형 때문에 ɤ 변형)가 ㅁ의 음가다. '허'는 멧기로 푸나 그런 옛말이 없다, 메(들)에서 [뛰]는 곤충이라 반드시 [ㄷ/도(蹈)/두]가 들어가야 한다. ▽ ɾ Γ[묏]이고 *F* 꼴은 *⊏/* [도], ╱‾\ [기]로 [묏도기]로 본다. (묏도기 > 묏독이 > 메똑이 > 메뚜기)

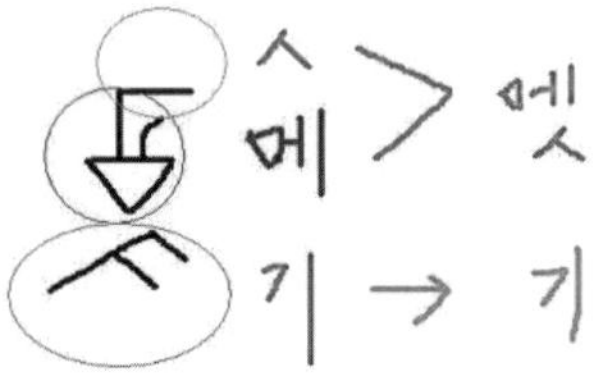

[그림38] 멧기

(4) 매

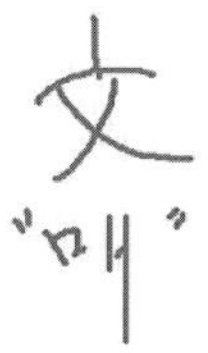

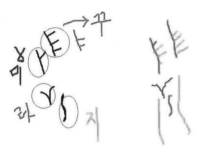

[그림39] 매

[그림39] 문(文)자 형은 사실은 고대 한글 [ᄆᆞ](ㅁ)다. (Ʊ)은 [ㅁ] ˈ은 [·]이고 꼬리 (∧)는 펴서 세우면 ㅣ로 [ㅣ]이니 [ᄆᆡ]다. (ᄆᆡ > 매) 첨수도 문자 매(ɤ)는 하강하는 매가 생생하게 그려져 있다.[11] 북미(北美) Jeffer 암각화에도 새겨져 있는 글이다.[12]

(5) 미꾸라지

[그림40] 미꾸라지

[그림40] 그림 같이 [미]보다는 ɣ의 【ㅇ】은 펴서 ㅣ이니 [ㅁ]이고 /는 [ㅓ]인 【ㅏ】 형태이니 [믜]다. 미꾸라지가 사는 논고랑(Ɛ)에서 ㅏㅏ는 ㄲ 보다 [ㅅㄱ]이니 ㅏ는 [ㅜ]로 [ᄭᅮ]다. 수초(水草)인 ϒ에서 ɿ은 [ㄹ] ɼ는 [·ㅣ]이다. 그 속에 미꾸라지(S) [지]가 있다. 필자는 [미ᄭᅮᄅᆡ지]로 푼다 (믜ᄭᅮᄅᆡ지 > 믜ᄭᅮ리 > 믯구리 > 밋구리 > 미꾸라지)

자모전 해석과 최근 고어 발음을 볼 때 '지' 발음은 중간에 생략되었다가 다시 살아나고 'ᄅᆡ' 발음도 '리'로 변했다가 '라'로 변한 것 같다. 미끈거려 미꾸라지라 했을 것이다. 한자 '추(鰍)' 음은 생략이 잘 되던 '지' 음이 '치' '추'로 변했을 것이다. 풀인 [ϒ]

---

11) 허대동, 고조선문자2. P.161 표에서 2번 참조
12) Ruskamp, Asiatic Echoes, 2016. p.122

이 서양으로 [ㄹ, r] 발음이 된 것은 단군조선의 발음을 그대로 이었다.

(6) 마늘

[그림41] '마늘'이다. 【○】은 [ㅁ]이다. 늘 뿌리 두 선(ᅟᅵᅵ)은 [ㄴ]이다. 필자는 (·)을 그대로 [·]보고, 긴 마늘대 ㅣ는 [ㄹ]이니. [마늘]이다. 마(𝓢 [ㅁ])늘(ᆂ, = 는 [ㄴ], ㅣ은 [ㄹ]) 산(十, ㄱ은 ∧으로 [ㅅ], ㄴ[ㄴ])으로 [순/산(蒜)]으로 표기된다.

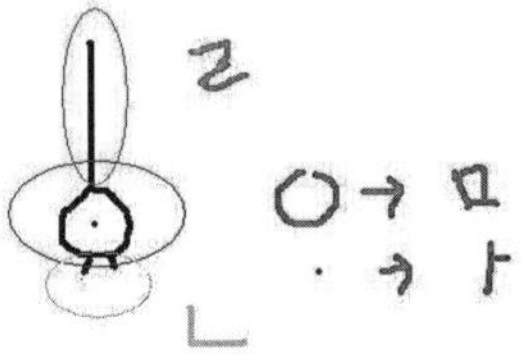

[그림41] 마늘

6. 담는 꼴 ㅂ

(1) ㅂ

[그림42]와 같이 ㅂ 음가로 【凵】【U】【V】 등이 있으나 【ㅇ】【▽】【△】【A】【⊐】 등도 쓰인다. 상형은 주로 무엇을 담는 형태다. [ᄀᆞᄅᆞ]는 해와 같은 둥근 구체로 빛을 내고 [ᄇᆞᄅᆞ]는 빛을 받아 빛나 밝다. 우리나라는 [ᄇᆞᆰ] 족이다. 4. 훈민정음에서는 ㅸ으로도 쓰였다.

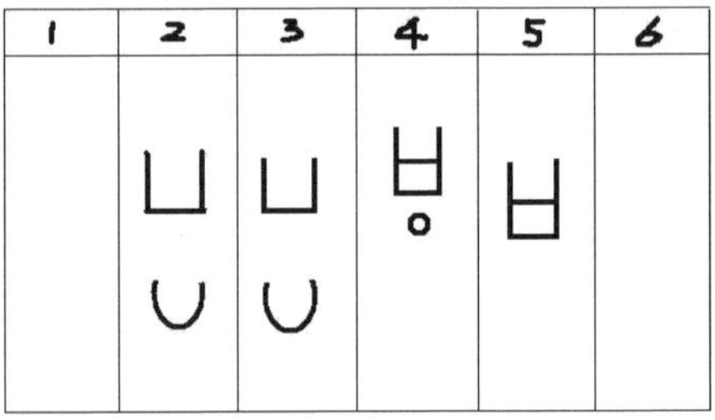

[그림42] ㅂ

(2) 별 성(星)

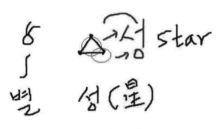

[그림43] 별 성(星)

[그림43]은 '별 성(星)'이다. 【ㅇ】은 [ㅂ]이고 위의 두 줄(ᄂ)은 [ㅕ], 아래 긴 ∫ 자는 [ㄹ]이니 [별]이다. 아래부터 긴 ∫는 [ㅅ], 두 줄(ᄂ)은 [ㅕ], ㅇ은 [ㅇ], 로 조합하면 [셩](星)이다. 성(性), 성(姓), 성(城)의 옛말이 '셩'인 바, [그림43] 자모전이나 성신(星辰)과 같이 성(星)도 옛 음은 '셩'이다. [셩 > 성(星)]

위에서 아래로는 (↓) 한자의 훈, 아래에서 위로는(↑) 한자의 음을 동시에 표시하는 글자다. 신묘하게 한 글자에 다 표시되어 있다. 거꾸로 생각하면 우리 조상이 이 글자를 표시하고 아래로 읽어 별, 위로 읽어 셩으로 삼으니 '별 성(星)'이 탄생한 것이다. △에서 ∠ [ㅅ], \ [ㅕ]이고 ·은 [ㅇ]으로 [셩]이다. (△)에서 (·)은 별이다. 두 별(:)씩 세 별이 연결되어 있으니 삼태성(三台星)이다.

(3) 바다 해(海)

[그림44] 바다 해(海)

[그림44] 1) '바다 해(海)' 자다. 아령(∞)을 세운 듯한 글자는 ㅇᄋ > ㅇㅖ > 히 > 해(海)다. 돛 【▽】은 [ㅂ]이다. (ᄇ)는 [ㅏ]의 변형이다. [바] 자는 배의 상형이고 (ᄃ)[ㄷ] (⌒) [ㅏ]로 [다] 자는 바다 물결 모양이다.

(4) 배 주(舟)

[그림45] 2) '배 주(舟)' 자다. 돛 【▽】은 [ㅂ]이다. 위의 두 줄은 구름 상형(⌒)으로 [·ㅣ] 음가다. 배 주(舟)는 갑문으로는 주(�)이다. 초승달 같은 배 모양(⌣)에서 아래 ⌒은 ⌒[ㅈ], 위 ⌒

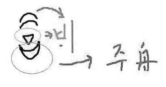

[그림45] 배 주(舟)

은 ⌒[ㅜ]로 [주]다. (▽)[ㅅ] (⌣)[ㅓ]으로 보면 [선](船)이 다. [주(�)]의 옛 갑골음은 [ᄃ르]로 ㄷ(D) 형상이다. 가운데 가 움푹 파인 '그릇' 형상의 '거룻'배다. 배 형상의 문자는 ㅂ, ㅐ, ㅍ 등이 있다. 배 주(�) 갑골문 형태의 상형문자는 미국 서남부 암석에서도 다수 발견된다.13)

(5) 범 호(虎)랑

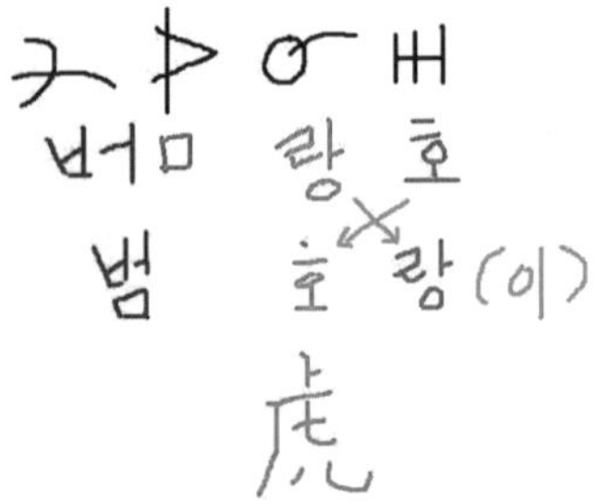

[그림46]은 '범 호(虎)랑'이다. ㅂ 음 가는 호랑이 발을 표시하기 위해 ㅌ을 돌린 모습【ㅋ】이다. 범 아가리 ㅁ은 입 부위 세로줄을 그은 ▷꼴 (ㅐ)이다. [호](虎)는 범 머리의 무늬 왕(王)자 상형이고 [랑]은 꼬리 상형이다. (ㅐ)은 돌려면 왕(王)자다. ㅗ은 (ㅗ)[ㅗ]에 ─ [ㅇ]을 더한 [ㅎ], ㅗ는 [ㅗ]로 [호]다. 꼬리 /는 [ㄹ], ○은 [ㅑ]으로 [호랑]이다.

[그림46] 범 호(虎)

---

13) Ruscamp, Asiatic Echoes, Third Edition, 2016. p.94-p.104

(6) 비육. 병아리

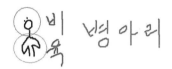

[그림47] 비육 병아리

훈민정음을 보면 병아리의 옛 말은 '비육'이다. [그림47] 병아 리 얼굴【ㅇ】의 ㅇ을 (ㅁ)으로 해서 부리 (˳)를 결합하면 [ㅂ] 음이다. 목 ㅣ는 [ㅣ]이니 [비]다. [육]은 몸통 상형을 위해 변형되어 [(ᐱ)(ᐳ)][ㅠ], (ᐱ) [ㄱ]이다. [비육]은 두 점(˙˙)으로 표시된 주둥이로 [삐약] (삐약 > 비약 > 비육) 거리는 병아리 소리를 땄다. 네이버 사전에서는 비육에 서 병아리로 된 것을 알 수 없다고 한다. 필자는 '비육'에서 ㅣㅠ 에서 ㅠ가 앞으로 가 ㅠㅣ가 되고[14] ㅕ로 변하고 ㄱ이 탈락해 [병]이 되었다고 추론한다. 거기에 접미어 [아리]가 추가된 것 같다.

(7) 비 우(雨), 이슬비, 보슬비

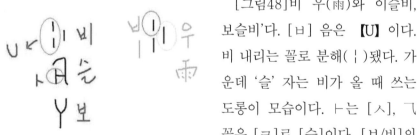

[그림48] 비 우(雨), 이슬비, 보슬비

[그림48]비 우(雨)와 이슬비, 보슬비'다. [ㅂ] 음은 【U】 이다. 비 내리는 꼴로 분해(ㅣ)됐다. 가 운데 '슬' 자는 비가 올 때 쓰는 도롱이 모습이다. ㅏ는 [ㅅ], ㄱ 꼴은 [ㄹ]로 [슬]이다. [보/비]의 [ㅂ]은 U이고 [ㅗ/ㅣ]는 ㅣ로 써 졌다. ㅣ는 [ㅂ] ㅣ는[ㅣ]로 [비]이고, ㅓ는 [ㅜ]ㅣ는 [ㅣ]로

---

14) 차후 발간 예정인 고리(高麗) 한글 사전 <고려문 사전>에 이런 사례가 있다.

[위] [> 우(雨)] 이니 첫 자는 [비 우] (雨, 갑문은 ⅏)이다. 위로부터 [이슬비], 아래로부터는 [보슬비]다.

(8) 빗 소(梳)

[그림49] 1. '빗'이다. 첨수도 ㅋ의 빗은 자모전에서는 둥근 얼레빗 모양이 다. 【∩】은 [ㅂ] 음가다. 가운데 −는 [ㅣ]이고 두 줄(‖)은 [ㅅ]이니 [빗]이

[그림49] (얼레)빗

다. ㅅ이 탈락하면 [비](篦)이다. ∩는 [ㅅ] ⯒는 ⯒[ㅛ]로 [쇼] { > 소(梳)}이니 빗 소(梳)이다. '빗 소(梳)'의 훈과 음이 동시 에 나오는 자모전이다.

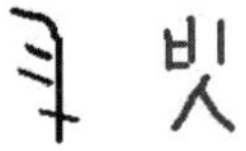

'허'는 [그림49]를 머리빗으로 보았다. 그에 따 른 해석은 [그림50]의 ∩는 긴 빗 꼴 ㄱ[ㅂ], − [ㅣ], =[ㅅ]으로 [빗]이다. ㄱ[ㅅ], −[ㅡ], = [‖]로 쇼 > 소(梳)다.

[그림50]

필자는 머리빗이 아닌 빗자루로 본다. 【ㄱ】 [ㅂ], −[ㅣ], = [ㅜ]으로 [뷔] > 븨 > [비] (彗, ⺮)이다. ㄱ을 그대로 [ㄱ]으로 보면 깃 우(羽, ⺮)로 해석될 수 있는 글자이기도 하다.

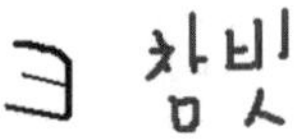

'허'는 [그림51]을 가는 참빗으로 보았다. 필자 는 단지[그림49]와 같이 둥글지 않은, 같은 얼레 빗 종류로 본다. [그림49] 앞 첨수도 빗과 같고, 뒤 자모전 빗과 다르다. [빗]이 아니고 ㅅ이 없는 [비]다. (ㅋ)은 【ㄱ】 (ㅂ) −[ㅣ]으로 [비]다.

[그림51]

[그림52]와 같이 춤빗(참빗)은 양면이 많다. 참빗은 촘촘하니 빗살을 [그림51] ㅋ와 같이 하나(−)로 표시할 리 없다. 우리 선

276   고대 우리 말 연구

[그림52] 참빗

조들은 참빗은 반드시 둘(=) 셋(≡)으로 [ㅌ]와 같이 표시했을 것이다. 참빗은 제주말로 쒜쳉빗(이청소빗)이라 하니 쒜는 '이의 알'이다.

(9) 불 화(火)

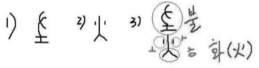

[그림53] 불 화(火)

[그림53] 1) 불의 상형이고 [불] 음이다. 【ꓓ】은 ㄴ[ㅂ] ㄷ는 [ㅜ] 土는 [ㄹ~]로 [불]이다. 2) 불타는 소리 '활활'의 [화] 음이며 불타는 꼴이다. ㅅ 꼴은 [ㅎ], 왼쪽 점(ㆍ)은 [ㅗ], 오른쪽 점(ㆍ)은 [ㅏ]다. 한자 '화(火)' 상형과 비슷하다. 갑골문 화(ꙮ)는 △꼴에 ㆍㆍ이다. △이 ㅁ이니, 위에 ㅣㅣ을 얹으면 [ㅂ]이다. ◡ 은 펴서 세워 ㅣ은 [ㄹ]이니 [불]이다.

(10) 바람 풍(風)

[그림54] 바람 풍(風)

[그림54] 1) '바람풍(風)'이다. 【ㅇ】은 ㅂ 음이다. ∂모양은 [ㅂ]음이고 土는 [ㄹ], ㅂ은 [ㅁ]이다. [ㅂ람]이다. 아래에서 위로 길(吉)에서 ㅂ 꼴은 [ㅂ >

ㅍ] 토(土) 꼴은 [ㅠ]로 [뷰/퓨]이고 𝜕은 꼭지 ㅇ [ㅇ]이니
[븅/풍]으로 [풍](風)이다. 풍(風)의 갑문은 풍(🦅)¹⁵⁾, 음은
[ᄇᄅᆞᆷ(바람)]이니 우리말로 된 한자다. [풍](風)의 어원을 따
지고 들어가면 [바람]이 나오니 한자어 [풍]을 만들 때 당시 발
음은 [바람]이었다. 이 자모전 자형에서도 [바람]과 [풍(븅)]
을 동시에 읽을 수 있으니 놀라운 글자다. 불(블), 뱀(ᄇᄅᆞᆷ)과
어원이 같다.

7. 세우는 ㅅ

(1) ㅅ

[그림55] 【ㅅ】은 세우고 선
모습이다. 사내고 사람이다. 왼
편과 같이 1. 첨수도 2. 첨수도
3. 명도전 4. 훈민정음 오늘날 ㅅ
에 이르기까지 ㅅ의 기본 꼴 ∧
이 있다. 음과 함께 뜻에 따른 상
형도 같이 표시하고자 했으니
【△】이나 다른 변형 꼴도 있다.

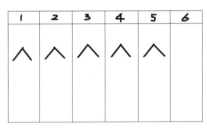

[그림55] ㅅ

(2) 사람 인(人)

[그림56] 명도전 '사람인(人)'이다. 양팔 【人】은 [ㅅ]으로

---

15) 확대해 보면 풍(風)의 갑문은 🦅으로 머리는 한글 ㅍ이고 아래는 바
   람을 일으키는 봉(🦅)황 새다.

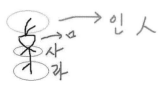

[그림56] 사람 인(人)

[사], ㅅ은 [라], 머(ㅁ)리는 [ㅁ], 두 개의 머리카락은 [인](人)이다. 어린애 모습이다. 한글 자모로 분해하면 아래부터 [ㄹㅏㅅㅁ]이니 [ㅅ롬(사람)]이다. 새 깃털로 조이족(鳥夷族) 상징이다. 선비나 화랑이다.

[그림57] 인(人)

[그림57]은 단군조선 고대 한글로 '동이족 사람'이다. 가슴을 펴고 당당하게 서 있는 사람의 옆모습이다. 한자로는 앞모습인, 대인의 대(大, 大) 자와 통한다. 우리 천손족 사람이다. '이 이, 저 이' 할 때 이(夷, 大)와 같은 사람이다. '사람'을 한글 상형으로 풀면 '서서(ㅅ) 활동(ㄹ)하는 (뭉친) 몸(ㅁ)을 가진 존재'이다. '인'(人)은 '하늘(ㅇ)의 뜻을 이어 곧게 서서(ㅣ) 앞으로 나(ㄴ)아가는 존재'다. /은 [이~] \은 [ㄴ]이니 [인(人)]이다. 한편 일반적인 '사람 인(人)'의 한자 인(人)은 갑골문 인(亻)에서 보듯 굽신거리는 모습이다. 은나라 사람 같은 피지배자 아랫사람이다.

(3) 소 우(牛)

ᴗ 소

牜

[그림58] 소

[그림58] 윗 (ᴗ)은 첨수도 '소'다. 원래 【∧】 [쇼 / ㅟ] 글자를 소 상형을 위해 뒤집었다. (ᴗ) 간략한 소머리 꼴이다. [소 우(牛)] (쇼 > 소,위 > 우)다. 첨수도 문자(牜)는 더 소의 모습 같다.

한글로는 [쇠] > 쇼 > 쇠 > 소다. 위 > 위 > 우(牛, 벙)다. 여나문은 (벙)으로 '쏳'이다.

(4) 한(황)소

[그림59]16)은 고조선 '한(황)
소'다. 소의 눈 ○은 [ㅎ]이고 붙
어있는 ㅣ은 [ㅏ]이고 ㄱ은 [ㄴ]
을 돌린 것이니 [한]이다. 【ᄉ】
은 [ㅅ]이고 ニ는 [ㅛ]로 [쇼]
(소)인데 조합한 뒤 180도 돌려
소뿔(벙)을 만들었다.

[그림59] 한소

[그림60] 소 상형이 세워진 명도전
에 와서는 [소](ᄉ)는 지금의 '소'와
같은 꼴이다. '황'은 '한'의 변음인 것
같다. 뿔은 (ㅗ) 눈은 (○)으로 [ㅎ]
다리는 [ㅘ] 눈알(ㆍ)은 받침[○]으로
[황]이다. 한소라 부르는 황소는 한국
의 상징이다.

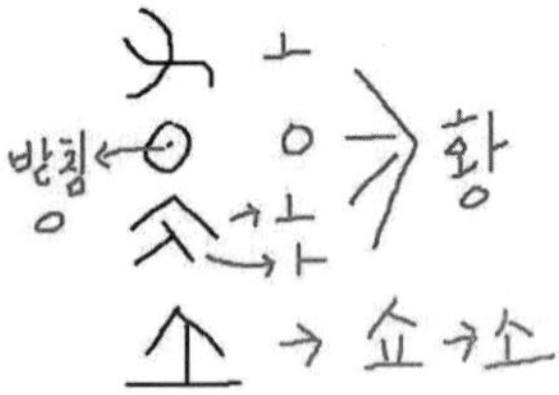

[그림60] 한(황)소

(5) 쥐 서(鼠)

[그림61] 자모전 '쥐 서(鼠)'다. 첨수도는 ( )17)으로 【 】은
돌려 ∩ [ㅅ]이다. (3) 모양은 [ㅈ]이고 ( ) 는 [ㅓ]이니 [적

---

16) 출처 : <고천원지> 사진
17) 출처 : <선진화폐문자편> p.274

(쥐)]다. 【3】 이 [ㅅ]이고 (ㅓ)가 [ㅓ]이니 [서](鼠, 🐭) 다. 눕히면 컴퓨터 마우스(쥐) 꼴이다.

[그림61] 쥐 서(鼠)

(6) 숯 탄(炭)

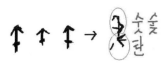

[그림62] 숯 탄(炭)

[그림62]는 '숫(숯) 탄(炭)'이다. (↑)은 첨수도다. 【ㅅ】 [ㅅ] ㅣ [ㅜ] 【一】 은 구부려 ㅅ[ㅅ]으로 [숫]이다. 숯으로 칠한 듯 두껍고 검게 칠했다.

오른쪽에는 명도전18)의 '숯 탄'이다. ㅓ〉 는 돌리면 [수], 머리 ㅅ꼴은 [ㅅ]이니 [숫]이다. ∠ 꼴은 [ㅌ] /은 [ㄴ]으로 [튼/탄]이니 [숫 탄(炭)]이다. 훈민정음 '숫' 예시글이다. 아마 명도전을 봤을 것이다. 탄(炭)의 음은 숯은 나무가 [탄] 것이다.

(7) 염소

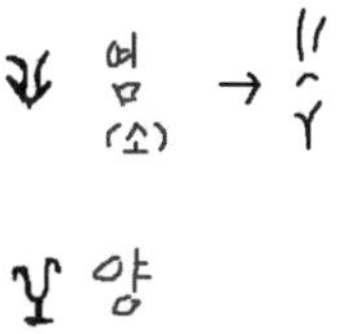

[그림63] '염소'다. 왼편 첨수도 글자(🐐)는 뿔과 수염이 있는 염소다. 【V】 는 ㅅ 음으로 수(ㅅ)염이다. 오른쪽 명도전에서 ‖ 는 두 뿔이고, [여]다. ∩는 눈이고 Ɣɔ 〉 δ [ㅁ]이다.

[그림63] 염소, 양

18) 출처 : <선진화폐문자편> p.288

아래 Υ(∨)을 뒤집으면 【Λ】 [ㅅ]으로 [소]다. '[메]에~' 우는
[소], [멤소]다. 수[염] 있는, [소]다. 양(羊)떼를 '염헤치'라 하
니 염이 양(羊)이다. 염소는 산양(山羊)이다.

(8) 새 조(鳥), 섬 도(島)

[그림64] '새 조(鳥)'다. 【∇】 는
[ㅅ]이다. (Ɛ)는 [ㅐ]다. 조(鳥)의
[조]는 'ㅈ 모양 [ㅈ] 끝 부위에 양 날
개(--) [ㅛ]를 붙인 [죠/조(鳥)] 모
습'(☌)을 뒤집어(☌), 새가 날아
가는 모습이다. 새는 원래 둙(ㄷ)이었

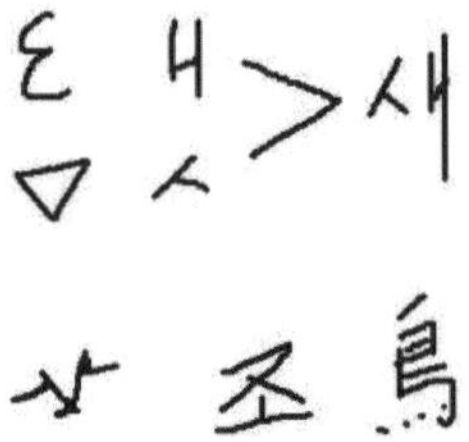

[그림64] 새 조(鳥)

다. 새(ㅅ) 조(ㅈ)(☌)가 되었다. [둙 (ㄷ) > 새(ㅅ) > 조
(ㅈ)]

[그림65] '섬(셤) 도(島)'다. 산 모
양의 섬 【Λ】 은 [ㅅ] 음이다. 물길 //
는 [=], 돛 ∇은 [ㅁ]이니 [셤]이다.
'물길을 따라 배를 타고 섬에 간다.'
비슷한 음과 뜻을 지닌 작은 섬 [서]
(嶼)가 있다. 배 모양의 아래 ⊔꼴은
그대로 ㅂ이 아니고, ∪[ㄷ]에 -[ㅗ]

[그림65] 섬 도(島)

를 그은, [도](島)다. 도(島)의 갑문은 도(☗)다. 조(鳥)의 옛
음도 됴총(鳥銃)과 같이 [됴]다. 새 '됴' 음은 섬 '도' 음에 영향
을 주었을 것이다. 물에서 [돈]아나 '서 있는' [섬]이 '섬 도'다.

8. 둥그런 ㅇ

(1) 올챙이

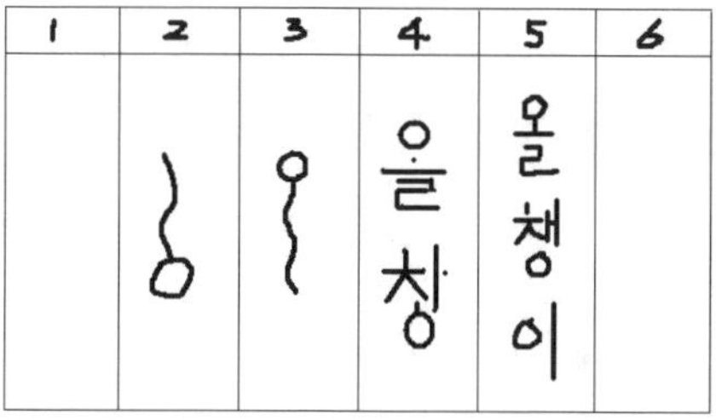

[그림66] 올챙이

[그림66] ‘올챙이’ 이다. 【ㅇ】은 [ㅇ]이고 (ʅ)는 [ㄹ]로 [ᄋᆞᆯ]이다. (ʅ)을 [ㅊㅏ]의 변형이면 ㅇ[ㅇ]으로 [창]이다. 옛말 ‘올창’이다. (ᄋᆞᆯ창 > 올창 > 올창이 > 올챙이) 제주도 사투리는 ‘매주기’이다. ‘매’는 머구리(개구리) 이고 ‘삿기’는 새끼이다. 매삿기 > 매잣기 > 매주기(올챙이). 강베리, 고노리(ㄱ), 머거리(ㅁ), 소굴챙이(ㅅㄱ), 오골챙이(ㅇ), 탱고리(ㅌ), 홀챙이(ㅎ) 등 이름이 많다. 한자는 ㄱ계통으로 과두(蝌蚪)19)이다.

(2) 열매 과실

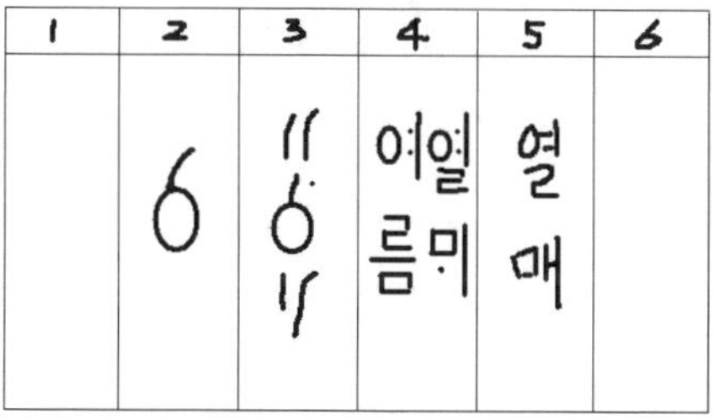

[그림67] 열매

‘열매 과실(果實)’이다. [그림67] 2. ơ에서 꼭지 ╭ 는 [ㅕ] 【O】은 펼쳐 |[ㄹ], 또 □을 바꿔 [ㅁ]이니 [여ᄅᆞᆷ]이다. (여ᄅᆞᆷ > 여름 > 열ᄆᆡ > 열매) O

19) 공자의 상서(尙書) 등 고문헌은 과두문자로 씌어져 있다. 대나무에 쓴 끈적한 옻칠이 머리가 굵고 끝은 가늘어 올챙이 모양( )이므로 과두 (올챙이) 문자라 한다.

을 ∩ ∧로 변화시키면 [ㅅ]이고 〤은 [ㅣ]와 [ㄹ]로 볼 수 있으니 [실(實)]이다. 3. 명도전의 '열매 과실'이다. 【//】은 [여], ㅣ은 [ㄹ]이다. 달린 열매는 O은 □으로 바꿔 [ㅁ], ·과 아래 //는 [·ㅓ]로 [머]로 [미]를 거쳐 오늘날 [매]다. [과](果){O[ㄱ], /.[ㅘ]} 이다. 맨 아래는 긴 ∫ 꼴은 [ㅅㅣ] 짧은 ㅣ은 [ㄹ]로 [실](實)이다. 수확한 열매는 훈민정음 어금니 소리 [ㅇ]이다. 열매 씨앗은 [∴] 이다.

(3) 아래 하(下), 위 상(上)

[그림68] '1) 아래 하(下) 2) 위 상(上)'이다. 1) '나' 형은 [가], ㅣ[ㄹ], =[ㅐ]로 [가래] > 아래. 아령(∞)을 세워 놓은 모양(δ)은 [ㅃ(하)]다. 한자 하(下)는 '一'는 [ㅎ], 'ㅏ'는 [ㅏ]이니 [하]다.

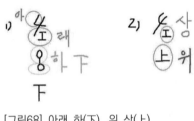

[그림68] 아래 하(下), 위 상(上)

2) '나'형 중 C은 ∧으로 [ㅅ] /는 [ㅏ]이니 [사]다. 공 【工】 모양은 ㄴ[ㄴ]에 =를 더해 □이다. O을 거쳐서[ㅇ]이니 [상]이다. 한자 위 상(上)자를 270도 돌려 (ㅠ)이니 한글 [ㅟ]로 [위]다. '하(下), 위 상(上)' 등 한자음에서 모두 해당하는 우리말을 추출했다. 한자어가 바로 우리말임을 한자 글자에서도 나타난다.

9. △아래 획을 위로한 ㅈ

(1) ㅈ

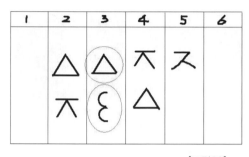

[그림69] ㅈ

[그림69] ㅈ은 △의 아래 획을 위로 붙인 모양이다. △에서 아래 획을 빼면 ∧(ㅅ)이고 그 위에 ㅡ을 붙이면 ㅈ이다. (훈민정음 가획 원리와 같다) △ 음가는 2획인 ㅅ과 3획인 ㅈ 사이의 음이다. 3획인 △(ㅈ 음에 가깝다)가 있다. 【Ɛ】 【△】 【ㅈ】 등이 ㅈ 음가로 사용되었다.

(2) 나와 저

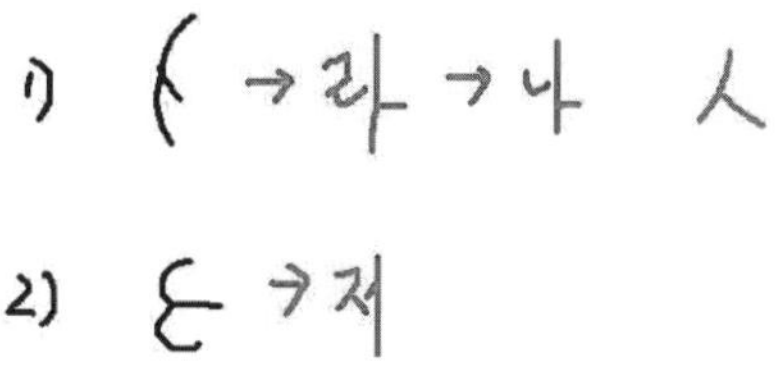

[그림70] 나와 저

1) [그림70] '나 인(人)'이다. 음이 본래 '라'다. 【()】 은 [ㄹ]이고 (\ )는 [ㅏ]다. 훈은 [그림73]같이 (은 [이~], \ 은 [ㄴ]이니 [인](人)이다. 고개를 젖히고 가슴을 펴고 뒷짐 진 동이족 할배 모습이다. 건방진 자세 같은데 당당한 건강에 아주 좋은 자세다. 지나족 사람 인(亻)은 하인(下人)으로 굽신거린 모습이다.

2) '저'다. 고개 숙인 【Ɛ】 은 [ㅈ]이고 손을 내민 ㅡ은 [ㅓ]

다. 두 손으로 어른에게 물건을 드리는 풍습은 동이족에만 있다.

(3) 조개 패(貝)

[그림71] '조 개 패(貝)'다. 2. [그림72] (⑪) 는 [패](貝, ⓺) 모습, 음이다. ㅇ [ㄷ/ㅍ] ‖ [ㅛ/

[그림71] 조개 패(貝)

[그림72]   [그림73]

ㅐ]로 '됴개/패'다. 3. [그림73] 자모전에서 【ㅅ】은 초기는 [ㄷ] 음이고 지금은 [ㅈ] 음이다. V꼴은 ‖로 __을 더해 [ㅛ]이 니 [됴(죠)]다. 조갯살이 붙어있는 ㄱ 꼴(ㄱ)은 [ㄱ], ⱱ[ㅐ]로 [개]다. 한자 해(日)의 옛 음이 '글'이니 [ㄱ]이다. 쪼개(조개)서 펴니(패) '조개 패'다. 해(日)의 'ㅎ'은 'ㅍ'으로 변해서 한자음 [패](貝)가 된다.

(4) 제비 연(燕)

[그림74] '져비(제비)' 다. 2. 왕(王)이 아니다. 제 비집으로 날아드는 제비 모 습, 첨수도이다. 연(燕)의 갑문은 제비 전체를 그린 연(𠥾)이다. 나는 제비의 【Ɛ】은 [ㅈ]이다. 빨리

1	2	3	4	5	6
초	ξ	제	제		
	비	비	비		

[그림74] 제비

나는 모습 ⁞⁞는 [ㅕ]이다. 꼬리 V는 [ㅂ], 제비 다리 ┏은 [ㅣ]이니 [져비]다. ⁞⁞는 [ㅕ], V는 [ㄴ]이기도 하니, [연](燕)이다.

(5) 집

[그림75] 집

[그림77]

[그림75] '집 가(家)'다. 2. 介[20] 모양 위 【∧】는 [ㅈ]/[ㄱ], 아래 (ノ⟨) 꼴은 [ㅂ] / [ㅏ]로 [집] / [가(家)] 이다. 3. [그림77] 자모전에서 【ᑐ】는 ㄷ (> ㅈ)으로 [딥 (> 집)]이다. 집의 지붕 ∧은 하늘처럼 가정을 지켜주는 것이다. 옆에는 ノ⟨로 가림을 하여 가족을 보(ㅂ)존하는 곳이다.

10. ㅈ에 한 획을 더한 ㅈ̄

(1) ㅈ̄

[그림76] 고령토기 , ㅈ̄

[그림76] ㅈ에 더한 한 획(ㅈ̄)은 대(大) 모양으로 뾰쪽하게 세우기도 한다. 솟(ㅅ)아난 ㅅ을 잠(ㅈ)재우던 ㅈ에 다시 촉(ㅊ)이 하나 난다. 치읓

20) <선진화폐문자편> P.219. 개(介) 자 모양일 뿐 한자 개(介)와 무관하다.

【ㅈ】 [ㅊ]이니 ㅊ(ch)으로
ㅊ(차) 소리다. 첨수도 大는
[ㅗㅅ] 이니 [웃]이고 아래로
보면 ㅅ은 [ㄱ], ㅗ는 [ㅏ]이
니 [갓]이다.

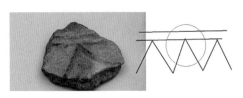
[그림77] ㅈ ㅈ ㅈ

[그림77] 부산 대 박물관에 전시된 신석기시대 고령토기의
파편이다. 가림토 ㅈ이 새겨져 있다. 현 한글 ㅊ이다. 위 =이 아
래로 내려오(ㅗ)면 (물) [소]다. 하늘 견우성(牽牛星)에서 내려
온 신성한 소, 신(神)이다.

(2) ㅅ ㅈ ㅊ

[그림78] 첨수도 대(大)자
는 [ㅅ]에 두(=) 획을 더한
것이다. 두(=) 획을 ㅗ로 해
서 ㅅ 위로 붙이면 대(大)자
다. 대(大)는 '큰 사람'은 곧
하느님이니 천(天)과 통한
다. ㅅ > △ > ㅈ > ㅊ로 음
운 변화가 된다.

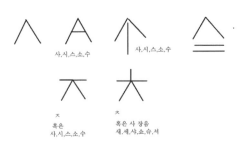
[그림78] ㅅ ㅈ ㅊ

(3) 창 모(矛)

[그림79] 아래 창(↓)에서 창끝 ▽
은 7은 'ㅅ'이고 창 자루 ㅣ을 ㅓ로
나눠 'ㅗ'를 얹으면 [ㅊ]이다. / 는

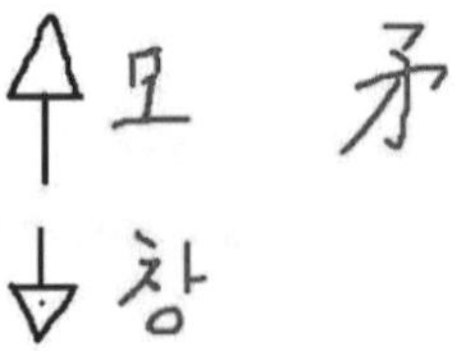

[그림79] 창 모(矛)

[ㅏ]이고 점(·)은 [ㅇ]이니 [창]이다. 【수】는 세모창으로 △는 [ㅁ], ㅣ은 [ㅗ]이니 [모]로 [창 모(矛)다. 창의 한자는 모(矛, ⺹)이고 자모전과 같은 모양의 한자 마(수)는 창이 아니고 망치다.

11. ㄱ에 한 획을 더한 ㅋ

(1) × (ㅋ)

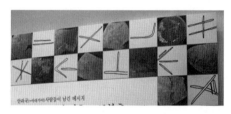

[그림80] 아라가야 토기

[그림80][21] 함안 아라가야 토기에 [ㅋ] 음의 가림토[22] 문자 【×】가 있다. 가림토 문자 ×자가 근대 영어 X가 있어 '가림토'가 위작이라 하나 아니다. X 연원이 가림토에 있다할 것이다. 이 토기 문자, 명도전, 인도 브라미 문자에도 남아 있다. ×에 ㅣ을 그으면 [카, 코, 쿠], ‖를 그으면 [카~, 코~, 쿠~]다.

(2) ⼅ (ㅋ)

[그림81]은 'K 코리아'가 된 이유를 설명한 그림이다. '고(ㄱ)려'가 ㅡ획을 더해 '코(ㅋ)리아'가 되었거니와 ㅋ의 음가는 [ㄱ/g]

---

21) https://daesabu.tistory.com/m/18327703
22) '허'는 가림다(토)에서 가림 = 그릇[도(陶)]으로 본다. 도/토는 무늬 글, 부호 글 (무늬 = 무듸 = 보늬)로 본다. 곧 가림토 = 그릇 무늬 = 도부호(陶符號)로 본다.

이다 ㄱ을 45도 돌리면
〉이고 ㅣ을 더하면 【ㅓ】

| 가획

[g] gimel　　　　[k] kaph　　　　그리스어 kappa

ㄱ　　　　　　　ㅋ　　　　Korea 고려/

[그림81] ㅓ (ㅋ)

[ㅋ]로 기원전 3천. 경의
페니키아 문자다. 돌리면
[K]이다. 영어 K가 여기
가림토 문자에서 비롯되
었다고 할 것이다. 우리는 ㄱ 안에 ―을 그리니 ㅋ이다. 그리스 문
자 감마(gamma, Γ)는 ㄱ을 돌린 글자다.

(3) 코 비(鼻)

[그림82] '코 비(鼻)'
다. 2. 첨수도 글자로 상
형 코와 한글 【ㅋ】 (코)
다. 또는 아래서 위로 코
비(鼻), [콩]이다. 3. 명
도전 '코 비'다. ㅋ은 [코]
이고 ∪는 [ㅂ], ㅣ은
[ㅣ]이다. '비'는 초기 발

1	2	3	4	5	6
	ㄱ	ㄱ	ㄱ	ㅋ	
	^	⋃	ㅡ		

[그림82] 코 비(鼻)

음이 '고'였다. (고 > 코 > 히 > 비) [고(코)]는 코 모양 상형
한글이다.

12. ㄷ에서 ㅌ으로

(1) ㄴ, ㄷ, ㅌ

[그림83] 첨수도 ㄴ, ㄷ, ㅌ은 모두 돌려져 있다. (⌐,ㄱ,ㅋ) ㄷ은 담(ㄷ)장이고 ㅌ과 영어 E와 인더스 문자 [자(ja)] '가시 담장'이다. ㅌ 상형은 '자' 또는 '빗'이다.

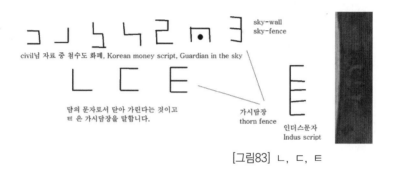

sky-wall
sky-fence

civil님 자료 중 첨수도 화폐, Korean money script, Guardian in the sky

담의 문자로서 닫아 가린다는 것이고
ㅌ 은 가시담장을 말합니다.

가시담장
thorn fence

인더스문자
Indus script

[그림83] ㄴ, ㄷ, ㅌ

ㄷ은 주로 ㅈ으로 변한다. 더러 한 획이 더해진 ㅌ으로 변한다. '남 탓하다'의 옛말은 '남 닷하다'이다. 우리말 ㄷ(d)은 영어권에서는 주로 ㅌ(t)으로 변한다.

(2) 톱 거(鋸)

1	2	3	4	5	6
W	W	ㄷ∨	틉	톱	

[그림84] 톱 거(鋸)

[그림84] '톱 거(鋸)'이다. 1. 첨수도 2. 첨수도는 톱날 W형으로 [극] (켜다)으로 켜는 모습이다. (W) ∨[ㄷ/ㄱ], ∨[ㅂ/ㅓ]으로 [돕(톱) 거

(鋸)]다. 3. 명도전에서 【ㄷ】 가 ㄷ으로, ∨는 ㅂ으로 [돕]이다.
4. 훈민정음에서 [톱]이다. 큰 톱은 (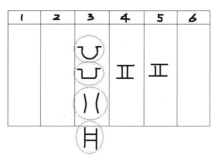 톱거鉅)이다. 【ㄷ】 가
[ㅌ]이다. 둘이 맞잡고 톱질한 양날톱이다.

13. ㅂ에서 ㅍ으로

(1) ㅍ

[그림85] ∪나 ∪은 [ㅂ]이
다. 위에 － －이 있으면(ᴗ)
(ᴗ) [ㅍ] 음가다. 【)(】 나
【ㅖ】 등도 [ㅍ] 음가이다.
【)(】 은 4마디 삼신봉 글 9
번(ㅅ, 나)과 같이[ㄴ] 음가
도 있다. [ㅍ]은 입술(ㅁ)을
평평(二)하게 내는 소리 상형

[그림85] ㅍ

이다. 대야 모양(ᴗ)도 입(∪)과 평평한 소리(－∪－) 음가 표
시다.

ㅂ은 입술소리가 강조되면(－－) ㅍ으로 변한다. '바람 풍(風)'
경우 [풍]의 원래 한자는 [붕]이고 풍(風)의 갑골음이 [ㅂ룸(바
람)]이다. 결국 '바람 풍(風)'은 '바람=ㅂ룸(風)'과 같으니 한자
풍(風)은 우리 선조 풍이(風夷) 족이 아니고 누가 만들었단 말
인가? 풍이는 바람이니 브라만 계층이다. 우리말 ㅂ(b) 이 ㅍ(p,
f)으로 변한다. 별이 planet, 불이 fire, 붙이다가 paste, 벗은
friend, 발은 foot 등이다.

(2) 나팔

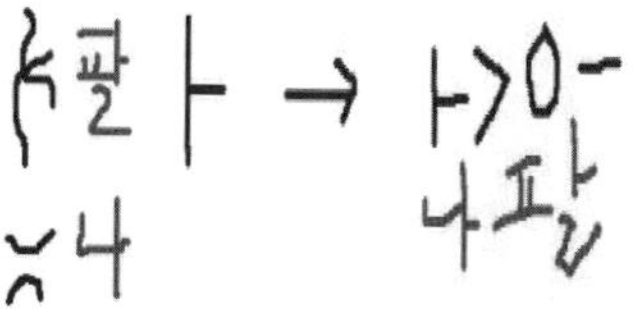

[그림86] [그림87] 나팔

[그림86] '나팔(ㅍ)'이다. 첨수도 문자 중 아래 나팔 입 모양(ᄌ)은 '나'다. 삼신봉 글 9번(ᄌ,나)을 90도 돌린 꼴이다. 【Ω】 형은 [ㅍ]이니 [팔]이다. [그림87] 첨수도 (⊢)는 나팔 꼴(T)로 [나팔]이다. 명도전에서는 ⊢는 [나], 입 버린 꼴 【〉】 [ㅍ] 음가다. ○는 얼굴로 [ㅏ], —는 목으로 [ㄹ]이니 [나팔]이다.

(3) 파리 승(蠅)

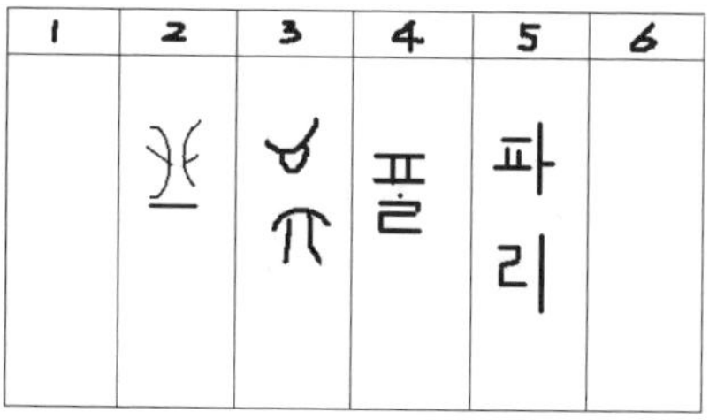

[그림88] 파리

[그림88]은 '풀(파리)'다. 2. 첨수도 【)(】 [ㅍ], _ [ㄹ]이니 [풀]이다. 파리 눈을 상형했다. 3. 儿[ㅍ] ⌒[ㄹ]로 [풀], ‿ 은 ⌒ → ∧로 [ㅅ] ∘ [ㅇ]이니 [승]이니 '파리 승(蠅)'이다. ㅍ 형태가 명확하지 않고 비슷하다. 음과 동시에 표현되는 상형에 따라 변형된 모습이다.

(4) 풀 초(草)

[그림89]는 '풀 초(草)'다. [그림90] 첨수도 (¥) 자 꼴은 [풀] 상형이다. 【V】 는 벌어진 잎으로 [ㅍ] —는 땅으로 [ㅡ]

이고 ㅣ은 [ㄹ]이다. Y꼴은 한자로
는 '풀 초(ㅛ, ㅕ)'다. 뒤집으면 ㅅ
[ㅊ]으로 [초]다. [음운 변화는
'풀 > 푸 > 추 > 초'이다] 명도전
의 【V】는 [ㅍ]이고 붙은 ㅣ은
[ㅡ]이고 떨어진 ㅣ은 [ㄹ]이니
[플]이다.

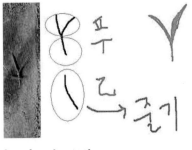

[그89]   [그림90]

14. ㅇ이 커진 ㅎ

(1) ㅎ

[그림91] ㅎ은 ·, ㅇ이 커
진 모습이다. [· > ㅇ > ㆆ
> ㅎ] 오늘날 ㅎ 음은 옛적
엔 ㄱ 음이 많았다. 2. 첨수
도의 꼭지 【ㅇ】은 [ㅎ]이
고 2개 햇살은 모음[·]] 나

1	2	3	4	5	6
	ㅎ	히	해		

[그림91] ㅎ

머지 하나는 장음 [~]이다.

3. 명도전 '해'다.23) 중국학자들이 명(明)으로 잘못 읽으나 '해'
또는 '눈'을 나타내는 고조선 문자다. 고조선 칼돈 앞면에 우리
나라 이름을 표현하는 문자다.

---

23) <선진화폐문자편> p.118~120에 다양한 '해' 문자가 있다.

(2) 히

[그림92] 히

부산대박물관에 있는 [그림92] 토기에 적힌 글자는 대간(大干)이 아니라 한글 [히]다. 【ㅅ】 [ㅎ] ㅣ [ㆍ] ━ [ㅣ]이니 [히]다. 해나라 조(朝)다. 가운데 △는 ㅇ이 새기기 좋게 △으로 변했다. '古'라고 새긴 고성토기도 한자 고(古)가 아닌 [해]다.24)

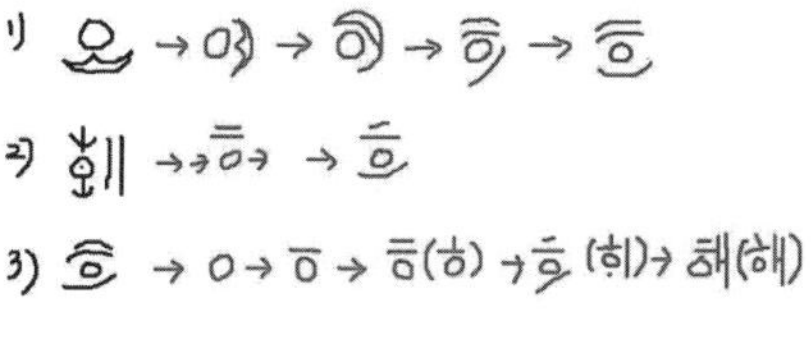

1) ㅗㅏ → ㆁㅏ → ㆁㅣ → ㅎㅣ → ㅎ
2) ㅋㅐ → ㅎㅐ → ㅎ
3) ㅎ → ㅇ → ㅎ → ㅎ(ㅎ) → ㅎ (히) → 해(해)

[그림93] ㅎ, 히

[그림93] 1) 대문구 토기 문자부터 명도전 명(明), 【ㅎ】자 변천이다. 한자로 보면 명(明)이지만 고대 한글 [해]다. 2) 조(朝)의 갑문은 조(朝)이고 금문에서 [ㅎ, ㅎ] 자 과정이다. 3) 눈 성형 ㅇ에 눈썹 같은 = 와 합해 [ㅎ]이고 ━(/) 은 [ㆍ]로 [히(해)]다.

빛,베
달

배달국

산동 대문구 토기

[그림94] 배달국 문양

[그림94]는 배달국(倍達國) 문양이다. 고대 한국은 환국(桓國)이 황국(晃國)이다. '환한, 밝은, 빛나'는 나라이다. ㅂ이 ㅎ이 되니 우리말로 [해달]이다. 해가 비

---

24) https://daesabu.tistory.com/m/18327664. '히'는 古 위에 점(ㆍ)이 있고 세로선이 잘 안 보여 가림토 [믕]으로, 해의 ㅇ이 ㅁ으로 변했다고 보았다. 만약 고(古)라 하여도 해나라 조선 배달국 표식으로 봤다. 필자가 보건데, 도기에 ㅇ을 새기기 어려워 ㅁ으로 하니, 고(古)는 (숨) [히] ㆍ[ㆍ] ㅣ[ㅣ]로 [히]이니 [해]의 가림토 글이다.

치면 '[별]이 난다'하고 [뼐], [베]라고도 한다. 문자 속의 ○은 해 [일(日)]이고 아래 모습은 빛[광(光)]이니 햇빛, 햇볕[황(晃)]이고 줄여서 별/베(배)다. 달은 달(月)이고 높은 땅이다. 터 토(土)다. 산(山)이다. 5봉(峯)이 돋아있는 빛나는 땅이다. [조선 시대 궁궐 왕좌 뒤에는 일월오봉도(日月五峰圖)가 있다.]

훈민정음과 한글의 원리와 미래

6마디 : 훈민정음과 한글의 원리와 미래

1. 제시된 훈민정음 창제 원리

[그림1] 정음 28자 천문 방각도

[그림1][1] 한글 도표는 한글을 오행과 방위 시간 별자리까지 시공간(視空間) 우주 원리에 맞춰 배당한 그림이다. 우주 운행의 원리에 따라 소리, 꼴, 뜻을 일치시켜 만든 글자다.

모음 소리의 음과 양이 특성과 꼴이 논리정연하고 자음 소리의 오행이 잘 맞아 있다.

---

1) 반재원, 허정윤, 한글 창제 원리와 옛 글자 살려 쓰기, 역락, 2007. p.120

삼태극에 따라 천지인으로 구분 짓기도 한다. 형태적으로는 원방각(圓方角, ○□△)이고 모음은 점 가로 세로(ㆍ ― ㅣ)다.

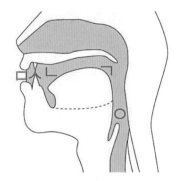

[그림2] 기본 자음 소리 나는 위치도

훈민정음해례본의 제자 원리에 따르면 자음은 발음기관 모양을, 모음은 천지인 3재를 땄다고 한다. 확실한 제자 원리를 제시하고 있다. 발음기관은 [그림2]2)와 같이 음성이 나는 자리로 발음이 나는 곳3)의 꼴을 땄다는 물리적 근거와 논리성을 갖추고 있다. 소리 상형이 외에도 한글 자체도 우주 자연의 꼴을 단순화시킨 기호의 성격

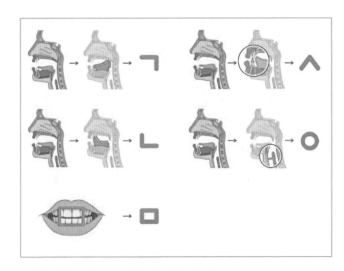

[그림3] 발음 나는 곳 꼴을 딴 기본 자음도

으로 만물 형태의 상형을 가지고 있다. 기본적으로 문자란 표현되는 꼴을 갖추고 있다. 그런데 한글은 그 꼴에 좌우상하 등 명확한 방향성과 자체적인 글 형태에 따른 의미 곧 한글 상형(象

---

2) https://blog.naver.com/rainbowentertainment/221438075353
3) 출처 : 문화체육관광부, 훈민정음해설서, 자음 기본 글자를 만드는 원리

形)이 내재함을 알 수 있다. 더 많은 이론과 논리와 내재적인 원리(原理)가 나오리라 믿는다.

1. 엄소리 글자 ㄱ은 혀의 안쪽이 목구멍을 닫는 모양을 본떴다. (ㄱ ㅋ) 목(木)

2. 혓소리 글자 ㄴ은 혀끝이 윗잇몸에 붙은 모양을 본떴다. (ㄴ ㄷ ㅌ (ㄹ) 화(火)

3. 입술소리 글자인 ㅁ은 입의 모양을 본떴다. (ㅁ ㅂ ㅍ) 수(水)

4. 잇소리 글자인 ㅅ은 이의 모양을 본떴다. (ㅅ ㅈ ㅊ) 금(金)

5. 목소리 글자인 ㅇ은 목구멍의 모양을 본떴다. (ㅇ ㅎ) 토(土)

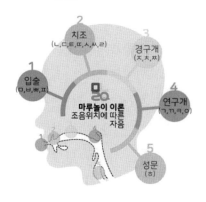

[그림4] 조음 위치에 따른 자음

위 오행 분류법은 [그림4]4)와 같은 조음 위치에 따른 자음 발생과 상당하게 일치하고 있다. 훈민정음의 자음은 현재 ㄱ ㄴ ㄷ ㄹ ㅁ ㅂ ㅅ ㅇ ㅈ ㅊ ㅋ ㅌ ㅍ ㅎ의 14자 외에 ㆁ ㆆ ㅿ의 3자가 더 있는 17자였다. 여기서 ㄱ ㄴ ㅁ ㅅ ㅇ (목 화 수 금 토)의 5자는 기본자(基本字)다. 여기에 획을 더해 소리가 세진다. ㄱ ㅋ, ㄴ ㄷ ㅌ, ㅁ ㅂ ㅍ, ㅅ ㅈ ㅊ, ㅇ ㆆ ㅎ의 예다. 매우 체계적임을 알 수 있다. 여기에 속하지 않는 ㄹ ㅿ ㆁ은 이체자

---

4) https://blog.naver.com/maruplaynaju1/221378678558

(異體字)다. 된소리 ㄲ ㄸ ㅃ ㅆ ㅉ 등은 나란히 두 번 써서 병서자(竝書字)다. 소리와 부호 간의 대응이 명확하다.

2. 자음 생성도

독특하게 한글의 소리 이론을 주창한 신민수 씨의 [그림5]5) 자음 생성도는 기본 자음 이외에 ㄷ,

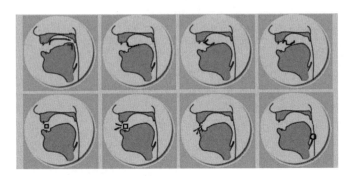

[그림5] 신민수의 자음 생성도

ㄹ, ㅍ 등 자음을 추가하고 있다. ㄱ은 바람의 진행 방향과 혀근(ㄱ)이 입천장에 닿은 모양이다. ㄴ은 혀끝이 윗잇몸 안(ㄴ)쪽에 닿는 모양이다. ㄷ은 혀끝이 윗잇몸 안쪽에 닿(ㄷ)아 때(ㄷ)리는 모습이다. ㄹ은 혀끝을 굴(ㄹ)리는 모양이다. ㅁ은 입술 안에서 뭉(ㅁ)친 기운이 울리는 모양이다. ㅂ은 입술 밖으로 바람이 분(ㅂ)산되는 모양이다. ㅍ은 입술(ㅁ)을 평평(二)하게 한 모양이다. ㅅ은 이 사이로 바람이 좁아져 새(ㅅ)는 모양이다, ㅇ은 목구멍(ㅇ) 모양이다. ㅈ은 [ㅅ]을 상치 안으로 지(ㅈ)긋이 누르는[一] 모양이다. ㅋ는 ㄱ보다 ㅌ은 ㄷ보다 ㅎ은 ㅇ보다 강한 모양이고 ㅊ은 ㅅ보다 더 세밀하게 세는 모양이다.

---

5) 출처 : 신민수 우리말 전문위원

3. 티벳 문자와 한글 유사성

아래 허대동이 밝힌 바와 같이 티벳 문자와 유사성이 발견된다.

ག ར ང ལ བ ས འ ཨ ཀ ཐ ཚ

티벳음	가	롸	다	라	바	사	ㅇ	아	까	자	좌
한글음	ㄱ	ㄴ	ㄷ	ㄹ	ㅁ	ㅅ	ㅇ	ㅇ	ㄲ	ㅌ	ㅎ

티벳 문자는 천(天)의 ·를 오른쪽 위에 찍었고 우리는 아래에 찍었다. 지(地)의 ㅡ는 티벳 문자는 잘 표현되지 못했고 한글은 잘 표현됐다. 다음 인(人)의 ㅣ는 티벳 문자는 위에 이(ཨ)처럼 갈고리 모양으로 표현되어 있어서 우리 한글식으로 ㅣ를 써서 표시하면 우리 한글과 매우 비슷하다.

ག ㅣ ར ㅣ ད ㅣ ལ ㅣ བ ㅣ ས ㅣ འ ㅣ ㅣ (大 ㅣ)ㄲ ㅣ ㅌ ㅣ (피)ㅎ ㅣ

| 기 | 니 | 디 | 리 | 미 | 비 | 시 | 이 | 지 | 치 | 키 | 티 | 피 | 히 |

우(ཨུ)도 역시 한글 지(地 ㅡ)가 없으므로 ㅜ로 만들면 닮는다.

 གུ རུ དུ ལུ བུ སུ འུ ཨུ (大)ㄲ ㅌ (ㅍ)ㅎ

| 구 | 누 | 두 | 루 | 무 | 부 | 수 | 우 | 주 | 추 | 쿠 | 투 | 푸 | 후 |

오(ཨོ) 계열도 위의 갈매기 문자를 아래로 보내 ㅗ로 삼으면 비슷해진다. 다만

에(ཨེ)는 티벳 문자에만 있고 우리는 [에]가 한글도 가림토

도 없다. 이와 같은 유사성은 티벳 문자와 한글이 서로 같은 뿌리에서 각기 발전된 것이라는 것을 말해 준다고 본다.

4. 영어, 발음기관과 한글을 본떠 만들다.

(1) 고대 한글과 입의 모양을 본뜬 영어

【B】 [ㅂ] 음가로 입술소리다. B의 3는 위아래 입술 모양을 본떴다. 예를 들면 '브라이트'([B]right)는 '밝[ㅂ]다'이다.

【C】 [ㅋ] 음가로 C는 입천장(⌒)을 돌려 더 구부린 모양이다. 소리 이론에 따르면 [ㅋ]은 혀뿌리가 입천장에 닿아서 내는 소리다. [ㅋ]은 바람이 입천장을 타고 강하게 입 안 뒤에서 나가는 소리다. 예로 '커브'([C]urve)는 '곡[ㄱ]선'이다.

【G】 [ㄱ] 음가로 입천장을 돌린 모양(C)과 혀뿌리(ㄱ)의 결합이다. 예를 들면 '그룹'([G]roup)은 '군'(群, [ㄱ])이다. **【K】** 모음 [ㅣ]와 [〈](ㄱ)의 결합으로 [ㅋ] 음가이다. 예로 '킹'([Ki]ng)은 '군'(君, [ㄱ])이다.

【L】 L은 혀끝을 위로 올린 모양으로 [엘] 소리가 난다. 영어가 확실하게 발음기관을 본뜸을 알 수 있는 대표적인 글자다. ㄴ과 꼴과 음이 비슷하다. '로우'([L]ow)는 '낮([ㄴ])음'이다.

【O】 주둥이를 둥(ㅇ)글게 벌린 모양으로 [오] 음가가 난다. '[O]K'는 '원'[ㅇ]이야.

【Q】 목구멍 둥근 모양[O]에 가획[↘]한 모양으로 [ㅋ] 음가가 난다. O은 ㄱ 음가와 비슷한 음가를 가지고 있다. 구(球, ㄱ), 구(ㄱ)멍 등과 같이 [ㄱ]에는 둥근[ㅇ] 뜻을 가진다. 퀸([Q]ueen)은 큰[ㅋ] 여왕이다.

【R】 [ㄹ] 음으로 혀를 말아 올리는 모습이다. 실제 발음도 L은 혀끝 위로 올리고 [ㄹ] 모양이 숨어 있는 [R]은 모양처럼 혀를 구부려 올려 발음한다. 이 L, R자를 보면 얼마나 발음기관(혀)을 자세히 본떴는가?

【t】 [ㅌ]에서 맨 위의 한 획(ㅡ)이 생략되고 글 꼴이 조금 변형된 형태다. [ㅌ] 음가가 난다. 우리 ㄷ은 영어권에서는 주로 ㅌ으로 변해 발음된다. 예를 들면 툴([T]ool)은 도[ㄷ]구이다.

【V】 [ㅸ] 음으로 입술을 벌린(<) 모습을 돌려 [V] 자다. 입술을 벌리는 모습이 B는 모습처럼 두껍고 V는 가볍고 깊게 말아 V 홈을 형성해 발음하는 그대로 모습이다. 얼마나 정교하게 발음기관을 본떴는가 놀랍다.

【X】 [ㅆ] 음가로 바람이 이빨 사이로 좁아져(×) 많이(ㅆ) 빠져나가는 모양이다. 한글 쌍시옷(ㅆ)과 X는 많이 달라 보이나 위상이 같은 글자다. ㅅㅅ(∧∧)에서 ∧를 180도 돌려 나머

지 ∧위에 올리면 ×꼴이다.

한글과 영어가 같은 근원을 나타내는 글자가 아닐 수 없다. 가림토 글자 그대로다.

【Z】 [ㅅ]을 윗입술 윗부분을 누르[―]는 모양으로(―+∧=ㅈ) [ㅈ] 음가다. [Z]는 [―]+[∠]이다. [∠]의 [－]를 비스듬히 세우면[＼] [ㅅ]이다. 기본 꼴은 같고 약간 모양만 바꾼 영어가 우리말과 발음이 같다. 따라서 [ㅈ]에서 모양을 바꾼 영어 [Z] 꼴은 고대 한글에서 비롯된 것으로 파악된다.

(2) 한글 유래를 보여 주는 알파벳

【D】 (반)달의 모양(허대동 견해)을 본뜬 모양이다. [ㄷ] 음가다. 덕(Duck), 도어(Door) [ㄷ]을 돌린 [ㄱ]에 [ㅣ]을 더한 D는 [디]로 같은 음가이다. [ㄷ]을 변형하였고 음가는 원래 [ㄷ]을 갖는다.

【M】 [ㅁ] 음가로 산(山)의 형태다. 마운틴 (Mountain)은 뫼(ㅁ)다. 산(山)의 갑문 산(⛰)에서 세 봉우리인데 [M]은 두 봉우리(⛰)다. □ (ㅁ)에서 위아래(二)를 [∨]로 만들어 결합하면 M자가 나온다. 결국 우리 고대 한글 ㅁ에서 산 모양의 M으로 변형시켰으므로 음가는 그대로 [ㅁ] 음가이다.

【P】 가림토 글자 그대로 썼다. [ㅍ] 음가다. 가림토에서 凵를 돌린 [ㄱ]에 [ㅣ]을 결합해 [P] 를 만들었다. 한글에서 凵(ㅂ)에 가획하여 P(ㅍ)

을 만든 것과 같다. P의 그리스 문자 파이(π, Π)는 자음 [ㅍ]와 모양과 소리가 비슷하다.

【S】 ‘실(ㅅ) 사(糸)’의 갑문 사([illegible])와 같이 실이 꼬인 모습이다. 비단실이니 실크(Silk)와 같이 S다. 모양은 한글 ㅅ[∧]을 돌려[〈] 아래에 가획[/]하여 [ϟ] 둥글어진 형태다. 가는 실이 구불구불하고 긴 모양이다. S 대칭 꼴인 한글 [ㄹ] 음을 따르지 않고 [ㅅ] 음가다.

【U】 [유] 음가다. 가림토에서 ㅂ를 부드럽게 라운딩된 ∪로 바꾸었고 음도 [ᄃ/듀]에서 부드럽게 [유(柔)] [유]다. [유(乳)]방 모습 상형이다.

【W】 [우] 음가다. U(V)가 겹쳐 한글과 반대로 소리는 약화 단음화되었다. 두 개의 유(U)방이니 W[떠블(double) 유(U)]다. U와 연계하고 W의 명칭 등을 고려할 때 유방(乳房) 상형설은 서로 입증시키고 있다.

기타 **【d】** 는 자음 [ㄷ]과 모음 [ㅣ]가 결합하여 [디] 음가이다. **【H】** 는 공(工)자를 돌린 모습으로 가림토에 그대로 있는 글자다. 모음이 [ㅐ]와 모양이 같고 소리는 비슷하다. [애(ㅇ) > 해(ㅎ)] [ㅎ] 음가다. 허대동은 ㅎ 음가가 나온 이유를 그리스에서 해(日)를 H로 썼기 때문이라 한다. **【i】** 는 아래 아[ㆍ]에 [ㅣ]을 더한 꼴로 소리와 모양이 같다. 우리 한글을 보고 만든 문자라는 것이 확실히 드러난다.

【r】 [r]은 [ㅏ]를 변형시킨 꼴이고 [알]은 [아]와 비슷한 음이다. 발음기관 상형으로 보면 혀를 올린 L보다 더 적게 올리고 혀를 많이 굴리는 모습 상형으로 [r]이다. 매우 잘 상형한 글자

가 아닐 수 없다.

【A】 기본적으로 ㅅ[∧] 형상에 −을 가획한 모습이다. ∧은 돌리면 ㄱ으로 한글 첫 자음이다. 영어에서는 ∧의 변형인 A로부터 시(ㅅ)작되니 알파벳 처음에 온다. A는 ㅅ 형상이므로 형상으로는 새(ㅅ)롭게 솟(ㅅ)고 시(ㅅ)작하기에 맨 처음이다. 또 알파벳 맨 끝에 오는 [Z]는 [ㅈ]의 변형이다. 솟아 일어난 것이 자(ㅈ)거나 죽(ㅈ)으면 끝나 종(終, ㅈ)이므로 맨 끝에 온다. 처음과 끝은 알파와 오메가다. 알파(α)는 [아] 음과 모양이, 오메가(Ω) [오] 음과 모양이 비슷하다. 에이(A)의 발음 [아]는 소 [우](牛, ♉)에서 왔고 '악스'(Ox)는 '소 우'를 거꾸로 한 단어다. A= ㅏ + ㅣ (아이)의 합자로 발음도 아이(> 예이)로 보기도 한다.

【J】 [ㅈ]에서 위의 [−]이 짧아지고 (/)은 변형되어 궐[ㅣ] 자 모양이 되어 [J]자가 되었다. ㅈ에서 (＼)획은 제거되었다. [ㅈ] 음이다.

【Y】 자는 우리 디딜방아 ㅅ를 거꾸로 세운 모습이다. 한자 모습은 가닥 아(丫) 꼴이다. 방아의 옛말은 방[하]요 모양은 하(下, 고문은 丅)이다. 거꾸로 세운 Y는 상(上, 고문은 丄)이다. 한글로 보면 Y는 모음 [ㅜ]의 변형이다. [ㅜ]의 위 ㅡ를 [∨]로 꺾으면 아래 [ㅣ]와 함께 [Y] 자가 만들어진다. 와이[Y]의 발음은 한자 '아'(丫)와 '우'(ㅜ)와 비슷한 [ㅇ] 음이다. Y자도 그 꼴이나 음이 모두 우리 한글에서 왔음을 여실히 보여준다.

신은 E, F, N, T 등은 한글 상형과 관련 없다고 하지만 조금 더 진전시켜 보자.

【E】 [ㄷ]에 가운데 [ㅡ]을 가획한 꼴로 [ㅌ]이다. 가림토

[ㅋ]를 180도로 돌린, 한글로는 [ㅌ]형이다. [에/이]로 발음되니 ㅌ{(트)[이]} 발음에서 (트)가 생략되고 [이] 발음만 남은 것으로 생각된다.

【F】 [ㅍ] 발음인데 해당 소리가 나는 발음기관을 본떴다고 생각된다. [F]에서 위[ㅡ]은 윗 입천장이고 [ㅣ]는 발음하기 위해 세운 혀이다. 가운데 [ㅡ]은 내 쉬는 공기 흐름을 본떴다고 생각된다. 소문자 [f]는 혀를 말아 닿고 공기가 빠져나가는 모습이 더 잘 그려져 있다.

【N】 [N]은 가림토 [ㅢ](ㄴ)의 변형 꼴로 본다. 90도 돌리면 [H]이다. 가운데 [ㅡ]을 [＼]로 연결하여 [N](엔)으로 고쳐 H(ㅎ)와 구분 지었다고 본다.

【T】 [ㅌ] 발음이다. [ㅌ] 형상은 이미 E로 하였기에 E에서 입천장 [ㅡ]과 가운데 세운 혀 [ㅣ]만 남기고 두 획(二)은 없애 [T] 자 형이다.

신민수 씨의 이론에 따라 정리하면서 필자가 더 자세히 설명하고 의견을 덧붙였다. 우리 한글과 전혀 관련이 없어 보이는 영어의 알파벳. 기실 우리 한글을 약간씩 더하거나 빼거나 변형시킨 것임이 분명하다. 음과 뜻도 우리말과 같거나 비슷한 것이 참 많다. 우리 말과 글에서 영어와 알파벳이 유래한다. 우리 말글이 그 뿌리다. 이 관점에서 새로운 시각이 많이 열리리라 믿는다.

5. 한글은 생성 원리 그대로 뜻을 담은 뜻 기호

신민수 전문위원은 특정 소리가 나기 위해 소리가 나는 부위

가 다르고 그 움직임이 다른 특징의 뜻이 그대로 한글 자음의 뜻
이 된다고 분석하였다. [그림6]과 같이 발음기관 기관별로 나는
소리 자음을 그렸다. 기본적인 뜻은 이렇다. 여기서 또 여러 뜻
이 파생되었다고 본다.

목(木) [ㄱ]은 혀뿌리 굽힌 소리, 굽음[곡선]

화(火) [ㄴ]은 혀끝 내림 소리, 내림[내부], 서(西)

　　　[ㄷ]은 혀끝이 닿는 소리, 닿음[도달]

　　　[ㅌ]은 혀끝 튕김 소리, [튕김]

　　　[ㄹ]은 혀의 굴리는 소리, 구름[활동]

금(金) [ㅅ]은 솟은 혀로 상치 스침 소리, 솟음[시작], 동(東)

　　　[ㅈ]은 솟음 눌림, 솟음이 [눌림]

　　　[ㅊ]은 아주 작게 솟는 모양, 아주 [작음],

수(水) [ㅁ]은 입술 모음 소리, 뭉침[어둠], 북(北)

　　　[ㅂ]은 입술 벌림 소리, 분리[밝음], 남(南)

　　　[ㅍ]은 입술 펼친 소리, 펼침[평평]

토(土) [ㅇ]은 목구멍 소리, 원천[완성]

　　　[ㅎ]은 큰 목구멍 소리, 하나[환함]

6. 한글 제자 원리 종합 도표

'신'은 한글 자음을 기존 5행 분석 이외에 각기 해당 숫자에
배당했다. 우선 실제 운영되는 공간의 8방의 배당은 다음과 같
다. 하(ㅎ)나는 [ㅎ], 둘(ㄷ)은 [ㄷ], 셋(ㅅ)은 [ㅅ], 넷(ㄴ)은

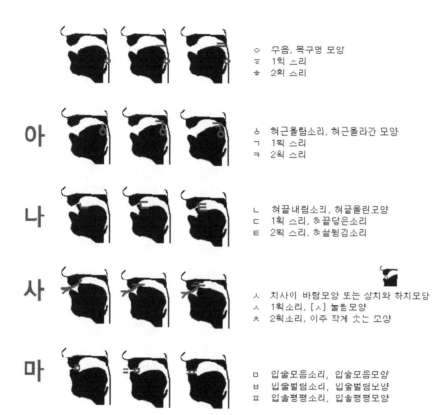

ㅇ 무음, 목구멍 모양
ㆆ 1획 소리
ㅎ 2획 소리

ㆁ 혀근올림소리, 혀근올라간 모양
ㄱ 1획 소리
ㅋ 2획 소리

ㄴ 혀끝내림소리, 혀끝올린모양
ㄷ 1획 소리, ㅎ끝닫은소리
ㅌ 2획 소리, ㅎ끝튕김소리

ㅅ 치사이 바람모양 또는 상치와 하치모양
ㅅ 1획소리, [ㅅ]놀른모양
ㅊ 2획소리, 아주 작게 솟는 모양

ㅁ 입술모음소리, 입술모음모양
ㅂ 입술벌덤소리, 입술벌덤보양
ㅍ 입솔평평소리, 입솔평평모양

[그림6] 자음 발음기관 그림(신민수)

[ㄴ]으로 초성 그대로 삼으면 된다. 일곱(ㄱ)은 굽(ㄱ)고 곧 (ㄱ)은 곡(ㄱ) 자와 같이 ㄱ에 걸려 분명 [ㄱ]이다. 여덟 팔(ㅍ) 은 [ㅍ]이다. ㅎ(1), ㄷ(2), ㅅ(3)은 동(東), ㄴ(4)은 서(西)에 배당된다. 남은 다섯(5)은 ㅂ에 여섯(6)은 ㅁ에 배당했다. 가장 큰 양인 불(ㅂ), 가장 큰 음인 물(ㅁ)의 초성과 같다. ㄱ(7), 8 (ㅍ)으로 했다. 여기에 활동의 ㄹ(9)을 중앙에 놓고 연 모양 ㅇ (10)은 방위 표시에는 없다.

통상 오행의 배치와 차이가 있다. 오행에서는 수(1, 6) 목(3, 8) 화(2, 7) 금(4, 9) 토(5, 10)가 동남서북중(東南西北中) 방향으로 배치된다. 여기 한글 방위 수는 수(8, 6 : ㅍ, ㅁ) 목(1, 3 : ㅎ, ㅅ) 화(7, 5 : ㄱ, ㅂ) 금(2, 4 : ㄷ, ㄴ)이다. 한글 방위표는 동북(東北) 간방(艮方, 한반도)이 하나(1)로 모든 문명이 여기서 출발함을 나타낸다. 좌회전하는 우주의 숫자는 1 3 7 5 (양), 2 4 8 6(음)이다. (지구에서 태양은 우회전) 숫자가 단지 양을 표시한다면 1 3 5 7(양), 2 4 6 8(음)이다.

'신'은 1ㅎ 2ㄷ 3ㅅ 4ㄴ 5ㅂ 6ㅁ 7ㄱ 8ㅍ 9ㄹ 0ㅇ 으로 배치했다.

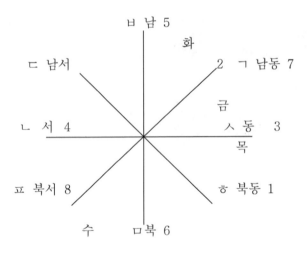

일반 5행과는 다른 수로 목(1ㅎ 3ㅅ) 화(7ㄱ 5ㅂ) 금(2ㄷ 4ㄴ) 수(8ㅍ 6ㅁ)의 배열이다. 중앙에 배치할 토는 (9ㄹ 10ㅇ)이다.

녹도문을 참고로 한 옛 배치는 1ㄱ 2ㄷ 3ㅅ 4ㄴ 5ㅂ 6ㅁ 7ㅇ 8ㅍ 9ㄹ 0ㅎ 정도 될 것 같다. 1은 하나이나 옛 음은 '가나'에 가깝고 자음이나 숫자나 출발은 ㄱ이고 1이다. 7은 구부린다는 ㄱ의 뜻이 없는 것은 아니나 녹도문의 여섯 개 ·은 오늘날 일(ㅇ)곱의 ㅇ을 명확히 했다. 10은 마지막 자음 ㅎ을 배치한다. 모음은 1[ㅣ]수직(마침), 2[ㅡ]수평(진행), 3[ㅗ]동, 4[ㅓ]서, 5[ㅏ]남, 6[ㅜ]북으로 배치했다.

태극의 모양을 보면 왼편은 푸른색 물 수(水)로 음(陰)이다. 오른편은 붉은색 불 화(火)로 양(陽)이다. 태극(☯)은 오른편 양이 위로 오르고 왼편 음이 아래로 내려와 휘감고 죄회전(왼돌이)하는 모습이다. 숫자로도 오른편 양수는 홀수 1, 3, 7, 5로 돌고, 왼편 음수는 짝수로 2, 4, 8, 6으로 돈다. 한글 상형 분석으로도 오른쪽은 오(ㅗ)르는 쪽이다. 왼쪽은 오(ㅗ)름을 마치(ㅣ)고 내(ㄴ)리는 쪽이다.

좌회전은 지구가 자전하는 방향이다. 왼돌이 칡을 비롯해 자연계의 97%가 왼돌이라 한다. 우리 (삼)태극도 그렇다. 등나무는 오른돌이다. 그래서 왼돌이인 칡과 오른돌이인 등이 얽히면 서로 싸우니 갈등(葛藤)이다.

'신'은 한글 자음 대표를 9개 모음 대표를 6개로 정리했다. 9 자음 6 모음이다. 9 자음은 1부터 9까지 ㅎ(1) ㄷ(2) ㅅ(3) ㄴ(4) ㅂ(5) ㅁ(6) ㄱ(7) ㅍ(8) ㄹ(9) 이다. 6 자음은 ㅣ(1) ㅡ(2) ㅗ(3) ㅓ(4) ㅏ(5) ㅜ(6)이다. 9는 양수의 가장 큰 수요, 6은 음수의 가장 큰 수다.

7. 방향과 움직임으로 뜻을 갖는 한글

(1) 자음

↓	ㅈ 솟음 누름		↑	ㅅ 솟음	ㄱ 굽음
→ㅁ←	ㅁ 뭉침	ㄷ 닿음	←ㅂ→	ㅂ 분리 ㅍ 펼침	ㄹ 활동
↑	ㅊ 다시 솟음		↓	ㄴ 내림	ㅇ 원천

【ㅈ】은 솟은 ㅅ을 눌러 잠재움이다.

【ㅁ】은 모여서 뭉친 것이다. 지(地)다. 물 수(水)다. 북(北)이다. 6이다. 어둡다. 마지막이다. 여성이다. 마음이다.

【ㄷ】은 높은 땅 언덕(ㄷ)이다. 남서(南西)다. 둘(2)이다. 다(ㄷ)가가 닿아(다라, 드르) 닿는다. ㄷ은 다(땅)이다. 단단하다. 빛이 닿음이다. [ㄸ]은 떨어짐이다.

【ㅌ】닿음이 강함. 특별하다. 투과하다, 텅 비다, 튕김.

【ㅊ】은 잠재운 ㅈ에 새로 작은 촉(ㅊ)이 남이다. 다시 자람이다.

【ㅅ】은 솟음이다. 동(東)이다. 셋(3)이다. 사내다. 새롭다. 날카롭다. 좁고 가늘다. 사이. 속도. 스침. 사용이다.

【ㅂ】은 불어남이다. 분산되고 분리된다. 밝음, 변화, 합침(종성)이다. ㅂ은 다섯(5)이다.

【ㅍ】은 분리된 ㅂ이 평평하게 펼쳐짐이다. 푸르다. 북서(北西)다. 팔(8)이다.

【ㄴ】은 하늘(위)에서 아래로 내려와서(ㅣ) 누리 세상과 땅에 펼쳐지는 형상(ㄴ)이다. 서(西)다. 사(4)이다. 내려와 눕는

다. 내부다, 앉다. 편안하다. ~는(종성)

【ㄱ】 은 구부려짐이다. 갓이다. 일곱(7)이다. 녹도문에서는 하나의 발음 '가(ㄱ)나'로 하나(1)이다. 남동(南東)이다. 곡선, 기초, 꺾임, 가름, 검다. 끝이다. ㄲ(아주 작음)

【ㄹ】 은 이리저리 잘 흘러감이다. 자유로운 활동이다. 아홉(9)이다. 중앙이다. 꼬불꼬불, 돌다, 원, 즐겁다, 불확실이다.

【ㅇ】 은 원천이다. 완성, 공간, 움직임이다. 퍼져나감(종성)이다. 숫자 열 십(十), 10, 0이다. 녹도문에서는 · 이 커진 7이다.

【ㅎ】 환하다. 해결, 회전, 해함, 허(虛). 해(日)이다. 하나(1)다. 북동(北東) 간방(艮方)이다. 우리나라다. 하나(1)이니 시작이다.

한글 자음 상형 기본 동작을 정리해 보면 다음과 같다.

① (안으로) 뭉침　　　↓

　　　　　　　　　→ ←　ㅁ (모지게) 뭉쳐 그침

　　　　　　　　　↑　　ㅇ (둥글게) 뭉쳐 움직임　ㅎ 더 회전

② (밖으로) 흩어짐　↑

　　　　　　　　← →　ㅂ (사방으로) 분산

　　　　　　　　↓　　ㅍ (일방으로) 퍼짐

③ (자유로) 구부림　ㄱ　ㄱ (외부로) 꺾음　　　ㅋ 더 꺾음

　　　　　　　　　ㄴ　ㄴ (내부로) 내림

④ (위아래로) 움직임　↑　ㅅ (위로) 솟음　　　ㅊ 다시 솟음

　　　　　　　　　↓　ㅈ (아래로) 죽음

⑤ (자유로) 움직임　＋　ㄷ (사방으로) 닿음　　ㅌ 더 닿음

　　　　　　　　　~　ㄹ (자유로) 흐름

(2) 모음

ㅣ	ㅣ 인(人) 수직		ㅏ(남, 대양)
· ―	· 천(天) 둥긂	ㅗ(동, 소양)	ㅓ(서, 소음)
	― 지(地) 수평	ㅜ(북, 대음)	

    모음은 통상 천지인 원방각(○□△) 도형을 점(·)과 선으로 단순 기호화한 천지인(· ― ㅣ) 3요소로 이루어졌기 때문에 기본은 천지인 상형이다. 발음기관의 모습과 무관하지 않다. ·는 입을 오므리고 ㅣ보다 ―는 입을 수평으로 벌린다.

    기본 모음인 [ㅗ, ㅏ, ㅓ, ㅜ]는 태양의 움직임과 관련이 있다. ㅗ, ㅏ는 해(·)가 동쪽 땅(―)에서 위로 떠서(ㅗ), 남쪽 하늘(·)에 서서(ㅣ) 앞(ㅏ)으로 가는 모습으로 글자가 일치한다. 서쪽 하늘의 해는 아래로 지기에 그 방향대로 하면 ㅜ가 되겠지만 음운은 ㅓ가 맞다. ㅓ는 거(去, ㅓ)와 같이 뒤로 물러섬이다. 해가 일을 마치고 물러섬이다. 북방은 밤으로 해(·)가 땅(―) 아래 있으므로 ㅜ가 맞다.

    태양의 운행 방향만 따지면 동남서북(東南西北) 운행 방향이 (ㅗ, ㅏ, ㅜ, ㅓ) 가 맞다. 하지만 서와 북을 바꿔 ㅓ, ㅜ로 하는 것은 음운의 음양 성격을 더 우선으로 일치시킴이다. 해가 떠서(소양, 동, ㅗ), 중천에 있다가(대양, 남, ㅏ), 서쪽에서 사라져(소음, 서, ㅓ), 북쪽에서 잠자다(대음, 북, ㅜ), 다시 뜨기 때문이다. 이러한 음운에 맞춰 생긴 단어는 사방, 오행, 윷 등에서 일치하고 있다. 모음 하나도 그냥 만들어지지 않음을 알 수 있다.

ㅏ [남(ㅏ), 대양, 주작(ㅏ), 가(ㅏ)희(犬)]

ㅗ [동(ㅗ), 소양, 청룡(ㅗ), 도(ㅗ)]　　　　ㅓ [서(ㅓ), 소양, 백범(ㅓ), 걸(ㅓ)]

ㅜ [북(ㅜ), 대음, 현무(ㅜ), 웇(ㅜ)]

'신'의 소리풀이를 적용해 본다. [사람]은 자음만으로 보면 서서(ㅅ) 활동(ㄹ)하게 뭉친 몸(ㅁ)을 가진 존재다. 모음은 (ㅏㅏ)이니 나아간다. [인](人)은 하늘(ㅇ)에서 내려와(ㅣ) 곧게 서서(ㅣ) 누(ㄴ)리에 뜻을 펼치는 존재다.

[남](男)은 내(ㄴ)부의 성기가 밖으로(ㅏ) <나>와 뭉(ㅁ)친 존재이고 [여](女) 여(ㅇ)음이 열(ㅕ)려 있는 존재로 푼다.

[나]는 하늘에서 내려와(ㅣ) 땅(ㅡ)에서 살아 나(ㅏ)가(ㅏ)는 존재다. [나]와 상대를 하여 내가 대하는 또 다른 [나]는 모음 ㅏ를 ㅓ로 바꿔 [너]이다. 이런 [나]가 많(ㅁ)이 모(ㅁ)이고 뭉(ㅁ)치면 받침 ㅁ을 추가해 [남]이다. 이 [남]은 모음 변화에 따라 다음과 같이 뉘앙스가 다르게 느껴진다. 동남서북(東南西北)의 모음 음운(音韻)과 같다.

남 (ㅏ, 대양)

놈 (ㅗ , 소양) ㅡㅡㅡㅡㅡㅡ＋ㅡㅡㅡㅡㅡ 넘 (ㅓ, 소음)

눔 (ㅜ, 대음)

위의 분류를 오행의 수리로 분류하면 ㅗ(3) 목, ㅏ(2) 화, ㅓ (4) 금, ㅜ(1) 수가 된다. 주재자 토(5)는 ·로 보아야 할 것이다. 이 모음의 음양 분류법은 현실적인 음성(音聲)의 음양 오행성(陰陽五行性)을 기준이다. 5행의 음양 성격과 발성의 기운이 잘 들어맞는 분류다. 그러나 홀수가 양이고 짝수가 음이라는 기본 수리와는 맞지 않는다. 가장 양의 기운이 큰 화(火)에 음인 짝수 2가 배당되었다. 음의 기운이 가장 큰 수(水)에 양인 홀수가 1이 배당된 탓이다. 이는 정음(正音)의 문제라기보다 음양오행 수리 배당 자체의 문제다. 곧 양이 가장 성한 화(火)에 이미 가장 큰 음의 수는 2를 배당하고 있기 때문이다. 현 오행의 화수(火水) 숫자 (2, 1)을 (1, 2)로 바꾸지 않는 이상 해결되지 않는 문제다.

이에 비해 천지인(·ㅡㅣ) 순서에 따른 조합 원리는 내세운 훈민정음 설명과는 다르다. 훈민정음 해례에서는 하늘(·)에서 먼저 생긴 땅(ㅡ)과 결합은 ㅗ는 하늘의 수 1로 본다. 하늘(·)과 그다음 생긴 사람(ㅣ)과 결합은 ㅏ는 하늘의 수 3으로 본다. ㅜ는 처음 생긴 땅의 수이니 2이고 ㅓ는 4가 된다. ㅗ(1) 수, ㅏ(3) 목, ㅓ(4) 금, ㅜ(2) 화다. ㅗㅏ는 양이고 ㅓ는 음으로 음의 성질과 맞다. 다만 가볍게 오르는 ㅗ의 음(音)이 어찌 무겁게 내리는 수(水)의 소리인가? 무겁게 내리는 ㅜ의 음이 가벼운 화(火)의 소리가 될 수 있을까? 5행의 특성, 성질과 맞지 않다.

실제 내는 소리 오행의 기운이 중요하니 ㅗ는 처음 내서 오(ㅗ)는 목(木)으로 배당함이 좋다. 아(ㅏ)는 멀리 퍼지는 양(陽)의 극대화 되니 화(火)다. ㅓ는 수렴하는 기운 금(金)이고 ㅜ는 멀리 퍼지는 음(陰)의 극대화되는 수(水)다.

실지로 모음이 적용된 우리말을 보면 봄(ㅗ) 동(ㅗ) 목(ㅗ) 등 ㅗ는 모두 첫 양(陽)으로 같은 ㅗ가 적용된다. 하(夏)(ㅏ) 남(ㅏ) 화(ㅏ 계통)는 ㅏ이다. 수(水)(ㅜ) 북(北)(ㅜ) 겨울(ㅜ)은 ㅜ이다. 다만 ㅓ는 서(西)(ㅓ)를 빼고는 가을(ㅡ) 금(ㅡ) 등 ㅓ와 비슷한 음(音)인 ㅡ이 실제 쓰이고 있다.

8. 한글 소리 원리로 푼 단동십훈(檀童十訓)

단동십훈(檀童十訓)은 단동치기(檀童治基) 십계훈(十戒訓)의 준말이다. 단동(檀童)의 단군의 자손 우리 아이들이다. 단동(檀童) [치기](致基)는 한자 뜻으로는 단군의 자손[단동(檀童)]으로 '기초를 세운다' [치기(致基)]이다. [치기](致基)는 (손뼉) [치기]와 같은 놀이 동작을 가리키는 우리말의 음사(音寫)로 볼 수 있다. 우리나라에서 전통적으로 내려오는 육아법이다. 젖먹이 인지 발달을 돕는다. 아기를 어르는 놀이로 운동 기능 뇌신경 발달과 근육 발달 촉진을 돕는 과학적인 애착 놀이다. 아기와 감정을 공유하고 단군 시대 이전부터 왕족들 사이에서 교육의 일환으로 배운 것이다. 천부경의 원리가 담겨있다고 전해지고 있다. 한웅 시대 때부터 시작된 것으로 추정된다. 아이의 동작과 말소리와 깊은 뜻 등 삼위(三位)가 일체화되어 있다.

(1) 불아불아(弗亞弗亞) ~ 해와 같이 환한 마음을 가져요.

일어선 아이의 허리를 잡고 좌우로 흔든다. (⇄) 다리 힘을 길러 혼자 서도록 한다. [불아]는 음양이 분[ㅂ]리되고 흐르[ㄹ]는 원[ㅇ]천이다. 좌우로 흔듦은 음과 양의 동작이다. '불'(弗)은 '불' 화(火)이다. '아'(亞)는 순임금 표시요, 삼한(三韓)의 '아'이들이다. 해와 하늘이고 아는 아이이니 하늘에서 주신 아이다. 해처럼 환하게 비치는 우리 아가. 건강하게 자라서 온 세상 비추는 사람이 되거라.

(2) 시상시상(侍上侍上)/ 달강달강 ~ 웃어른을 섬기고 공경해요.

앉아 있는 아이의 두 팔이나 허리를 잡고 앞뒤로 흔든다. (⇕)
달강달강은 흔드는 모습이다. 아이가 앉을 시기에 앞뒤로 흔들
어 중심 잡기를 돕는다. [시상]은 '곧게[ㅣ] 서서[ㅅ] 섬[ㅅ]기
기를 완성[ㅇ]하라'는 뜻이다. 시상(侍上)으로 하면 윗사람을
잘 섬기라는 뜻이 된다. 어른을 공경하고 아랫사람을 아끼는 사
람이 되거라.

(3) 도리도리(道理道理) ~ 슬기로운 사람 되세요.

목을 가누는 시기에 아이의 머리를 좌우로 돌린다. (◠◠) 고
개를 '돌리'다이다. [도리]의 '[ㄷ]은 도달이요, [ㄹ]은 돌리는
행위'이다. '돌이돌이'가 '도리도리'가 된다. 도리(道理)로 하면
세상 돌아가는 이치를 깨달아라. 그른 것을 버리고 옳은 것을 쫓
아 도리(道理)에 맞게 살아라. 고개를 좌우로 두루두루 살펴 만
물의 이치과 세상의 도리를 알라. '도리도리'에 '까꿍'을 붙여 재
미있게 논다.

(4) 지암지암(持闇持闇) ~ 힘 있고 용기있는 사람 되세요.

양손을 폈다 강하게 쥔다. (□●) (손을) '쥔다'에서 쥐암쥐암,
주앙주앙, 잼잼 등이 나온다. [지암]의 [ㅈ]은 솟은 것을 쥐어
누르는 것이다. [암]은 뭉쳐진 어둠[ㅁ]의 원천[ㅇ]이다. 쥘
(●) 때는 단단하게 자신을 만들 줄 알아야 한다. 펼(□) 때는
펴서 널리 이롭게 하여야 한다. 바른 것 참된 것은 쥐어서 쓰고
잘못된 것은 가려 펴야 한다.

(5) 건지곤지(乾知坤知) ~ 바른 일을 겨냥해서 하라

왼손을 펴고 오른손 검지로 왼손바닥을 콕콕 찌른다. (□ㅣ, ▣) '겨누어 꽂는'을 줄여 꼰 > 근이다. '꽂기꽂기'가 음이 '건지곤지/곤지곤지'로 순화되었을 것이다. 적합한 한자는 꽂을 곤(ㅣ)이다. 한자는 우리말의 음에 맞춘 차자(借字)인데 좋은 뜻을 부여했다. 건지곤지(乾知坤知)는 하늘과 땅의 이치를 잘 살펴 바르게 겨냥해 일을 하라.

(6) 섬마섬마(西魔西魔) ~ 혼자서도 잘 해요.

아이의 겨드랑이를 잡아 주고, 서 보게 하고 무릎을 '구부렸다 폈다' 하면서 다리 힘을 기르고 균형잡기를 키워주는 놀이다. (ㅅㅅ) 섬은 섬(立)이다. 마는 이 마, 저 마처럼 사람이다. '섬마'는 아가(마)가 섬(ㅅ)이다. '섬마섬마 용타'의 용타는 '용하다'이다. 섬마섬마 단계를 지나 홀로 서면 '섰다 섰다' 해 준다. 자립(自立)할 수 있도록 해 준다.

(7) 업비업비(業非業非) ~ 올바른 업을 지으세요.

아기가 위험한 물건을 만지려 하거니 가지고 놀 때 못하게 하는 말이다. (○×) 어비어비 애비애비라 한다. [업]은 하늘(ㅇ)을 하늘을 담(ㅂ)는 큰 것이다. 바른 일을 해야 하고 잘못된 업(業)을 지어서는 안 되니 업(業)은 두려운 것이다. 웁[업(압)]은 신(神)의 일반 명칭이다. 신의 뜻에 어긋나는 일을 하지 말고 올바르게 살아라.

(8) 아함아함(亞含亞含) ~ 말조심을 하세요.

손바닥으로 입을 '막았다 뗐다' 하면서 소리를 낸다. (○●) '아'(ㅇ)는 입을 벌리고 '함'은 머금어 그쳐 뭉(ㅁ)침이다. 입을 벌릴 때와 다물 때가 있다.

(9) 짝자꿍짝자꿍(作作弓作作弓) ~ 짝과 잘 맞춰 살아요.

손뼉을 마주친다. (ㅌㅋ) 신체의 각 기능을 활성화하고 건강을 증진하고 기분을 좋게 한다. '짝'은 손뼉이 마주치는 소리다. [ㅉ]은 음양, 두 손이 마주침이다. 종성 [ㄱ]은 '닿다'이다. 꿍(ㄲㅇ)은 구(ㄱ)부려 구(ㄱ)석이 서로 잘 맞아 돌아가는(ㅇ) 것이다. '꿍짝꿍짝'이다.

(10) 질라라비훨훨의(秩羅阿備活活議) ~ 즐겁게 노래하여 춤추며 살아요.

첫걸음을 뗄 무렵 두 팔을 벌려 자유롭게 흔드는 운동이다. (≈≈) 어떤 질곡이나 병마도 훨훨 날아가 버리라. [ㅈ]은 조화 [ㄹ]은 즐거움이다. [질]은 즐거움이다. [라라]는 노래 부르는 소리다. [훨훨]은 춤추며 날아가는 모습이다. 깨침을 얻어 대자유인이 되어 즐겁게 사는 모습이다. 이 단동십훈은 단군(신)의 자손인 우리 천손(天孫) 족들이 어떻게 살아가야 할 것인 지 길을 제시해 주고 있다.

9. 한국어, 한글은 전 세계의 언어와 문자가 될 것인가?

(1) 말과 글

위의 단동십훈은 주로 우리 동이족의 아이들을 가르치는 내용이다. 동이족의 아이들은 천손족이며 세계를 지배할 민족이기 때문이다. 우리말은 앞으로 전 세계 아이들 단동십훈의 역할을 할 수 있을까?

훈민정음에서 '훈민(訓民)'은 '백성을 가르친다'의 뜻이다. '정음(正音)'은 '바른 소리'다. 곧 언어 문자는 올바른 인식 체계로 바른 사회 국가 민인(民人)을 키워낼 수 있다. 말은 생각 사고 인식의 체계다. 우리는 대상을 보거나 인식할 때 결코 그 자체를 그대로 볼 수는 없다. 어차피 말이라는 개념으로 두뇌에서 받아들이고 저장하거나 표출한다.

말은 우리 인식의 일부다. 우리가 인식하는 대상은 나누어지지 않는 아날로그 세계다. 이것을 디지털로 세분한다. 무분절(無分節)의 세계를 분절(分節)한다. 이때 사용되는 것이 말이다. 말로 대상을 파악해 인식하고 기술한다. 그리고 그것이 실상(實相)이라 믿는다. 구성원 간에도 결코 그 실재(實在) 자체로 소통할 수 없다. 서로 약속된 언어로 소통할 뿐이다. 서로 약속된 '말'이라는 공통 분모를 통해 각기 알아먹는다. 그들이 쓰는 왜곡된 언어 구조로 왜곡한 상을 그대로 믿는 것이다. 따라서 말은 매우 정밀한 약속이어야 한다. 자유자재는 아니더라도 나타내고자 하는 것들의 왜곡이 적을수록 좋다.

1차 언어는 그 소통뿐이 아니라 2차적인 언어의 산물도 많다.

주로 많은 언어로 이루어진 철학 종교 역사 문학 등이 그 대표다. 언어가 토대를 이룬 만큼 쓰는 언어에 크게 영향을 받는다. 언어의 지배를 받고 있다. 정치 경제 사회 문화 등 어느 것도 언어와 표현된 글로부터 자유로운 것은 없다.

서구의 역사는 유럽 언어의 2분 법에 크게 지배받았다고 볼 수 있다. 2분 법의 구조는 대비 대결을 통한 상극의 세계다. 객관적인 과학을 발전시켜 물적 풍요를 가져온 측면은 있다. 대신 극단적인 대립과 인간성 상실을 가져왔다. 지배-피지배로 착취하는, 하늘의 뜻을 위배하는 유럽 언어로 세상은 병들어 왔다.

현재 전 세계를 가장 많이 지배하는 영어가 많이 오염된 언어 중 하나다. 가장 많은 인구가 사용하는 중국어도 그렇다. 누리를 가장 많이 오염시키는 나라의 언어 구조 자체도 큰 문제점을 가지고 있다. 물론 그들이 사용하는 로마자 알파벳과 중국어 문자 잘못된 문법 등의 불완전성도 큰 몫을 했다.

서구 문화는 극단적인 개인주의로 더 이상 나아갈 수 없는 지경에 이르렀다. 이번 코로나 팬데믹 대처에서도 서구의 선진국이라 불리는 나라들은 후진성을 노출했다. 이기주의로 도저히 대처할 수 없음이 드러났다. 세계화된 지구촌은 전체를 배려하지 않고는 살아갈 수 없다. 그들 어순은 SVO로 늘 S인 내가 중심으로 행동(V)한다. 나를 중심으로 파악하여 나 자신으로 귀결된다. 그런 언어환경과 인식 속에서 결국 개인주의 사고가 커질 수밖에 없다.

그에 비해 우리나라는 SOV로 공동체의 목적(O)이 우선한다. S인 내가 없는 문장 구조가 많다. 또 나보다는 '우리'다. 마누라조차 '우리 마누라'라 하니 더 할 말이 없다. 영어에서 말마다

'my~, my~' 하는 것에 비해 보자. 영어의 [우이](we)도 우리 말 [우리]에서 갔을 텐데 그들은 '우리'가 많이 사라지고 없다. 우리나라처럼 코로나 팬데믹에 질서를 잘 지키는 나라가 드물다. 마스크를 아주 잘 쓴다. 남을 배려하는 대동(大同) 의식과 공동체 눈 밖에 나지 않으려는 태도다.

우리는 '삼'이라는 것이 있다. 하나, 둘에 이어 '셋'이 되어야 완성된다. 말과 글도 3분법이 발달 됐다. '초성+종성+종성'이다. 끊임없이 나와 나를 구분하고 나를 확장해 가는 욕심의 나라에서 또 다른 새로운 것이 필요하다.

새로 세워진 셋으로 볼 때 너와 나는 그저 서로 입장만 다른 같은 '나'라는 것. 셋까지 포함 다 같이 우리가 될 수 있다는 것. 하나는 셋으로 나뉘지만 셋은 또 같은 하나라는 것. 음(陰)(1)과 양(陽)(2)은 이를 중화 조정하는, 중(中)(3)이 있어야 한다. 중화(中化)로 중화(中華)한다.

민족의 정체성 문화 역사를 간직한 것이 말이다. 환단고기에서 밝히듯 만년의 우리 역사는 곧 우리말의 역사다. 필자가 뮈 대륙의 언어로 추정되는 여나문(與那文)을 해석한 바로는 이 역시 우리말을 기록한 것이다. 그렇다면 우리말과 우리말을 기록한 우리글의 역사는 만여 년을 더 넘는다. 이 지구상에 그런 말과 글이 있는가? 우리말과 우리글을 빼고. 실로 지구상의 모든 기층(基層) 역사는 우리의 역사다. 우리말과 우리글의 역사다. 우리 선조들이 우리말로 전 세계를 다스려 왔듯 이제 우리말 우리글이 다시 온 누리를 평화의 문화 세계로 이끌 것인가? 필자는 이 전망을 매우 밝게 보고 있다.

말을 담고 보존하고 이어주며 고정하는 역할은 글이 하게 된다. 물론 말을 왜곡시키기도 한다. 특히 언어의 구조를 제대로 파악하지 못한 어설픈 문법은 언어를 강제하여 크게 훼손시킨다. 어쨌든 글은 말이라는 몸의 옷이다. 말이라는 음식의 그릇이다. 말이 현장성은 있으나 쉽게 휘발하나 글은 오래 보관시키는 용기와 같다. 말이 물이라면 글은 물을 담는 물병이다. 말의 그릇인 글에 의해 말이 상처를 많이 입거나 불구가 되기도 한다. 글이 네모만 있고 둥근 공이 없다면 둥근 공의 말도 있을 수 없다. 물이 물그릇 모양대로 담기듯 말이 글의 그릇으로 담기기 때문이다. 찌그러진 그릇엔 찌그러지게 물이 담길 수밖에 없다. 글로 표현된 말도 그렇다.

범어에는 '없다'가 없다. 따라서 범어는 없다 [무(無)]를 '있다'를 부정하여 표현할 수밖에 없다. '있지 않다'라는 'na(아냐) as(있) ti(디)'다.6) 찌그러뜨려 담는 것이다. 글에서 표현하지 못하면 쓰더라도 보관하기 어려워 말은 결국 사라질 수밖에 없다.

글로 표현된 문법의 작폐는 놀랍도록 크다. 다만 그 속에 묻혀 살고 같은 인식 속에 있기에 인식하지 못해서 잘 모르는 경우가 많다. 스스로 인식 체계 속에 하나로 되어 있는 것은 언어 체계를 파악하는 데 매우 중요하다. 고장이 났을 때 스스로 이를 인식하기 어렵기 때문이다. 빨간 안경을 끼게 되면 빨간 세상 이외의 빛을 알지 못한다. 그 안경을 벗어보지 않는 이상 빨갛게 물든 사실도 모를 수 있다. 지금은 비교언어학이 크게 발달 될 수 있는 환경이다. 세계의 서로 다른 여러 언어 상관성과 장단점을

---

6) 영어로 표기하면서 발음이 달라졌지만 우리말 '아냐 있디 > 안있디'를 쓴 것이다. 지금 우리 어법으로는 '안 있지 > 있지 않다'이다. 있지 않다를 간단히 '없다'로 쓰지만 우리말도 범어처럼 부정어를 앞에 붙이는 '안 되지'는 있다.

파악하고 기층 언어 등을 파악하면 가능할 것이다.

과연 어떤 말과 글이어야 할까? 우리말과 우리글은 이 세상을 구원할 방주(方舟)가 될 수 있을까? 이런 인식이 널리 퍼지지는 않았고 아직 이른 감이 있지만 필자가 보기엔 긍정적이다.

문법 체계나 말과 글이 가장 자연에 가까워야 할 것이다. 즉 인위성이 적어야 한다. 그런 의미에서 문법이 복잡한 것은 일단 배제된다. 누더기가 너덜거려 기워대느라 문법이 복잡해진다고 볼 수 있기 때문이다. 대표적인 언어인 영어도 배제된다. 중국어도 역할을 하기 어렵다.

글도 세계 어느 나라 말이든 거의 다 수용하는 틀을 스스로 갖추고 있어야 한다. 일단 쉬어야 한다. 바른 소리를 그대로 담아야 한다. 바로 한글이다. 현재 쓰고 있는 한글도 오염되어 있어 훈민정음으로 다시 가야 한다. 세종으로 뜻으로 돌아가 세계 백성을 가르치는 훈민(訓民)이 되어야 할 것이다. "사람들이 쉽게 익혀 날마다 쓰는 데 편하게 하고자 할 따름이라"[욕사인인(欲使人人) 이습(易習) 편어일용이(便於日用耳)] 세종의 백성 사랑 정신이 배어있다.

최초의 언어 모습을 생각해 보자. 가장 먼저 자신의 느낌 생각을 상대에게 전달하고 싶었을 것이다. 곧 '동사형 언어'다. 동사형 언어가 발달 된다. 주체(S)보다 동사(V)가 앞선다. '나 아파'가 아닌 '아파 나'이다. VSO 구조다. 이와 비슷한 언어가 오스트로네시안어다.

지구가 빙하기로 돌입하고 추워지며 수렵에 적합한 언어로 발전한다. 무성음과 격변화를 갖는 폐쇄 위주의 언어 출현이다. 현 우리말의 옛말이다. 현재 호주 원주민이나 수메르도 무성음 교

착어로 우리말과 비슷하다. 우리말 구어체와 같은 능격 언어가
발달 되었다. 대만 근처 해저에서 1만 년 이상으로 추정되는 여
나문(與那文)의 해석 결과도 그렇다. 무성음 교착어 폐쇄음(閉
鎖音) 특성이 그대로 드러난다.

오스트로네시안의 능격 언어 어순이 뒤바뀌어 원초적인 의사
표시의 중심인 동사가 가장 뒤로 밀린다. VSO에서 SOV로 바뀌
니 소통의 목적(O)이 가장 중요한 위치인 처음으로 오게 된다.
곧 공동체의 목적 달성이 가장 중요한 임무다. 여기에 음소(音
素)를 기반으로 한 '음소 표지자'가 등장한다. 우리말이다.

(2) 우리말과 범어

인도유럽어의 기반이라는 범어(산스크리트어)의 경우 우리말
바탕에 굴절어로 바뀌는 과정을 볼 수 있다. 산스크리트어는 현
재 우리 옛말을 간직한 우리말 사투리와 매우 유사하다. 우리말
사투리가 산스크리트어라 해도 과언이 아니다. 산스크리트어 어
원조차 우리말에서 찾을 수 있다. '산+스크리트'라는 말은 '상+
그리든'의 우리말이 변화된 것으로 보인다. 상민(常民, 지금 상
놈과 달리 외려 당시의 상(常)은 상(上)층민이었을 것이다.)들
이 늘 쓰고 그린 '상글(常契)'의 뜻이 된다. '글'은 원래 '그리'는
그림에서 출발하여 추상화 부호화한 것이다. 암벽 (대)나무 등
에 (칼 등으로) '긁'어 새긴 것이 글이다.

사투리는 또 크샤트리아와 같은 말이라 한다.7) 곧 '크샤트리
아'(왕족 무사 계급)는 '사투리+아'로 사투리를 쓰는 계급이다.

---

7) 산스크리트어 연구가 강상원 박사의 주장

사투리의 '사(辭)+투(套)'는 '말하는 투'다. [사투리]는 [사투]에 접미어 [리]가 붙은 꼴이다. 산스크리트어가 우리말에서 갈라진 것은 거의 확실하다. 곧 우리말을 쓰는 민족(왕족 무사 계급)의 일파였다 볼 수 있다. 인도에서 왕족의 언어는 현재 우리 풀뿌리 민인(民人) 들이 쓰고 있다.

필자가 어릴 적 부모님들의 대화를 들은 적 있다. 아버지가 어머니께 "엏이 마히시"하고 부르면 어머니는 "애마리요"하고 답했다. 그냥 부르고 답하는 말로만 알았는데 범어에서 그 뜻을 알 수 있다. 범어로 ehi(에히)8)는 가까이 오라는 뜻이고 mahishi(마히시)9)는 여왕이다. amaru(아마루)10)는 왕의 이름이다. 오랜 전승으로 사정도 역전되고 모든 것이 바뀌어 모르고 있었을 뿐 실제는 왕과 왕비의 대화를 하고 있었다. 우리 사투리가 인도에선 크샤트리아 계급 언어임도 드러난다.

당시 동네 어른들이 어린 필자에겐 무슨 말을 붙일 땐 "앟이 마다"라 했다. ehi(에히) madaa(마다)11)로 "이리 오렴. 내 사랑(꿀, 아이)"의 뜻이다. 우리는 뜻을 잃었고 범어는 간직하고 있어 어원을 알 수 있는 예다.

전라도 사투리와 범어는 비슷한 말이 많다. '이것 가져라' 할 때 전라도 사투리는 "에따"다. 'etad(에딷)'12)는 '여기다'의 뜻이다. 여기 있다, 에깄다 > 엣따, 에딷 > 에따로 볼 수 있다. '이것 받아라'며 넘겨줄 땐 "엔나"다. 'ena(에나)'는 '이것이다'의 뜻이다. 우리말 특히 우리 사투리와 범어가 비슷한 것은 수를 세지

---

8) 김석훈, 우리말 범어사전, 다일라 출판사, 2020. p.526
9) 김석훈, 전게서. p.231
10) 김석훈, 전게서. p.518
11) 김석훈, 전게서. p.226
12) 김석훈, 전게서. p.525

못할 만큼 많다. '우리말 범어 사전(김석훈)' '조선 고어 실담어 주석 사전(강상원)' 등이 발간되어 범어와 우리말의 유사성을 밝히고 있다.

아리안의 이동에 따라 기원전 3천 년 전부터 2천 년간 중동을 지배한 히타이트어가 있다. 인도 유럽어 중 가장 오랜 언어로 우리말 교착어가 굴절어로 바뀌는 중간단계를 보여준다.

기원전 2천 년 경부터 나타난 범어는 유일하게도 기원전 5세기경 파니니에 의해 언어 고정화에 성공하여 내려왔다. 인위적인 문법으로 언어의 본체를 유지한 유일한 경우다. 인도 유럽어의 가장 전형적인 모체로 평가되었다.

(3) 우리말과 영어

기원전 1.7백 년경 희랍어가 나오고 라틴어가 나왔다. 희랍어는 서로 이질적인 무성음의 북방계와 유성음의 남방계 혼합언어이다. 라틴어는 북방계 언어도 통합되었다. 라틴어에서는 우리말과 비슷해 쉽게 우리말을 찾아볼 수 있다. 로마 통제가 약화된 이후 기층민이 사용하는 유성음의 남방계 언어가 더욱 강화되었다.

유럽의 언어들은 뒤섞인 희랍어와 라틴어를 문법도 제대로 모른 채 수용됐다. 특히 옷에 맞지 않는 문법으로 점점 이상한 꼴로 정착되었다. 잘못된 언어를 수용, 이게 맞지 않아 문법화하자 또 언어 성향에 맞지 않아 재차 언어가 바뀌곤 했다.

이 와중에 여러 차례 이주가 많았던 영국의 영어는 서로 조금씩 다른 경우가 많다. 아예 해체하고 다시 재정리된 수준이다.

아리안어로 우리말이 흘러 들어가 기반이 되었다. 그러나 어순도 바뀌고 격 어미도 제거된다. 이에 따라 주어의 지배를 받는 동사는 주어 다음으로 옮긴다. SVO가 된다. 없어진 격 어미를 보충하기 위해 정관사 부정관사 전치사 등이 생기고 남방계 요소 다시 등장한다. 거기에다가 페니키아서 나온 알파벳이 음소를 정확히 반영하지 못해 혼란은 가중되었다.

영어는 약 2천 년 전 우리말을 쓰는 한민족의 후예로 추정되는 영국의 선주민 켈트족이 알파벳으로 표기된 것 같다. 약 4백 년간 로마의 지배를 받으며 라틴어를 수용하였다. 한민족 [한]과 같은 어원인 [훈](hun) 족의 침입으로 로마는 멸망하고 켈트족이 북부를 회복한다. 불러들인 북부 독일 게르만족 일파인 색슨족과 그 위에 있던 앵글족이 영국을 접수한다. 이 앵글로색슨은 대영제국의 주역이 된다.

이들이 살았던 '갈리아'라 부르는 서유럽 게르만족은 우리 고조선, 부여, 고구려 유민이 아닌가 한다. 게르만은 영어로 German이고 스펠대로 읽어 [걸만]이다. 가름하는 왕 갈문왕의 [갈문]과 같은 어원으로 본다. Saxon(색슨)은 [숙신](肅愼)과 같은 말이고 그들이 활동한 지역 [작센]도 동원어다. 고구려를 색족, 부여를 맥족으로 구분할 때 색슨(Saxon)은 색손(色孫) 곧 고구려 후손이다. 영국의 스코틀랜드와 아일랜드 사람들을 Mac(맥)이라 부른다, ~의 아들(son of~)의 뜻으로 붙인 Mac은 줄여 Mc로 쓰기도 한다. 맥아더(McArther) 맥도날드(McDonald) 등. [맥]을 잇는다고 할 때 '맥'이 곧 (단군) 조선의 정통을 이은 부여, 고리(고구려), 고리(고려)로 이어지는 우리나라 '맥'이다.13)

잉글리쉬, 잉글랜드 어원이 되는 [앵글]은 우리말로 인걸(人傑), 잉걸이다. 엔젤(angel)과 어원이 같다. 게르만족이 살던 옛 갈리아 지역은 영어 Gaul(골)이다. 고구려의 이름 [고리]의 몸통말 [골]과 같다. 잉글리쉬(English)도 우리말에서 왔을까? '인(En)'이 사람 [인](人)이라면 '글리쉬'는 [그리시다]로 볼 수 있다.

영어가 많이 왜곡되었지만, 우리말 흔적은 많다. '있다'의 [있]은 연음되어 [이스](is)다. 없다는 범어도 없어 na(나) as(있) ti(디)로 '있지 않다'이다. 영어는 '이스(is) 낫(not)'이다. 않다는 낫(not), 아뇨! 는 노(no)다. 왜? 는 와이(why), 뭣? 은 왓(what), '~해부러'는 해브(have), '그려삐'는 그래프(graph), '구부'는 커브(curve), 틈(제주어는 트멍)은 타임(time), 손(孫)은 썬(son), 씨앗은 씨드(seed), 실은 실크(silk), 숯은 숱(soot), 맛이 가면 매드(mad), 맨 처음의 맨(main)이다.

보리는 [발리](barley) 인데 보리의 상고어가 [발리]로 같은 발음이다. 로마자 알파벳 표기가 옛 음을 더 그대로 보존한 경우다. 우리의 닭이 오리로 바뀐 일도 있다, 덕(duck)이다. 사실 갑골음(甲骨音) 당시에 모든 새를 '드륵'하고 '닭(득)'으로 음이 변했다. 득(닥, 덕)이 우리는 닭이 되고 영어권에서 오리로 변했다고 본다.

사람은 심마니처럼 '마니'라고 부르고 임마와 같이 '마'라고도 하니 영어의 맨(man)이다. 사람을 또 '퍼슨(person)'이라 하니 '부손(父孫)'이 아닐까 한다. 아비와 (자)손으로 이어가는 사람이다. 예수는 사람들이 하느님의 아들이라고 잘못 말하자 스스

13) 홍인섭, 영어는 우리말이다(1), 밥국, 2018. p.99~101

로 사람의 아들, 인자(人子, son of man)라 했다. person이다.

사람 이름도 우리와 비슷한 것이 많다. 철수와 찰스(Charles), 철이와 찰리(Charlie), 한수와 한스(Hans), 요섭과 요셉(Joseph), 준과 존(John), 진아와 지나(Gina), 민아와 민아(Mina), 윤아와 유나(Una), 수지와 수지(Suzy) 등이다. 김 씨와 킴(Kim), 이 씨와 리[Lee Lie, 비비안 리(Leigh)] 등 성씨까지도 비슷한 것이 있다.14)

'돌리다'는 턴(turn)이고 '투덜대다'는 트워러r~(twitter)이다. 고대의 앵글로색슨족이 우리말 음가를 그대로 알파벳 철저화에 충실했기에 발음기호대로 읽어보면 우리말과 가까워진다. twi(튀, 투)+tter(덜)=투덜이다. 제주도 올레길에 해당되는 말은 앨리(alley)다. 오솔길의 제주 사투리인데 철자대로 발음해보면 all(올)+ey(에) 그대로다. 제주말에 안뜨레가 있는데 '안뜰에 안(에) 들어'의 뜻일 것이다. 중심 요리인 앙뜨레와 발음이 같다. 엔트리(entry)의 뜻이니 '안들이'[내입(內入)]다. 동사는 '엔터(enter)'이니 (안으로)'들어'(가다)의 어간 활용이다.

'동'이 튼다의 동은 '돈(dawn)'이다. [돌멘(dolemen)]은 고인돌인데 [돌멩]이를 알파벳 철자로 했다. 전 세계 6만기 중 4만기가 넘는 고인돌이 우리나라에 있다. 천제단으로 쓰다 제사장의 무덤이 아닐까? 돌은 스톤(stone)이지만 음 그대로 [돌(tor)]은 잉글랜드의 험한 바위산이다. 영어에서 가장 많이 쓰는 단어 중 God(갓, 곳)은 신(神)의 뜻인 갓, 것, 곳에서 온 말이다. 고시레의 고시(高矢)는 God을 함부로 부를 수 없어 부르는 고시(gosh)다. 굿+이는 구시이니 구시(Gush)로 모두 신 God과 같

---

14) 홍인섭, 전게서. p.111~112

다. 신을 부르는 의식 굿도 굿이다. 굿을 하면 좋으니 굿(Good)
이다. 신(神)을 잘못 섬기면 죄가 되니 영어의 sin이다. 영어가
우리말에서 온 것이라는 예를 들자면 끝이 없다. 이런 연구도 선
학(先學)들이 이미 잘 연구하고 있으니 '영어는 우리말이다(홍
인섭)'라는 책에서 발췌하여 예를 들고 약간의 설명을 덧붙였다.

(4) 언어의 왜곡

　자신의 언어를 제대로 인식하지 못한 문법은 언어를 더욱 왜
곡시키는 주범이 되었다. 언어학자 소쉬르가 나타나 인도유럽어
를 원시인도유럽조어(PIE)로 재구성하면서 그 실체가 드러나기
시작했다. 그 실체는 우리말에 수렴한다는 사실이다. 훈민정음
(訓民正音)으로 말이다. 가장 많이 쓰는 영어가 가장 망가졌고
대부분 망가진 인도 유럽어의 원형이 곧 우리말이었다는 사실이
밝혀지고 있다. 그렇다면 우리말 우리글이 그 기준이 되고 다시
통합시킬 수도 있을 것이라는 생각이 든다.

　중국어는 영어와 함께 가장 큰 세력의 언어 중 하나다. 그런데
중국어의 사정도 왜곡의 정도는 마찬가지다. 중국어는 우리가
만들어 쓰는 한자만의 옷을 입은 것이 화근(禍根)이다. 처음에
는 우리말과 거의 같았고 지배층인 우리말을 써서 그나마 문제
가 적었다. 갑골음(甲骨音)을 쓸 당시만 해도 우리말과 중국어
는 차이가 없었다고 본다. 갑골음은 거의 100% 우리 옛말이다.
물론 중국어를 쓰는 하층 민족들은 그들 나름의 사투리를 사용
했을 것이다.

　지나족은 지배층인 우리 동이족이 만들어준 한문을 글자로 선

택해 남방에서 발달된 유성음의 운율에 심취하게 된다. 5세기경 남조에서 생긴 성조(聲調)를 수당 때 작곡용으로 쓴다. 송나라 때 과거 시험에 넣자 4 성조가 문법으로 정착된다. 인위적인 이 성조로 발음은 또 변화한다. 유성음 성향의 양쯔강 유역의 4 성조는 무성음 성향의 황화 유역의 북과 달라 또 성조가 바뀌고 발음이 바뀐다. 이 잘못된 성조로 현 북경의 만다린과 같은 이상한 언어가 탄생한다.

살핀 대로 가장 영향력 있는 세계 언어인 영어와 중국어가 엉망이다. 그들이 다스리는 세계 질서도 개판이다. 나라말이 어긋나면 그를 쓰는 그 나라 사람이 어긋난다. 정치도 경제도 사회 문화도. 영어 중국어 유럽어 어느 것도 세상을 바르게 이끌 자격이 있는 언어는 하나도 없다.

(5) 우리 말과 글의 역사

역사도 언어도 원시반본(原始返本)으로 다시 돌아가야 그 해법이 나온다. 제멋대로 피어 얽히고설킨 지엽(枝葉)에서 문제를 해결할 수는 없다. 근본으로 돌아가야 한다. 언어는 민족의 정체성이고 언어가 역사이고 문화이다. 우리 환국(桓國)의 역사는 만 년이다. 전 세계 어디에도 만년의 역사는 없다. 우리가 주도한 역사이기 때문이다. 환인 한국은 1만년, 환웅 배달국은 6천년이고 단군조선은 4 천년이 넘는 역사다.

언어와 문자 역사도 같이한다. 필자가 해석한 대만 섬 옆 해저에서 발견된 여나문(與那文)은 만여 년이 넘는 우리말을 기록하고 있다. 그림문자 같으나 이미 정음(正音)의 음소(音素)들이

다 표현되어 현재 한글로 해독할 수 있었다. 암각 고대 한글이
다. 언뜻 보면 그림문자로만 보이나 단순한 그림문자가 아니
다. 음소(音素)를 그림에 녹여냈다. 음소를 모르더라도 그림을
보고 소통할 수 있다. 말의 뜻에 담긴 감정까지도 세세하게 표
현된 아날로그적인 문자다.

약 6 천 년 전(서기전 3,897년) 신시 배달국 초대 천황 때 신
지 벼슬의 혁덕(赫德)이 녹도문(鹿圖文)을 지었다. 남아 있는
녹도문은 해석하여 소개했다. 배달국을 열면서 새 문자(文子)로
우리말을 기록하게 하였다. 매우 철학적이며 심오한 뜻을 문자
에 담은 신전(神篆)이다. 여나문의 회화적 요소는 대부분 부호
화하고 음소가 더 발달했다.

단군조선을 연 152년 뒤(서기전 2181년) 가륵 단군께서 삼랑
을보륵에 명해 정음(正音) 38자를 만드셨다. 행촌 이암의 단군
세기에 전하니 가림토(加臨土) 문자다.

회화적 요소는 완전히 부호화하고 음소(音素)가 명확히 규정
되었다. 5백 년 전 세종께서 만든 훈민정음을 정인지는 '옛 글자
를 본떠서 만들었다. [자방고전(字倣古篆)]'다 했다. 옛 글자 고
전(古篆)이 필시 이 가림토 문자일 것이다. 훈민정음 28 자중 모
음 11자는 완전히 같고 자음 17 자중 12자가 완전히 모양이 같
다. 자음 나머지 5자는 변형과 추가가 있다. 꼭지 이응(ㆁ) 하나
만 더해졌다. ㆆ과 ㅂ만 1획 추가로 더해졌다(ㆆ은 ㅇ에서 한 획
이 추가됐다. ㅂ은 감(ㄴ)에 한 획이 추가됐다.) 위상 변화만 된
두 글자는 ㄷ, ㅌ이다. (ㄷ은 감(ㄴ)의 90도 회전 꼴이고, ㅌ은
계(ㅋ) 꼴을 180도 회전 꼴이다.) 이 정도로 옛 글자인 가림토
를 본뜸은 확실하다. 가림토의 X, M, P, H, I 등은 훈민정음에

없으나 영어가 이었다.

　기타 여러 글자는 채용되지 않았다. 훈민정음 자음 27자로도 말소리를 거의 담을 수 있는데 10자나 더 많은 가림토 문자까지 잘 살리면 아마 이 세상에 나타내지 못할 소리나 말이 없을 것 같다.

　그런데 현재 쓰고 있는 한글은 일제와 그에 동조한 학자들의 농간으로 일부가 파괴된 채 오늘에 이르렀다. 네 글자가 사라졌다. ㅅ의 울림소리인 유성음 △가 사라졌다. ㅎ보다 약한 소리인 여린 ㅎ인 ㆆ도 없어졌다. 꼭지 ㅇ인 ㆁ도 없다.

　아래아로 부르는 ·는 ㅏ 와 ㅗ 의 중간음으로 혀 뒤쪽에서 낮게 발음한다. 이 아래 아(·)는 많이 쓰이고 현재도 제주나 남쪽 해안의 사투리로 엄연히 쓰이나 1933년 한글맞춤법을 제정할 때 없앴다. 1933년 한글맞춤법은 일제 식민지 언어 말살 정책에 따른 1930년 3차 언문 철자법을 그대로 따른 것이다. 바른 언어인 훈민정음을 이은 것이 아니다. 일본은 우리말을 중국과 분리하고 일본어에 통합하려 했다. 이에 따라 첫 단계로 아래아(·)를 없앴다. 중국어 표기에 사용될 수 있는 유성자음 표기법인 각자병서도 빨리 지워야 했다.

훈민정음은 유성자음인 탁음(濁音)으로 ㄲ ㄸ ㅃ ㅉ을 유성 유기음

전탁(全濁) 음을 분명히 했다. [ㄱㄷㅂㅈㅅㆆ 전청(全淸), ㅋㅌ ㅍㅊㅎ 차청(次淸), ㄲ ㄸ ㅃ ㅉ ㅆ ㆅ 전탁(全濁), ㆁ ㄴ ㅁ ㅇ

ㄹ △ 불청불탁(不淸不濁)] 그러나 원래 유성자음인 ㄲ ㄸ ㅃ ㅉ은 된소리 표기로 바꾸고 유성자음은 폐기되었다. 이로써 우리말은 영어의 유성자음인 g d b j에 대한 인식이 아예 불가능해져 버렸다. 반쪽 언어로 불구가 된 것이다.

심지어는 우리 자음 이름도 ㄱ ㄷ ㅅ을 기역(其役), 디귿(末), 시옷(時衣)으로 잘못 부르고 있다. 한자로 잘못 표기된 발음이고 기윽, 디읃, 시읏이 맞다. 우리말과 우리글이 세계로 나가기 위해서는 반드시 훈민정음으로 다시 돌아가야 한다. 유성음을 쓰는 수십억 인구를 감싸는 기준 말과 기준 글이 될 수 있다.

제주의 해녀를 제주에서는 '줌녀' 또는 '줌네'라고 부른다. 아래 아(·) 표기를 하지 않는 경우는 '좀녀'로 [·]를 [ㅗ]로 표기한다. 명칭이 아래 아(ㅏ)인데 발음은 ㅗ 발음이 더 많은 것 같다. 훈민정음의 순경음 ㅸ ㅱ 등도 살릴 수 있다. 없어진 한글을 살려 훈민정음 체계를 활용하면 전 세계 언어를 표시하기 쉽다.

물론 훈민정음 이전에도 명도전 같은 칼돈 자모전(子母錢)에 단군조선의 우리말이 우리글로 기록되어 있다. 특히 한자(韓字)의 조어(造語)까지 표시되어 있다. 어떻게 한자 말이 나왔는지도 알 수 있다. 이 칼돈의 문자도 검토하고 여기에서 해석해 왔다.

여나문(與那文)이 고대 한글 철자로 그린 그림문자로 상형(象形) 위주이다. 그 상형을 간략화하며 계속 이어오니 오늘날 한자(韓字)이다. 우리 동이족 조상이 우리말로 만든 한자 갑골문(甲骨文)은 매우 간략한 상형이 특징이다. 금문(金文)도 우리 조상 작품이 맞다. 오늘날 해서(楷書)도 그렇다. 또 필자가 분석한 바와 같이 여나문(與那文)에는 정음(正音) 자모(子母)가 숨겨져 있다. 이를 부호화하여 정형화시킨 것이 정음(가림토), 훈민정음, 한글이다.

(6) 우리말과 한자(韓字)

한자를 지나족(支那族)에게 가르쳐 그들의 언어를 담는 글이 되었다. 자신의 언어를 사용한 것이 아닌 한자는 잘 맞지 않는 옷과 같았다. 덧붙인 형성(形聲)으로 한자가 추가되어 별도의 뜻을 가진 한자는 계속 늘어갔다. 간체자의 등장 등으로 한자도 많이 파괴되었다. 발음은 사성(四聲)의 억지 도입으로 원음은 너무 많이 변해 버렸다. 복잡성을 줄이고자 간체자가 등장해 한자는 더 파괴되었다.

대신 오늘날 우리가 보존한 한자는 그래도 원형 파괴가 적은 상태로 잘 보존되었다. 그런데 잘못된 국어 정책으로 스스로 한자를 몰아내는 우를 범하고 있다. 우리말의 70% 이상이 한자 말이다. 그런데도 무지몽매(無知蒙昧)한 국어학자들은 한글 전용 정책을 고수해 한자를 몰아내었다.

실제 한자를 잘 쓰지 않아서 모를 뿐 한자어, 한자로 표현될 수 있는 말은 훨씬 더 많다. '한글'이라는 단어만 해도 그렇다. 한자가 없을 것 같은데 한자로 쓰면 [한글(韓契)]이다. 글이 글(契)이기 때문이다. 글(契)도 원래는 갑문에서 보듯 큰 대(大) 자가 없는 '글 계(㓞, 㓞)'다. 계로 발음되나 원래는 '글' 발음이다. 나무나 바위 등에 칼(刀)로 긁어 새긴 봉(丰) 이 글이다. 글은 긁는다는 동사에서 왔음을 알 수 있다.

한자 말이 따로 있지 않고 사실은 모두 순수한 우리말이다. 한자를 마치 중국에서 수입한 것으로 잘못 알고 한자 말이라고 부르는 것일 뿐이다. 우리말 중 한자로 표기되는 음이 없는 것은 사실이다. 그렇다고 한자 말을 배척할 이유가 없다. 한자를 없앨 필요도 없다. 아니 없애면 안 된다. 중국을 비롯해 한자를 직접 쓰는 인구도 많다. 그들과도 소통해야 한다. 그보다도 한자를 만든 우리 선조들의 옛말을 우리는 고스란히 쓰고 있다. 한자어에 우리의 역사 문화가 많이 담겨 있다. 한자를 모르고 우리 역사를 우리 문화를 공부할 수는 없다.

한자를 한글로 바꾸어 쓰는 일은 100% 가능하다. 또 한자를 직접 써야 할 곳은 써야 한다. 한자 해독력이 떨어져 발음하기 어려우면 '한자(韓字)'와 같이 괄호( ) 안에 표기하면 된다. 한자어도 한자도 우리말 우리글임을 분명하게 인식할 필요가 있다. 한자와 한글은 우리글이 앞으로 잘 나가게 하는 두 바퀴와 같다.

필자는 우리말 어원 찾기에 많은 예를 들어 설명했다. 한자어와 우리말에 차이가 없다. 한자도 우리글이다. 한자는 상형으로 뜻을 표시하고자 애썼다. 그러나 다른 방법도 있다. 소리를 표시하고자 하는 부분도 있다.

특히 한자어는 분명히 우리말이다. 우리말을 한자어에 맞도록 한 자로 축약한 것도 많다. 우리말 동사를 명사형으로 바꾸어 한자 말 한 자로 축약한 것도 많다. 마치 여나문(與那文)의 한 글자가 단독으로 쓰이듯 한자어는 1음 1자를 고집해 왔다. 한자 1자에 정음 1자도 지금까지 지켜지고 있다. 우리말을 한자어로 해서 한자 글자 만들어 공문서 등 통치 글자로 사용한 것 같다.

한글도 상형(象形)이 음소 단위로 디지털로 부호화된 것이다.

그러니 훌륭한 상형이 그 속에 있다. 기본적으로 꼴 모양을 단순화 부호화하여 과학적으로 정형화된 것이다.

글은 기본적으로 '시각적인 상형'이 기본이다. 보이지 않는 소리의 꼴을 형상으로 한 것이다. 한글의 자모는 이런 기본적인 형태 도형 꼴 등이 매우 체계적이고 과학적이다. 앞에서 '신'의 소리 원리를 이용해 살폈듯 동작 언어를 표시하는 방향성까지 갖추고 있다. 상하좌우 안팎 드나듦과 오고 감 등의 표현이 명확하고 정연히 가름하고 있다. 한글의 잘 안 알려진 이러한 속성들은 이를 포착해 구조화 시킨 선학(先學)들의 이야기도 곁들어 그들의 이야기로 함께 논의해 보았다.

(7) 우리말과 우리의 미래

인류사의 역사를 이끌어 온 한국 민족이 언어는 뿌리 언어에 속한다. 현재 표준말과 함께 사라져가는 위기에 처한 사투리로 적극 보존하고 사용해야 한다. 사투리엔 우리 민족혼과 역사가 깃들어 있다. 제주말에 아직도 아래아(·)가 훌륭하게 남아 있다. 간판이나 공적인 문서에도 자랑스럽게 제주 사투리를 적고 있다. 우리 한글맞춤법엔 사라진 아래 아(·)를 실제로 쓰고 있다.

컴퓨터 자판이나 전산에서도 우리 옛글을 마음대로 적을 수 있도록 해야 할 것이다. 조합형으로 한다면 못 적을 것이 없을 것이다. 어떤 이가 제안하듯 영어 자판도 우리말 발음을 기준으로 재배열하는 방법도 연구할 필요가 있다. ㄱ에 k, ㄴ에 n, ㄷ에 d, ㄹ은 r, ㅁ은 m 같은 방식이다. 영어나 중국어 발음을 다 적을 수 있도록 현 24자의 한글 자모가 아니라 훈민정음 28자를 다 살려야 할 것이다.

필요하다면 가림토 38자를 못 살릴 것은 또 무엇인가? 그리고 도 부족한 것이 있다면 전 세계 음운을 다 비교 검토하여서 정립 하면 될 것이다. 이 세상 모든 말과 소리는 가능하다면 다 담아 내야 하는 까닭이다.

그래야 사음(邪音)이 아닌 정음(正音) 바른 소리다. 바른 소 리로 말해야 바른 세상이 된다. 세종(世宗) 이도의 훈민(訓民) 의 뜻이 비로소 전 세계로 펼쳐질 것이다. 적어도 우리가 훈민정 음 15세기 당시로만 돌아가 한글을 제대로 다듬는다면 세계의 잘못된 언어와 글의 질곡(桎梏)에서 벗어나게 할 수 있다. 매우 과학적이고 체계적인 정확한 음소 문자로 아주 과학적인 한글이 그 역할을 담당할 수 있다. 더 정확하게는 현행 한글보다는 훈민 정음(訓民正音)으로 돌아가야 한다.

우리나라는 현재 청소(淸掃)를 위한 숨겨진 모순(矛盾)과 잘 못이 다 드러나고 있다. 깨끗한 청소를 위해서는 땅 위뿐 아니라 땅속에 묻힌 쓰레기까지 파내야 한다. 땅 위는 온통 더 더러워 보인다. 그러나 모두 빗자루로 다 쓸어 한곳으로 모은다. 다 태 우고 버리기 위해서다. 청소가 끝난 뒤에는 물을 주고 따스한 햇 볕으로 꽃을 피우고 열매를 맺어야 할 것이다.

강자(强者) 독식(獨食)의 짐승 세계가 아닌 홍익인간(弘益人 間)으로 널리 인간을 이롭게 하는 세상을 만들어야 한다. 억강부 약(抑强扶弱)의 상생세계(相生世界)를 열어가야 할 것이다. 이 것이 바로 천손(天孫) 민족의 우리나라가 해야 할 일이다.

힘으로 무력으로 세상을 지배하는 것이 아니다. 부드러운 문화(文化)로 선한 영향력을 행사하는 것이다. 권력(權力)도 무력(武力) 금력(金力)도 아니다. 문력(文力)이고 화력(化力)이니 저절로 좋아 따르고 좋게 변화하는 일이다. 재세이화(在世理化)이다. 여기엔 필수적으로 우리말과 우리글이 그 중심 역할을 할 수밖에 없다.

앞으로는 문화(文化)의 시대다. 문화는 물과 같다. 반드시 높은 데서 낮은 데로 흐른다. 우리는 미국과 같은 무기 강국 이전에 문화 강국이다. 문화 예술로 한국의 드라마 한국의 음악 영화 예술 등이 세계 속으로 퍼지고 있다. BTS를 비롯한 한국의 젊은 이들은 세계인들의 마음을 흔들고 있다. 한류의 흐름은 거세다. 그들은 한국을 배우려 하고 한국을 열광하고 있다. 한류의 상징 K-의 흐름은 계속될 것으로 보인다. K-컬쳐, K-뮤직, K-푸드 등 '한(韓)-'의 한문화(韓文化)다.

그 밑바탕에 한국어(韓國語)와 한글(韓契)이 있다. 한국어를 배우려는 열기는 자못 뜨겁다. 물론 한글은 우리 스스로 훈민정음 체계로 돌아가 '바른 한글 소리'인 '한정음(韓正音)'이 되어야 한다.

한때 우리는 영어를 섞어 써 애써 배운 사람 행세를 한 자들이 있었다. 요즘엔 별로 잘 안 보인다. 서양 음악 팝송을 부르면 더 높아 보이고 일본 만화가 휩쓸기도 했다. 지금은 어떤가? 동남아는 물론 서양을 비롯한 전 세계 젊은이들이 한국 문화를 배우고자 한다. 일본 젊은이들은 한글을 섞어 쓰는 일이 많다고 한다. 한일 혼합언어를 만들어서 쓰고 있다고 한다. '어떻게는 옷토케, 많이 고마워는 마지 고마워, 알았어요는 아랏소데소' 등으로

한국이 곧 평화 통일을 하고 잃어버린 한국의 역사를 다시 찾

을 날이 올 것이다. 그때 한반도에 갇힌 식민사관(植民史觀)에서 벗어날 것이다. 중국 본토와 전세 계를 무대로 한 우리 바른 역사도 되찾을 것으로 확신한다. 더불어 우리말 우리글도 바른 소리 정음(正音)을 되찾을 것으로 보인다. 가장 오랜 역사를 가지고 가장 기층(基層)이 되는 우리말과 우리글이 전 세계로 퍼져나갈 것이다. 널리 이롭게 하는 홍익 이념은 전 세계를 향해 실현될 것이다.

필자는 우리 한국말이 전 세계의 공용어가 되고 정음(正音)이 세계 공용문자가 될 날이 머지않을 것이라고 믿는다. 지금 한국말은 전 세계에서 불어(佛語)보다 더 많이 쓰는 8위이다. 유엔에서 쓰는 공용어도 되었다. 그러나 머지않아 전 세계에서 가장 많이 쓰는 말 가장 많이 쓰는 글이 될 것이다.

우리나라는 전 세계에 선한 영향력을 행사는 지도국이 될 것이다. 하드웨어뿐만 아니라, 말과 글을, 문화와 예술 교육 같은 소프트웨어를 수출할 것이다. 선생님들이 대거 파견되니 우리나라 휴먼웨어가 전 세계로 가서 우리말과 우리글 우리 문화를 전파할 것이다.

이것은 6천 년 전 서자(庶子) 환웅께서 3천의 젊은 무리를 거느리고 각 지역을 다스리는 배달국의 재현이다. 원시반본(原始返本)이다. 이제 또 우리 젊은이들이 수만 명씩 전 세계로 나가 한국의 말과 글 문화를 전파해야 한다.

현대판 환웅 무리 '마라(젊은이)'인 것이다. 또 한국을 배우기 위해 전 세계에서 인재들이 학의 떼처럼 비행기를 타고 몰려들 것이다. 그들에게 한국말과 한국 글을 가르치고 한국 문화를 익히도록 할 것이다.

잘못된 과한 욕심으로 전쟁을 일으키는 현재의 강대국들은 점차 사라질 것이다. 우러 전쟁으로 러시아는 확실하게 저물 것이다. 대만을 점령하려던 중국도 몰락할 것이다. 일본은 땅이 서서히 침몰해 사라지고 한국의 식민지로 남게 될 것이다. 미국도 지는 해로 더 이상 무력의 패권을 행사하지 못할 것이다. 일본의 아베가 먼저 갔고 이어 김정은 시진핑 푸틴도 머지않아 지구에서 사라질 것이다. 구시대의 나라와 침략의 야욕을 가진 이들이 모두 스러져 갈 것이다.

대신 우리 한국은 평화 통일을 이루게 될 것이다. 만주를 회복하고 잃어버린 땅과 역사를 찾아갈 것이다. 문화와 예술과 도덕 정신으로 무장된 선한 나라 강국이 될 것이다. 세계 지도 국가로 부상할 것이다. 아아 우리나라는 예로부터 동방 군자의 나라였다. 어진 나라다. 덕으로 다스리니 태평 성세를 이루어왔다.

그 사람들이 쓰는 말과 글로 한국어와 한국 글이 있다. 한국어와 한국 글(한자와 정음)이 명실상부(名實相符)하게 전 세계의 말과 글이 되려면 필요한 것이 무엇일까?

먼저 만여 년의 우리말 역사와 우리글을 먼저 찾아야 한다. 그래서 필자는 조금이나마 도움이 되고자 함께 옛글을 더듬어 보았다. 자격과 실력을 갖추기 위해서는 많이 바르게 공부(工夫)해야 한다. 또 억강부약(抑强扶弱)하는 바른 기개와 함께 잘사는 대동(大同) 세상을 열어가야 한다. 무엇보다도 사익(私益)에 우선하는 공익(公益) 정신에 투철해야 한다. 널리 사람을 이롭게 하는 홍익인간(弘益人間)의 건국이념을 실천해야 한다.

이에 세종대왕의 애민(愛民) 정신을 본받을 필요가 있다. 바른 세상을 만드는 바른말과 바른 글을 정립하고 널리 펴야 한다.

5백 년 세종대왕이 백성을 사랑하여 훈민정음을 만들고 배포하였듯. 우리 후손들 각자가 세종(世宗)이 되어야 한다. 세종(世宗)이 세(世)상의 가장 높은 마루(宗)가 되듯 우리는 전 세계의 우리말 스승이 되어야 한다. 우리말 우리글을 사랑하는 일이 한국을 넘어 전 세계에 희망을 주기 위해서다.

우리 하늘 민족 천손족(天孫族)이 해야 할 일이다. 하늘의 뜻을 지상에 펼치는 일이 그 아들과 그 손들이 아니면 누가 하겠는가? 또 그 역할을 담당해야 태평성대(太平聖代)한 이 세상을 만들어야 천손(天孫)이다. 우리 민족이 하늘의 자손임을 믿어 의심하지 않는다. 하나님 아버지의 아들이 틀림없으므로 아들로서 하늘의 작은 일이라도 하고자 함이다. 하나님 아버지가 기독교의 이야기가 아니라 원래 직계인 우리 천손의 실재 조상이다. 아버지의 뜻을 아들과 손들을 반드시 이어가야 한다. 한자(韓子)와 한민(韓民)의 소명이다.

뒷이야기

뒷이야기

깨침이 평생의 화두였다. 내게도 그런 날이 왔다. 58세가 되던 2014년 5월 8일. 본성을 보게 되었다. 선정 상태는 하루 정도 갔다. 환해졌다. 영원하구나. 고통도 없구나. 부처와 조사들이 속이다니? 어떻게 알리지? 말로 글로 어려웠다. 그나마 시가 가장 좋았다. 다음 날 깊은 속에서 '해운'이라고 호가 나왔다. 한자가 아니었다. 걸맞은 한자를 찾으니 '해운(解雲)'이었다. 나중에 해(解)가 '해(sun)'를 가리키는 말인지도 알았다. 우리 조상 삼성(三聖) 하느님들의 성씨가 지상에선 해(解) 씨였다.

세상에 살면서 '세 가지 없음'만 알아도 한 소식은 할 것 같다. '세상엔 공짜가 없다. 세상엔 우연이 없다. 세상엔 그침이 없다.' 등가성(等價性), 필연성(必然性), 영원성(永遠性)이다. 이것을 모르니 탐진치(貪瞋癡)에 빠진다. 바르게 알아 깨치면 끝난다. 자신의 '본래 빛'만 찾으면 된다.

본성은 소소(昭昭)한데 우리는 왜 이리 혼탁(混濁)할까? 가짜들이 너무 많다. 진짜 용은 없고 가짜 용만 드글드글. 사람들이 무엇을 해 왔나? 언어와 역사에 꽂혔다. 선악 이전에 진실 찾기가 더 어렵다. 내가 알고 있는 게 맞는가? 근원적인 질문이다. 학문(學問)은 '문학(問學)'이 먼저다. 잘 물으면 답이 있다. 통찰

해 깨치지 않고 외는 것은 쓰레기를 더할 뿐이다. 먼저 스스로 바르게 알고 깨쳐 '거짓을 버리고 진짜를 얻어야 한다. [사위취진(捨僞取眞)]' 다음에 나아가 '삿된 것을 깨버리고 바른 것을 드러내도록 해야 한다. [파사현정(破邪顯正)]'

먼저 언어에 관해 묻기 시작했다. 어원 공부다. 한자말이 우리말이며 한자(韓字)가 우리글임이 점점 분명해졌다. 친구가 '책을 한번 내보라'고 한다. 원고를 정리하던 중 올 초 이민우 카톡 자료에서 제시한 '여나문(與那文)'을 봤다. 1.2 만 년도 넘는, 지난 문명의 해저 암각글(巖刻契)로 추정된다. 우리말 우리글로 해독했다. 대략 뜻을 파악하는 데는 30분에 끝났다. 세세한 정리는 수정에 수정을 거듭 7개월이나 걸렸다.

원고를 대충 정리했다고 생각한 뒤 사주보는 곳에 따라갔다. 올 4월 4일이었다. 묻지도 않았는데 대뜸 보더니 "뭐 지금 하는 것이 있지 않냐?" 물으며 "어느 정도 끝났다"라는 것이다. 혼자 조용히 작업하고 있는데 내심 놀랐다. 신명(神明) 계에 소문이라도 났나? "책을 하나 쓰고 있다."라고 하니 "2~3개월 더 수정해서 7~8월에 책을 내라"고 한다. 명확하게 출판 의지가 없던 차라 "안 되면 안 낸다"라고 했다. "책을 내라. 돈은 안 된다. 이름은 난다. 2년 후 더욱더"라고 신탁(神託)한다.

이 일이 있고 난 뒤 더 적극적으로 퇴고 작업을 했다. 지리산 삼신봉 암각글도 한번 해독해 볼까? 하는 생각이 들었다. '쏘아서 날면'의 글쓴이 심정이 절절하게 다가오고 해독이 잘 되어 같이 싣게 되었다.

원고를 마무리하면서 추천사를 받기 위해 이찬구 박사님을 뵙기로 한 날(7.5). 새벽, 잠에서 깰 때 메시지가 전해졌다. "너는 국가 제일의 제자였다" 사실 예전부터 꿈결인 듯 '문서'가 자주 보이곤 했었다. 먼 옛날 조정에서 문서를 담당하는 일을 했던 것 같은 느낌은 있었다. 저 먼 곳에서 웅상(雄常)의 빛을 낮추고 낮춘 환웅(桓雄) 님이신 것 같았다.

원고를 마감한 다음 날 아침인 오늘(7.25) 잠에서 깨어날 때다. "너의 책은 영원히 기록될 것이다"라는 메시지와 함께, 원 하늘로 올라가는 '성긴 빛 그물' 같은 것이 보였다. 붉은빛을 띤 노란색이었다. 옛적 기도와 질문이 하늘에 전달될 때와 같다. 원고는 지상에서 출판되기 이전에 먼저 하늘의 도서관에 보관되나 보다.

세상에 우연은 없다. 모든 것이 연결되어 있다. (연결되어) 인드라(Indra) 그물같이. 하늘과 함께한다고 믿는다. 물 흐르듯 자연스러운 법(法)이다. 인연 있는 사람들은 모두 함께하리라.

필자의 naver blog '널리 이롭게(gohongik)' https://blog.naver.com/gohongik/를 통해 천 편의 시와 저작물을 만나볼 수 있다. 전자우편은 gohongik@naver.com이다. 좋은 만남과 교류를 기대한다.

도움을 준 책들

강상원, 조선고어 실담어 주석사전, 조선명륜관학술원, 2018

권중혁, 유라시어의 기원과 한국어, 퍼플, 2012

구길수 구자은, 천부인과 천부경의 비밀, 도서출판한솜, 2002

구길수, 진본 천부경 (상, 하), 참글펴는 가림다, 2011

구길수, 천부인 ○□△의 비밀 (상, 하), 2011

김대선과 카르멘텔스, 동이족의 숨겨진 역사와 인류의 미래,
　　　수선재, 2011

김병기, 사라진 비문을 찾아서, 학고재, 2020

김석훈, 우리말 범어 사전, 다일라, 2020

남광우, 고어사전, 교학사, 2020

박민우, 한단원류사, 환단서림, 2015

박용숙, 샤먼제국, 소동, 2021

박창화, 고구려의 숨겨진 역사를 찾아서, 도서출판지샘, 2008

박충원, 여인왕국 1 2 3 4, 행림출판, 1999

반재원 허정윤, 한글 창제 원리와 옛 글자 살려 쓰기, 도서출
　　　판역락, 2007

보성문화원, 보성의 방언, 보성문화원, 2011

유연, 한국의 성씨 해설, 도서출판다운샘, 2023

율어면지편찬위원회, 율어면지, 율어면지편찬위원회, 2014

이돈주, 한자학총론, 박영사, 1979

이병선, 한국 고대 국명 지명 연구, 아세아문화사, 1988

이찬구, 뾰족 돈칼과 옛 한글 연구, 동방의 빛, 2012

제임스 처치워드 저, 박혜수 역, 뮤 대륙의 비밀, 1997

조석현, 보성 차밭밑엔 특별한 차문화가 있다, 학연문화사,
         2018

조석현, 고려 황제 공차 보성 뇌원차, 학연문화사, 2020

조영언, 노스트라트 어원 여행, 지식산업사, 1996

조옥구, 백자초문, 학자원, 2021

채희석, 챗GPT, 화석과 대홍수 神, 예서원, 2023

채희석, 임진란 미국에서, 예서원, 2023

최춘태, 갑골음으로 잡는 식민사학 동북공정, 북랩, 2017

허대동, 고조선문자 1 2 3, 도서출판경진, 2020 2013 2019

홍인섭, 영어는 우리말이다(1), 밥북, 2018

홍자출판사편집부, 최신홍자옥편, 민중서림, 2004

Ruskamp, Asiatic Echoes, 2016

뮤대륙의비밀이풀리다

고대우리말 연구

글   조석현

인쇄일   2023년 11월 23일
발행일   2023년 11월 27일

발행처   빛의전사들
            경기도 양평군 양평읍 중앙로 167번길 60. 104동 1701호
            Tel. 010-7936-1159 Fax. 070-7307-1170
            E-mail. hidol369@daum.net
발행인   임지현
등록번호   제2023-000023호
편집 · 인쇄 3빛 Tel. 02-2272-7188

정가 30,000원

ISBN 979-11-985067-0-2